启笛

笛声

春

远

回

声

华夏

日

生活

夏

常

史

李志生 著

北京大学出版社
PEKING UNIVERSITY PRESS

目录

衣食住行：从帝王史走向生活史

秦皇汉武、唐宗宋祖、一代天骄成吉思汗，这些帝王曾是历史著作中的不二主角，但维新派思想家梁启超，对此却提出了振聋发聩的观点："《二十四史》非史也，二十四姓之家谱而已。"①《二十四史》是帝王将相的政治史，这已是今人的共识。

王朝史是必不可少的，它为我们搭建了回望历史的框架，使我们在阅读与闲谈历史时，有了夏商周、秦汉、唐宋、元明清的时代概念。但人是感性的，冷冰冰的太师、司徒、尚书及改朝换代、制度改革，往往使人感觉枯燥、有骨无肉，而将这些嵌入具体的场景，就会产生鲜活之感。东汉末年，太师董卓及其义子吕布、司徒王允，再加上后来《三国演义》演绎出的美女貂蝉，一下子就使我们记下了太师、司徒这两个高官之称；唐朝初年，兵部尚书任瑰被赐两位国色美人，他的夫人妒忌，而被唐太宗赐酒，告之妒则喝之即死，不妒则可不饮，原因是任瑰贵为三品官，合应有此侧室。这个"吃醋"的故事②，又使我们知晓了唐代"部级干部"的待遇。所以，即使是帝王将相的英雄史，也需要细节的衬托、感情的填充，方能使人物、事件饱满，从而耐读。

---

① 梁启超：《新史学·中国之旧史》，《饮冰室合集·饮冰室文集之九》，中华书局 2015 年版，第 3 页。

② 唐代的"吃醋"故事有两个版本。一个版本的主人公是此处所说的任瑰夫人，这记载在唐人张鷟的《朝野佥载》卷三（赵守俨点校，北京：中华书局，1979 年，第 59 页）；另一个版本的主人公则是房玄龄夫人，它记载在另一位唐人刘餗的《隋唐嘉话》中（程毅中点校，北京：中华书局，1979 年，第 26 页）。对于这两个版本，明人胡应麟认为，是因为房玄龄的夫人有妒忌名声，所以"好事遂因瑰妇嫁名房妻耳"（《少室山房笔丛》卷十八《乙部·史书占毕》，北京：中华书局，1958 年，第 236 页）。

帝王将相的历史，构成了历史的骨骼，全景式的历史，还需要亿万大众的血肉去丰满。人民是创造历史的动力，这个动力不只是一个口号，更落脚在他们的实际生活中；千百万年来古人的生活与习俗，更使我们知道了自己的来和未来可能的往。此般种种，就使古人的日常生活，成了世界范围内的重要研究课题，无论是君、臣，还是商、民，他们的衣食住行，也都成了人们关注的重要话题。

撇开象牙塔的历史研究，日常生活史也的确是最令人共情的历史。周末，睡个慵懒的长觉，起得床来，兴起时，出门找个地方吃个早午茶；不愿出门，就煎个蛋卷、来片面包、弄杯奶茶，在家来个丰盛的早午餐。偶尔变换节奏的两餐，是我们对生活的调剂。但在两三千年前的战国时期，生活物资贫乏，那时的早午餐并不是调剂，而是实实在在的日常，《孟子·滕文公上》说："贤者与民并耕而食，饔飧而治。"饔是早饭，飧是晚饭，孟子用饔飧来指代餐食，可见当时流行的上午、下午各一次的两餐。在五代到近代的一千年中，几亿妇女缠过足，她们的缠足是血与泪交织的经历，清人李汝珍的长篇小说《镜花缘》第三十三、三十四回，就以简练的笔法，描述了这一痛苦经历：来到女儿国的林之洋，被黑须宫娥缠足，她"先把林之洋右足放在自己膝盖上，用些白矾洒在脚缝内，将五个脚指紧紧靠在一处，又将脚面用力曲作弯弓一般，即用白绫缠裹……及至缠完，只觉脚上如炭火烧的一般，阵阵疼痛""未及半月，已将脚面弯曲折作两段""不知不觉，那足上腐烂的血肉都已变成脓水，业已流尽，只剩几根枯骨，两足甚觉瘦小"。读到这些，再看看自己脚上穿的旅游鞋、休闲鞋，无不使今天的女人们感慨，生在今日是何等幸运！

帝王的生活高大上，似乎难以共情，但事实也并非总是如此。我们的脑子里，习惯了皇帝的唯我独尊，岂不知他们有时也活得局促。拿穿来说，末代皇帝溥仪的《我的前半生》记，某天，他正与胞弟开怀畅玩，发现自己独占的明黄色，出现在了溥杰的衣袖中，这时，他便立即拿出君威，告诫臣子溥杰："这是明黄！不该你使的！"孩子之间的尽兴，因为一条祖宗规矩，就立刻变成了扫兴。而春秋五霸之一的齐桓公好紫色，却被蜂拥而上的"一国尽服紫"搞得没了奈何，最后还要使出伎俩，来了却心结。再说吃，慈禧太后的御前女官德龄说，太后或皇帝的每一次正餐，都必须摆上一百碗不同的菜，这么多的菜即使浅尝，也是不可能的。与此形成对照，先秦时的天子，要吃饱也不容易，按照《礼记·礼器》的记载，当时的礼数是，"天子一食，诸侯再，大夫、士三，食力无数"，天子吃完饭不能加饭，劳动者反倒可以不断添饭，一直到吃饱为止。

历史不是静止的，但日常生活的变迁，有时是非常缓慢的，古代的一些生活侧面，甚至在今天都能看到。在甘肃嘉峪关市东北20公里的戈壁滩上，埋葬着几座魏晋时期的彩绘砖画墓，这些砖画，向我们展示了那时的先民生活。当时，西北的大户人家也是牛羊成群、猪鸡有裕，日常的吃食中也有烤肉串，那烤串用的三股铁叉，还透着一种高级感；马王堆一号汉墓，出土了墓主人轪侯夫人生前嗜吃的豆豉姜，而这一特色食品，至今仍在湖南、广东的一些地区流行。

庖丁与食客，嘉峪关魏晋6号墓出土。庖丁手拿一柄串好肉的三扦形烤叉

宴饮图，嘉峪关魏晋 1 号墓出土

虽然慢，但生活还是在变的。服饰的时尚潮流自不必说，是袒露还是障蔽，它取决于统治阶层的观念意识；近代兴起的男子西式短发，更是彻底斩断了国人长期深埋的执念，"身体发肤，受之父母，不敢毁伤"，这是《孝经》的开篇语，依附于孝道的完发观念，也必然随着近代化的来临而退去。王朝的起落，引来了无数堂皇都城的建立，不管是六朝古都的南京，还是十三朝古都的西安，都在兵戈扰攘中有着沉浮。舌尖上的美食，同样是斗转星移，像唐朝之前受称为"五谷之长"的粟，就在唐代后期被后来居上的麦子超越；而清中叶推广的玉米，则成为养活众多国人的又一重要粮食作物。

在变化的快和慢中，中国古代的日常生活又有着很多差异。我们说的古人日常生活，针对的主要是中原王朝统治下的区域，中原与周边是有很多不同的。唐代大和年间（827—835）的进士房千里，曾谪官岭南多年，他很诧异于岭南对"大好女"的认识，"岭南无问贫富之家，教女不以针缕绩纺为功，但躬庖厨、勤刀机而已，善醢醯菹鲊者，得为大好女矣"，介绍自家女儿时，岭南的父母也会骄傲地说："我女裁袍补袄，即灼然不会，若修治水蛇黄鳝，即一条必胜一条矣。"擅治针线是中原女子的基本妇功，岭南女子理直气壮地不会，就使房千里产生了"斯岂遐裔之天性欤"①的疑问。这是中原与岭南的日常生活差异，其他各地与中原的差异，随后也将提到。

上下贵贱之分，对古人的日常生活影响更大。先秦时期，等级社会秩序已经建立，所以《诗经·北山》有"溥天之下，莫非王土。率土之滨，莫非王臣"的说法，还有公、侯、伯、子、男五等爵的分封。汉代以来，君臣、父子、夫妇"三纲"秩序的建立，更使社会和家庭内，充斥着上下、贵贱的等级之分。中国古代法律中的"十恶"，是实实在在的"不赦"之罪，"十恶"之六是"大不敬"，它就包括了皇帝的如下日常生活："合和御药，误不如本方及封题误，若造御膳，误犯食禁；御幸舟船，误不牢固。"②药、食、舟都是日常用物，但皇帝无小事，这些放在皇帝身上，就绝对是神圣之物了。而百姓就错医、用错药，就是寻常一般了。像明朝名医孙一奎的《孙文垣医案》记，一位吴地染匠的妻子腹痛，他遍寻医者治疗，诊断结果是寒、热、气、虚、积食、虫都有，最后，一位医者给了一个斗大膏药，这膏药不但加剧了病痛，还"贴牢不可起，火熨油调，百计不能脱分寸，如生在肉上相类"。中国古代，举凡衣食住行、生老病死等，都有等级的约束。车和衣，是身份等级外化的重要标志，所以，后代正史中就有了《舆服志》《车服志》的设置。住同样是分三六九等，举凡客厅的宽纵、大门的规制，都有具体规定。食生活虽然相对形而下，但食物与享用食物之人的等级关系，也同样鲜明。朱元璋早年做云游僧时讨得的饭食，与成为皇帝后享用的御膳，何止是天壤之别；慈禧太后在逃难路上吃的窝头，也在她回宫后，被改良为御膳小窝窝头。皇亲贵戚可以享用八珍，寻常百姓就只能粗茶淡饭。

---

① ［宋］李昉等编：《太平广记》卷四八三引《投荒记》，中华书局1961年版，第3983页。
② 见《唐律疏议》《宋刑统》《大明律》《大清律例》等律书中的《名例律·十恶》。

　　人生开门事——无论是柴米油盐酱醋茶，还是吃穿住用、生老病死，都在时光、地域、上下、男女的交错中，日复一日地悠悠过着。在这悠悠的背后，是庙堂之上的帝王将相深谙《管子·牧民》中"仓廪实则知礼节，衣食足则知荣辱"的古训，他们将百姓的日常，视作国治的前提；山野之中的草民，则期望家给人足、老养幼依。历史上的所谓盛世，其实在很大程度上，就是帝王的举措是否与百姓的日常生活愿景相贴近。我们回望过去的日常，修复传统与现代的断裂固然重要，但被赋予血肉的中国古代历史，也会使知兴替离我们更近。

第一章 ◎
衣生活中的秩序：衣料、贵贱与男女

对今天的人来说，穿衣是下意识的行为，无须思考，想的只是衣服会不会称心。但古人从赤身到穿衣，是有着漫长过程的，他们究竟是何时穿上衣服的？按《墨子·辞过》的说法是，有古代圣王"为衣服之法"，人们才穿上了"适身体、和肌肤"的衣服。至于这位圣王是谁，华夏族自称炎黄子孙，所以这位圣王有说是炎帝、也有说是黄帝的。《庄子·盗跖》记，神农之世，已是"耕而食，织而衣"了，那神农氏炎帝就是这位"圣王"了。但《周易·系辞下》说，"黄帝尧舜垂衣裳而天下治"；《世本·作篇》也有黄帝臣"伯余作衣裳""胡曹作衣"的说法。

不管怎样，"垂衣裳"治天下，既达到了为民御寒防晒的目的，也实现了衣服遮身蔽体的伦理功能，这正如汉代刘熙《释名·释衣服》说的："凡服，上曰衣。衣，依也，人所依以芘（庇）寒暑也。下曰裳，裳，障也，所以自障蔽也。"

随着人类的进化，衣服的功能又远不止于此了，它被赋予更多的规矩，用以显示夷夏、文野、上下、亲疏、男女等的不同。

"人生在世，衣食二字""吃饱穿暖"，这些民间常见的说法，都直白地道出了衣、食是人基本生存需要的浅显道理；"衣食住行"，衣、食打头，也可见衣、食在日常生活中的重要性。

现代社会购物方便，网购衣服时，查查款式，看看是否适合自己的职业；再看看颜色，是喜欢的素淡抑或艳丽；还有材质和尺码，更是根据自己的感受与情况，而做选择。古人的穿衣，就不是如此简单了。进入阶级社会后，衣就不仅是御寒防晒、蔽体遮羞之物了，《周易·系辞下》孔疏说："衣裳辨贵贱，乾坤则上下殊体。"衣划分着夷夏，也彰显着文野，上下、亲疏、男女都被划定

了一套套穿衣规矩，而这些规矩的主旨，就是《续汉志·舆服上》说的："非其人不得服其服。"

一 集腋成裘与羊裘皮绔：裘衣

20 世纪 90 年代，善待动物组织（PETA）掀起了一股反皮草运动浪潮，这场运动被定名为"宁愿裸体也不穿皮草"。受此影响，现在的许多人视真皮草为野蛮、为残酷。但在远古，兽皮是人类使用最早、最普遍的服饰材料，《韩非子·五蠹》就说："妇人不织，禽兽之皮足衣也。"

周代距上古不远，所以，裘皮仍是周人的最爱。周代的裘就是今天说的皮草，它是皮衣而毛朝外。许多动物皮都可做裘，像狐、虎、豹、熊、犬、羊、鹿、貂、貉、狼、兔等，但这些裘的质、色不同，因此就有了贵贱之别。其中的黑羔裘，用于正式场合比较多，所以它是裘中之贵；狐裘则因其轻、暖，而成了贵族的宠儿。

《周礼》记天子有六冕，其中的大裘冕为"祀昊天上帝"时所穿，大裘冕的主要衣料就是黑羊羔皮。黑羔是羊的一种，它的毛色淡黑，毛根紫。大裘冕用羊羔皮做裘，用以显示冕服的质朴；用黑色，则是为与冕和衣的黑色相称。大裘冕只有天子一人使用，他人不得用。当然，周代的诸侯大夫们也穿黑羔裘，但那些是朝服或燕居服，诸侯以镶豹皮袖边的黑羔裘作为朝服，大夫则以白丝线缝的黑羔裘作为燕居服。

周代的珍贵狐裘，依着颜色还有等级之分，在狐白裘、狐青裘、狐黄裘中，狐白裘美而难得，因此最贵重，古代有"集腋成裘"的成语，说的就是狐白裘，一件狐白裘，要由许多狐腋毛皮拼接而成。所以，西周穿狐白裘的是天子。春秋战国时，礼崩乐坏，那时的诸侯、卿大夫，也穿上了狐白裘，其中最著名的是齐景公。齐景公（？—前 490），在位长达 58 年，他不但平时有穿狐白裘的习惯，还想让他的辅臣晏子（？—前 500）也穿上。《晏子春秋·外篇重而异者》记，齐景公有两件价值不菲的狐白裘，并想将其中的一件赐给晏子："景

[明] 王圻、王思义编集《三才图会·衣服一》中的狐裘图，狐裘外罩裼衣

公赐晏子狐之白裘，玄豹之茈，其赀千金。"这件白裘还镶着黑狐边儿，贵重无比，但视节俭为美德的晏子多次拒绝，仍穿着他的鹿裘上朝。

鹿裘、羊裘分量重，穿着舒适感差，因此就成了穷人穿的低档裘服。墨家提倡节用，所以司马迁《太史公自序》说它的信徒是"夏日葛衣，冬日鹿裘"。羊裘也分等级，按宋应星《天工开物·乃服》的说法，"羊皮裘，母贱子贵"，羊羔皮是上层的裘衣，成年羊皮身贱，为下层百姓穿着。

周人穿高档裘衣的方法，是在裘外面穿一件罩衣——裼衣，裼衣的作用是保护毛皮，但贵族们也尽力把它做得漂亮。他们讲究裼衣的颜色，穿何种颜色的裘，就搭配那种颜色的裼衣，《论语·乡党》说："缁衣，羔裘；素衣，麑裘；黄衣，狐裘。"缁衣、素衣、黄衣，都是裼衣，黑色羔裘要配黑色裼衣，白色小鹿皮配白色裼衣，狐裘多为黄色，所以配黄色裼衣。

秦朝建立，裘的礼制等级被荡涤，但高档裘衣依然是权贵们偏爱的冬衣，而低档的羊裘、鹿裘，除了贫人作冬衣外，还逐渐演变成了清俭的标签。《后汉书·马援传》记，东汉开国功臣马援曾非常富有，有牛马羊数千头、谷数万斛，后来，他将这些财物分给了亲朋故旧，自己则过上了"羊裘皮绔"的生活。《晋书·郭文传》载，西晋覆亡后，名士郭文进山做起了隐士，"恒著鹿裘葛巾"。

历史总是兜兜转转，中原消失的裘服等级，在中国古代后期，又由北方民族带回了中原，但这次

风头最劲的不再是狐裘，而是貂裘。按《辽史·仪卫志二》的记载，辽朝的"国服"制中，貂裘的等级最高："贵者披貂裘，以紫黑色为贵，青次之。"貂裘的保暖性好，《天工开物·乃服》说："服貂裘者立风雪中，更暖于宇下。"但在周代，它并未被列入高等裘服行列，原因就在貂的产地。关于貂，《说文解字》弟九下的解释是："出胡丁零国。"也就是早期的貂，不能"国产"，只能"进口"。而制作一件貂裘，又要用掉很多貂皮，《天工开物·乃服》说："一貂之皮方不盈尺，积六十余貂仅成一裘。"原料不易获得，等级自然无法谈起。但辽朝不同了，貂就产在它的发源地东北地区，这样，辽朝列貂裘于顶级裘服行列，自然是顺理成章。明、清时期，貂的贵重性又由穿着的禁令表现出来，明朝禁止商贩、仆役、倡优之服用貂裘；清朝非士不得穿戴貂帽、貂领。

二 半颗蚕茧和深衣之制：丝绸和服式

桑蚕丝绸文化是中华文明的特质之一，曾经的丝绸之路见证了这一文化的繁荣。传说中，丝绸是黄帝的元妃嫘祖发明，黄帝夫妻生活的年代距今四五千年，考古发现也大致印证了这一传说。

说到考古发现，就不得不说那"半颗蚕茧"了。1926年，一位考古工作者在山西夏县的仰韶文化遗址，发现了半颗蚕茧，这一发现马上引起全世界的关注，"因为中国古老的养蚕历史在黄帝的故乡得以证实"①。但这一发现也引起了长期争论，有人质疑当时发掘的科学性，因此不赞成根据这个靠不住的孤证，来断定仰韶文化已有养蚕业。

山不转水转，半颗蚕茧不能证实的丝绸起源，被其他考古发现所证实：在浙江湖州钱山漾遗址的竹筐里，发现了绢片、丝线和丝带等残存物，这证明中国南方的丝绸，至少起源于4 000年前；荥阳青台村新石器时代遗址，也出土了丝织物残片，它们距今约5 500年。这些考古发现，都将丝绸的起源定在了距

---

① 赵丰：《锦程：中国丝绸与丝绸之路》，黄山书社2016年版，第10页。

浙江湖州钱山漾出土绢片。钱山漾遗址距今 4 200~4 400 年，此地因出土了丝绸残片而获"世界丝绸之源"的命名。经浙江省纺织科学研究所鉴定，其中尚未完全碳化的小块绢片为家蚕丝织物，平纹织物，密度为每吋（英寸）约 120 根

今 5 000 年左右。这些考古发现也说明，嫘祖的传说并非空穴来风；"半颗蚕茧"的发现，也基本可靠。四五千年前，生活在黄河、长江流域的先民们，经过漫长的摸索，开始建立起了原始蚕桑丝织业。

丝绸的色彩、图案丰富，穿上后的高级感强烈，但原始时期的丝绸产量少，所以它主要用来作尸服，也就是做新亡者的衣服，那时的尸服并无凶意，反是吉意，它是让灵魂升天的载体。进入商周时期，丝绸又被用作"事神明"，君臣贵族穿上丝绸祭服，从事郊庙社祠的祭祀活动。

春秋战国时期，高级丝绸的工艺技术突飞猛进，那时的社会上层中，有一个巨大的奢侈品消费群体，他们食必粱肉、衣必文绣；那时的国与国之间，也以美锦文绣做馈赠，甚至还用刺绣织工做盟和贽礼。1982 年，湖北江陵马山出土了一座战国晚期楚墓，即江陵马山一号楚墓，墓中出土了大量精美绝伦的丝绸珍品，故被称为"丝绸宝库"。此墓的墓主是一位士妻，但就是在这位下级贵族的墓葬中，葬下了大量丝绸珍品，像丝织衣衾就有 35 件，包括了衣、裤、裙、袍、夹袱等，而丝绸的种类也有绢、绨、纱、罗、绮、锦、绦、组 8 类，由此足见当时丝绸使用的盛况。到了汉代，丝绸又成了财富的象征，一些汉墓

湖北江陵马山一号楚墓出土对凤对龙纹
绣浅黄绢面衾

湖北江陵马山一号楚墓出土彩条纹绮袖缘

中就被埋入了象征财富的丝织品碎片，像江陵凤凰山一六七号汉墓的木简上，就记"缯笥，合中缯直两千万"[1]。

江陵马山一号楚墓出土的文物，也引来对深衣的又一轮讨论。深衣是中国古代的一种重要服装，它流行的时间长，形制也是聚讼不已。深衣起源于原始社会晚期，至迟在商代，它的形制已完全形成。周代贵族中，兴起的是一种宽大深衣，同时，深衣也在社会各阶层流行开来。

关于深衣的形制，《礼记·深衣》有一段经典记载："古者深衣，盖有制度，以应规、矩、绳、权、衡。短毋见肤，长毋被土。续衽钩边……制十有二幅，以应十有二月。"这一段记载，除了"续衽钩边"，其他文字都好理解：深衣要符合"五法"——规、矩、绳、权、衡这是五种度量工具，代表的是深衣制作的五个标准，也就是衣袖要圆如规，领要方如矩，背缝要绳如直，下摆要如权

① 吉林大学历史系考古专业赴纪南城开门办学小分队：《凤凰山一六七号汉墓遣策考释》，《文物》1976年第10期，第41页。

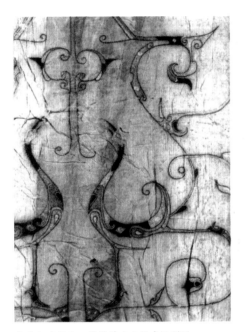

湖北江陵马山一号楚墓出土凤鸟纹刺绣

衡之平。"五法"或象征穿着者有这些品德，或警勉穿着者照此立身。深衣还要长短合适，长不拖地，短不露肤。"十有二幅"，指的是裳的裁制，深衣虽是连裳，但制作时要上下分裁，下裳用六幅，分幅再交裁为二，总计十二幅，这对应的是十二月。

但"续衽钩边"，后人的理解就不同了。东汉郑玄、唐代孔颖达，认为它说的是曲裾衣襟；清代江永的《深衣考误》，以其为衣内的小襟；当代服饰史家沈从文提出，"衽"就是汉代人所说的"小要（腰）"，而深衣的特点，就是将两片矩形衣料——"小要"或衽，缝嵌到两腋窝处，这样，一可展示形体美，二来也使两臂的举伸更加自由。

其实，"续衽钩边"只是深衣谜团的一角，因为直到今天，都没有在出土实物或衣服形象资料中，找到与《礼记》记载相一致的衣服，至于原因，据分析，有可能出在《礼记》这部书上。《礼记》是战国秦汉年间儒者对各类礼乐论述的杂编，所以内容中既有对西周礼制的追述，也有各位作者对他所处时代服饰的印象，这样，杂凑的《礼记·深衣》，就给后人留下了一道无解的难题。

不过，后人也并非深陷于此。宋朝时，一些大学问家喜穿深衣，比如司马光就曾自作深衣，在他的私家花园里穿着；朱熹春夏也穿深衣，但当学生问他"衣裳制度"时，他的回答是："也

湖南长沙马王堆一号西汉墓出土曲裾深衣

无制度，但画像多如此，故效之。"学生又问："有尺寸否？"朱熹又回答："也无稽考处。那《礼》上虽略说，然也说得没理会处。"[①]朱熹穿的深衣，也只是个大略仿佛而已，想必司马光的自制深衣也如此。

大概率上，完全弄清深衣的形制，是一个艰巨且几近不可完成的任务。有鉴于此，就化繁为简，对深衣做个基本解释如下：作为服装，深衣的主要特征是，上衣下裳相连，被体深邃；深衣有直裾，也有曲裾。

三　葛麻布衣与披麻戴孝：麻衣的用途

在植物纤维中，麻和葛是我们先人最早用来进行纺织的。麻是麻类植物的总名，最早种植的主要是苎麻和大麻，所以，国外把大麻叫汉麻，苎麻称中

---

① ［宋］黎靖德编：《朱子语类》卷一〇七《朱子四·杂记言行》，王星贤点校，中华书局1986年版，第2674页。

国草。苎麻雌雄同株，大麻雌雄异株，雄麻称枲，雌麻叫苴，雄麻纤维优于雌麻，但雌麻籽可做粮食，一派五谷之说中就有"麻"，也就是雌麻籽。葛属豆科藤本植物，它的块根——葛根，既可入药，也做食物；它的植物纤维，曾作为纺织原料广泛使用，《韩非子·五蠹》记，传说中尧王天下时，就是"冬日麑裘，夏日葛衣"。无论是麻衣还是葛衣，通称为布衣。

中国古代的纺织服饰文明，有丝麻并举之说。布由葛、麻制成，一般较粗糙，特别是大麻粗衣，更是下层百姓的主要衣着。据云梦秦简记载，服劳役的犯人或服贱役的徒隶（奴隶）的部分衣服由官府配给，而配给的冬衣就是褐衣，褐衣的里子都用粗麻（枲）制成，而徒隶戴的头巾"幏布"，原材料也是枲。先秦以来，逐渐形成了平民穿布衣、贵族穿丝绸的风尚，"布衣"一词，也慢慢演变成了平民百姓的代名词。

当然，历史上的麻葛，也有细加工的成品，否则怎么会有"缟纻之交"的成语。"缟纻之交"指交情笃深，它出自《左传·襄公二十九年》的一个故事。吴公子季札赴郑国交聘，在见到子产后，向他赠送了缟带，子产也回赠了纻衣。缟带是未经染色的白生绢，是吴地的特产；纻衣是素色苎麻布衣，为郑国珍物。春秋时期的越地，也有精织的葛布，勾践兵败后，就曾向吴王夫差敬献过此物。

麻布除用于百姓的日常穿着外，在古代还有另一重要用途，那就是做丧服。中国古代讲究血亲，亲属范围有九族之说，还有五服之论。说起九族，血腥的"株连九族"马上会被联想到。"九族"，指"同姓九族"，也就是父系从高祖到玄孙的九代族人。除此，还有异姓亲戚，像舅父、姨母等母系亲人。而不论父系、母家，这些亲属与本人的亲疏关系，都会用"五服"也就是五种丧服表示出来。

丧服制度最早记载在儒家的经典《仪礼》《礼记》中，汉至清的历代王朝都奉之为圣经，并依其制订本朝的丧服制。在儒家经典与历代丧服制中，丧服有五种，从重到轻依次为斩衰、齐衰、大功、小功、缌麻，服丧时穿着的丧服越重，就表示与丧者的关系越近；有五种服亲关系的，就是"未出五服"，没有服

高祖父母 齐衰三月

曾祖姑 出嫁无服／在室缌　曾祖父母 齐衰三月　曾叔伯祖父母 缌麻

族祖姑 出嫁无服／在室缌　祖姑 出嫁缌／在室小功　祖父母 齐衰不杖期　叔伯祖父母 小功　族叔伯祖父母 缌麻

族姑 出嫁无服／在室缌　堂姑 出嫁缌／在室小功　姑 出嫁大功／在室期年　父母 斩衰三年　叔伯父母 期年　堂叔伯父母 缌麻　族叔伯父母 缌麻

族姊妹 出嫁无服／在室缌　再从姊妹 出嫁缌／在室小功　堂姊妹 出嫁小功／在室大功　姊妹 出嫁大功／在室期年　己身　兄弟 期年／兄弟妻 小功　堂兄弟 大功／堂兄弟妻 缌麻　再从兄弟 小功／再从兄弟妻 无服　族兄弟 缌麻／族兄弟妻 无服

再从侄女 出嫁无服／在室缌　堂侄女 出嫁缌／在室小功　侄女 出嫁大功／在室期年　众子妇 大功／长子妇 期年／长子 期年　侄 期年／侄妇 大功　堂侄 小功／堂侄妇 缌麻　再从侄 缌麻／再从侄妇 无服

堂侄孙女 出嫁无服／在室缌　侄孙女 出嫁缌／在室小功　众孙女 出嫁小功／在室大功　众孙妇 缌麻／嫡孙妇 小功／嫡孙 期年／众孙 大功　侄孙妇 缌麻／侄孙 小功　堂侄孙 缌麻／堂侄孙妇 无服

曾侄孙女 出嫁无服／在室缌　曾孙妇 缌麻／曾孙 缌麻　曾侄孙妇 无服／曾侄孙 缌麻

元孙妇 无服／元孙 缌麻

《明会典·礼部》中的本宗九族五服图

亲关系但有更远血缘关系的，就叫"出服"或"出五服了"。

丧服崇尚粗恶、原始，麻布以身份低贱、材质粗糙而入选了丧服材料；色彩上，丧服讲究原始，所以各等丧服都不染色，而保持麻的本白色。在丧服等级上，原料愈粗恶，丧服就愈重，等级也愈高，这就需要对麻布做选择，在苎麻、葛麻、大麻中，大麻的适应性最强、种植范围也最广，以它做出的麻布也最粗劣，特别是大麻中的雌麻——苴，更是纤维中的劣中之劣，所以苴麻自然就成了最重的斩衰服原料。古代社会早期，五等丧服都用麻布制成，元代以后，大功以下的丧服改用棉布，此时，常说的"披麻戴孝"，就变成了特指斩衰、齐衰的重孝。

丧服是全套的，包括上衣下裳，还有冠、带、屦。对于"屦"，《说文通训定声·需部》的解释是："履也……汉以前复底曰舄，禅底曰屦，汉以后曰履，今曰鞵。"禅指单层，鞵即鞋。丧冠（丧帽）有冠（冠梁、冠顶）、武（帽筒）和缨（系冠之带）；绖有戴在头上的首绖，还有系于腰间的两种腰带——腰绖和绞带；脚下穿草鞋。

丧服是一种特定的服装，是生者为死者所穿；五等丧服之间有差异，五服的每一级内还有差异；男女丧服也不同。下面，我们就先来看看男子的五等丧服。

斩衰

五等丧服中，斩衰三年最重，它是子为父、妻为夫、臣为君、父为长子所服。

斩衰之"斩"指剪裁，特指丧服的"不缉"、不缝边，"不言裁割而言斩，取痛甚之意"[1]；"衰"指丧服的上衣，下衣同于吉服，也称"裳"。

斩衰服的用料最糙，它用苴麻，且麻缕少。依《仪礼·丧服》，斩衰用麻"三升、三升有半"，"升"指在一定布幅内的麻缕股数，所以"升"越多，缕越细。

---

① 丁凌华：《中国丧服制度史》，上海人民出版社 2000 年版，第 13 页。

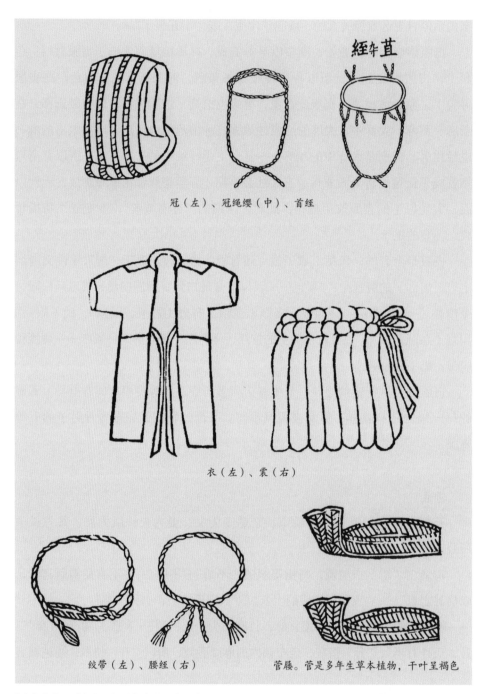

冠（左）、冠绳缨（中）、首绖

衣（左）、裳（右）

绞带（左）、腰绖（右）　　　菅屦。菅是多年生草本植物，干叶呈褐色

［宋］聂崇义《新定三礼图》中的全套斩衰服图

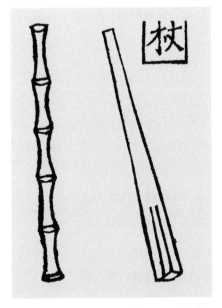

[宋]聂崇义《新定三礼图》中的苴杖（左）、削杖

古代麻缕以 80 股为一升，斩衰服的三升或三升半，就是 240 股或 280 股经线；周代布幅宽二尺二，约合今 50 厘米、市尺一尺半。这样的经线与布幅搭配，就是古人眼中最粗的布了，它被用作斩衰服。

齐衰

齐衰服是缉边的，"齐"的意思就是缉边。与斩衰用料相比，齐服用的麻要好，它用的是雄麻（枲）。齐衰用麻的升数也比斩衰高，"齐衰四升"，即在二尺二的布幅上，排列经线 320 股。

先秦丧服制中，齐衰又分三年、杖期、不杖期、三月四等。最高的三年，是子与在室女为寡母、母为长子所服；夫为妻服杖期。所谓"杖期""不杖期"，"期"指一年，杖，即手杖，它们强调的是此等丧服是否配合用杖。

斩衰和齐衰三年都用杖，因其是为至亲的父母所服，所以悲痛过度、力不能持，非有杖（哭丧棒）而不能站立。但斩衰与齐衰的用杖材料有区别，斩衰用苴杖，齐衰用桐杖，《礼记·丧服》说，"苴杖，竹也；削杖，桐也"。除了材质的不同，苴杖不做修饰，且竹根在上，握于手中；桐杖稍做加工，上圆下方。后儒对苴杖与桐杖的区别，又做了各种形而上的升华，《白虎通义》说，竹阳桐阴，正与父阳母阴相配；贾公彦《仪礼·丧服》疏说，竹四时常绿，像孝子丧父，哀痛四季不变，母丧用桐杖，是因"桐"与"同"同音，孝子哀母之心只是同于父而已。

秦汉以后，杖只有主丧者用了，这叫一丧无二杖，像父亡或母卒时，作为丧主的长子，就要拄着苴杖，其他人则都不用杖。

大功

大功服叙分三等，即大功九月成人、大功九月殇服和大功七月殇服，麻布升数分九升、八升、七升，也就是每幅布缕 720 股、640 股、560 股。

殇服之"殇"，古指未满二十岁的夭折。殇再分长、中、下三等，十六至十九岁为长殇，十二至十五岁为中殇，八至十一岁为下殇，八岁以下为无服之殇。凡为殇者服丧，丧服等级要较原服降低，比如原服齐衰，长殇就降服为大功（九月），中殇降为大功（七月），下殇降为小功（五月）。

大功丧的服丧对象多，像出嫁的姑、姊妹等去世，都要服大功丧。在《红楼梦》的第九十六回《瞒消息凤姐设奇谋，泄机关颦儿迷本性》中，元妃薨，宝玉也因失玉而神志不清，贾母情急，欲为宝玉娶金命之人（宝钗）冲喜，但贾政提出几个不便，其一就是："宝玉应照已出嫁的姐姐，有九个月的功服，此时也难娶亲。"

小功

麻布的精与粗，是丧服等级的重要标志，斩衰、齐衰用麻，不经人工捶打；大功用麻要捶打缎治，这就使麻布变得柔软了；在此基础上，小功用麻再经水沤脱胶，更成了熟麻。

在五等丧服中，小功服只位居第四等，但对母系亲属来说，却是最高的丧服等级。按《仪礼·丧服》郑玄注的解释，"外亲之服皆缌也"，只有外祖父母"以尊加"、姨母"以名加"，为他们穿的丧服才由缌麻升为小功。

缌麻

缌麻的丧期为三月，丧服用细熟麻布制成，郑玄说"缌"通"丝"，也即缌麻丧服的布料细致若丝。

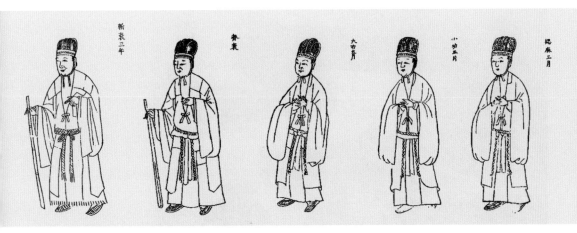

明太祖《御制孝慈录》中的五服全服图

[宋] 聂崇义《新定三礼图》中的女子衰服图

缌麻之外就出服了，《礼记·大传》说："四世而缌，服之穷也；五世袒免，杀同姓也；六世，亲属竭也。"出了服的五世亲遇到丧事，也要表示一下，这就是"袒免"。袒，袒左臂；免，指不戴冠而以麻带系缚发髻，也就是要披麻。另外，朋友过世奔丧时，也要披麻；朋友客死他乡，无家人主丧而为其主丧时，也要在"朋友麻"的基础上，加为"袒免"。

上面谈的是男子丧服，女子丧服与之既同也异。相同的是，用麻及麻的粗细，两性无差别。不同的方面，一丧服式样不同，女子丧服无衰、裳之分，衣、裳连缝，所以总称"衰"或"衰服"，裳用深衣式样，但不缉边。二首服不同，古代女子十五行笄礼，之后梳头时，要有栉（梳发）、纵（罩发）、笄（簪发）、总（束发）四个步骤。服丧时，罩发变成露髻；束发

021

坟茔图，榆林窟第 19 窟壁画，五代。画面右下方，一位孝子在草庐中守孝

的帕子也由丝帛改成麻布；骨、玉等发笄也变成竹、木材质。

儒家强调修身、齐家、治国、平天下，所以"家"是太平的前提。后代时，这个"家"，就被扩大为了"九族"，九族中的秩序，构成了社会稳定的前提。而"五服"虽是一类服装，它同样是建构社会秩序的工具，举凡男女尊卑、嫡庶亲疏，都由它规范并得以表现。

古人的服丧是一个"系统工程"，它并不止于穿丧服，春秋时的大夫晏婴，就为我们做了一个示范。《晏子春秋·内篇杂上》记，晏婴的父亲桓子去世，"晏子居晏桓子之丧，粗衰，斩，苴绖带，杖，菅屦，食粥，居倚庐，寝苦枕草"。父亲去世后，晏子服重丧斩衰，他穿着不缝边的粗麻衣，头上、腰上系着麻布带子，手里拄着哭丧棒，脚上穿着菅草做的草鞋；他吃稀粥，住草棚，铺草席，枕着草。按照丧服礼，这样的哀苦日子要过三年，其间不能饮宴、听乐、同房、生育，也不能分家析产。

四 服色与等级：王朝服色与官民服色

说到古代的衣服颜色，我们都能想到几个，比如黄袍、乌纱帽、红顶子，还有苍头、皂隶、青衣。在中国古代，颜色的审美性不是最重要的，它要让位给身份等级。

先人对自然界色彩纷呈的认识，有一个漫长过程。最初，人们看到的是浑然一色；慢慢地，具有强烈视觉冲击力的红、白、黑进入了色彩系统，出现了红色崇拜、尚白尚黑；周代时，影响后世的色彩正统认识，最终形成。中国的色彩正统认识，记载在《周礼·画缋》中："画缋之事，杂五色。东方谓之青，南方谓之赤，西方谓之白，北方谓之黑，天谓之玄，地谓之黄。"这里就出现了后代常说的"五色"概念，古人认为玄即黑，北方之色与天同为黑色。五色是正色，另有间色，《礼记·玉藻》孔疏记皇侃云："正，谓青、赤、黄、白、黑，五方正色也。不正，谓五方间色，绿、红、碧、紫、骝黄是也。"正色尊，间色卑，这十种正色和间色，共同构成了中华色彩系统。

对于服饰而言，色彩认识只是第一步，色彩还要染到原色布上。我国的染色工艺发展很早，战国时就已很发达，《墨子·所染》记："子墨子言见染丝者而叹曰：'染于苍则苍，染于黄则黄，所入者变，其色亦变，五入必，而已则为五色矣。'"墨子见到的染色是一入一色，五色都放入，就变成五色丝了，由此也见当时染色的种类之多。

面料、色彩和款式是服装的三大要素，而人对色彩的感知度，又明显高于其他两者，所以，在染色技术达到一定水平后，服饰色彩就开始与等级观念发生联系。

（一）五德终始与五行、五色：王朝的服色

先民认为，世间万物由五种元素、也即五行组成，金、木、水、火、土五行相生相克。相生是相互依赖和促进，所以木生火、火生土、土生金、金生水、水生木；相克意味着对立与排斥，所以是木克土、土克水、水克火、火克

金、金克木。

战国时的阴阳家邹衍将五行与五色相配属，而五色又与四时和五方相联系，具体的配属与联系见下表：

五色与五行象征关系表

五行	木	火	土	金	水
五色	青	赤	黄	白	黑
五方	东	南	中	西	北
五季	孟春	孟夏	季夏	孟秋	孟冬

邹衍进一步将五行相克说与王朝命运相结合，提出了五德终始说。五德指五行所代表的五种德性，历代王朝各居一德、各占一行。邹衍提出，如将五德对应历史上的朝代，那就是黄帝土德，色尚黄；夏代木德，色尚青；商代金德，色尚白；周代火德，色尚赤，将来代替周朝的，必定是克火的水德。

理论归理论，真正将邹衍学说运用到现实的是秦始皇。秦灭六国，统一寰宇，为证王朝的合法性，秦始皇率先用起了五德终始说，他自认是水德，因此秦水代周火。秦始皇改历法、易服色，水德尚黑，秦皇冕就用"衲玄"，也就是上衣下裳都用玄色（黑色）。

五德终始说的影响深远，秦朝之后，历代王朝大多遵循其说，以之来选择本朝的五行行次和象征色彩。而每一朝的色尚，都预示了某一服色的腾达，比如西汉尚赤与黄，新莽尚黄，东汉尊赤，晋尚白，隋尚赤。

"五德终始说"下的汉前诸朝色彩转换

（二）桓公好紫和苍头青衣：正色与间色的伏沉

周时将色彩分为正色、间色后，正色曾风光一时。冕服以衣为主、裳为次，所以《礼记·玉藻》说，"衣正色，裳间色"。汉朝时，正色是国家大事时穿用的服色，那时有"五时衣"，它就是对应五方、五时的五种正色衣服，像祭祀五郊时，天子和执事就分别穿着对应五方色彩的服装；中国古代有君臣读月令的仪式，以彰显皇帝顺天应时之德，东汉举行这个仪式时，皇帝也要穿上五时衣。

但正色服与间色服的贵贱命运，也并非注定不变，在历史的长河中，正色服有沦落风尘的，间色服也有以贱入贵的，紫色服的攀升，就是以贱入贵的典型，它一路高歌猛进，以致今天在形容某人发达时，都会说他是"大红大紫""红得发紫"。

在紫色服的发达史上，齐桓公（前685—前643在位）是绝对不能绕过的一个人物，他的服紫故事，被记在《韩非子·外储说左上》中。"齐桓公好服紫，一国尽服紫。当是时也，五素不得一紫"，齐桓公的喜好，使紫色应声华贵起来，那时是五匹素丝也换不来一匹紫丝。面对这一情况，齐桓公开始担忧了，他担忧的是"紫贵甚"、国人都去追求贵物，这对社会生活肯定会产生不利影响，所以要想办法。管仲出的主意是："君欲止之，何不试勿衣紫也。"桓公赞同此计，他就对左右说："吾甚恶紫之臭。"因着国王的这句话，"三日，境内莫衣紫也"。

但"紫臭"是什么？臭，音 xiù，指气味，颜色不会有味，那齐桓公说的紫味，就应出在染料上。确实，那时的紫色染料，不像后来是化学合成染料，它是从海洋软体动物骨螺中提取，人们用骨螺的腮下腺分泌物，提取紫色进行染色，古埃及人、腓尼基人、希腊人、罗马人等，都曾热衷过这种染色方法。但这种染料产量少、价格高，并且它的海鲜臭味，也需要一段时间才能消散。如此，也就解释了齐桓公说讨厌紫色气味的原因了。

春秋末年，紫衣作为国君的专属色，已被"合法化"。然而，在儒家圣人们的眼中，紫服的幡然上位，是对服色等级的破坏，所以对此不能袖手旁观，《论

语·阳货》记孔子说："恶紫之夺朱也，恶郑声之乱雅乐也，恶利口之覆邦家者。"这些都是乱邦之物、覆邦之行。

还有苍头、青衣和绿巾。有人说，青色虽是名正言顺的正色，但在服色地位上，一直就没怎么发迹过。其实何止如此，很多时候，青服已沦落为了贱民的服色。

青色为正，是因为它象征万物生命之初，所以它是五色之始。或许因皇帝的本位在中国的中央，中央属土、颜色为黄，黄就成了王权的象征。青色属木，木克土，在五行思想下，青色的命运自然凶多吉少。当然，或是青色染料蓝草容易获得，人的心理是多者为贱，这样，也使青色越来越不受重视。

"青"是什么颜色？在许多现代色彩系列表中，青色根本没有位置。其实，先人说的青色，也不是单一色调，"古人所说的青色，涵盖了现代光谱原理命名的绿、青、蓝乃至黑等诸多颜色"[1]。

现在就回到沦落的青色。先说说苍头，顾名思义，"苍头"就是戴苍色头巾的人。《说文》弟一下对苍色的解释是："苍，艸色也。""艸"即"草"，草色为青，苍色是青色的一种，所以青天、青松、青龙，又可称为苍天、苍松、苍龙。"苍头"一词出现在战国时期，《战国策》中，苏秦讲到过魏国的苍头，这些苍头属正规军队，他们都头包青巾。后来的秦末，吕臣、陈婴也都领导过苍头军，这些苍头也以头包青巾为特殊标志。

但我们看到、想到的苍头，一般都是身份低下的仆人，像唐代贯休《少年行》就有诗句，"却捉苍头奴，玉鞭打一百"。那么，士卒怎就变成了家内奴仆？有人说，汉代之后战争减少，所以不少士卒就改行做了仆人；也有人说，"苍头奴"是汉武帝之后的新鲜事，与早前的苍头没有渊源关系。但不管怎样，后人心目中的苍头身份低下，而他们头上的苍巾，也透出了曾为正色的青色的落寞。

说起青衣，人们更多想到的是京剧，它是旦行的一种，扮演的一般都是戏

---

① 陈鲁南：《中国历史的色象 织色入史笺》，现代出版社 2020 年版，第 70 页。

中正派、端庄的女主角，但古代的青衣，与此恰恰相反。早在汉成帝（前33—前7在位）时，青、绿二色，就是百姓、仆隶常穿的服色，其后，青服的地位进一步下降，"青衣"变成了婢女等贱隶的代名词。青服变贱后，上层就以穿它为耻辱，《晋书·孝怀帝纪》记载，西晋末年发生永嘉之乱，晋怀帝被匈奴人刘聪俘虏，"刘聪大会，使帝著青衣行酒。侍中庾珉号哭"，以穿青衣奉酒来羞辱人，足见青衣的低贱。

绿服的命运同样多舛，像"戴绿帽"就是辱人之词，而且在"绿帽"的历史上，青色也被裹入，绿、青在此事上，成了难兄难弟。"绿帽子"的故事出汉朝，据《汉书·东方朔传》，汉武帝的姑母馆陶公主号曰窦太主，她有面首董偃，为将董偃引见给武帝，馆陶公主装病，武帝后来驾临她的府第，并说"愿谒主人翁"，窦太主自然高兴，于是立刻到"东箱自引董君"，董偃头戴绿帻，随主来见武帝，窦太主在旁帮腔说："馆陶公主胞（庖）人臣偃昧死再拜谒。"这样，董偃就以戴着绿头巾的厨子形象，进见了汉武帝。因着董偃的暧昧男宠身份，绿头巾也跟着成了贱物。唐代时，延陵令李封不用刑法处罚小吏，只是让他们裹上碧头巾，并按罪的轻重加减日期，自此之后，延陵所在的吴地，就以戴碧头巾为大耻。碧色为间色，色彩为青绿色，这样青色也被卷入。元朝时，娼妓家的男人要裹青头巾，这还被写进了法律，自此，民间骂人戴绿头巾、戴绿帽，就是说其妻有淫行，这种说法侮人至深，在中国，"夺妻之恨"和"杀父之仇"是男人最不可忍的两件事。

（三）黄袍加身和江州司马的青衫：君臣服色

对于服色等级来说，无论是桓公好紫还是苍头青衣，都是某一点上的变化，中国历史上的服色等级，最集中与最系统的表现是品官服色。

《琵琶行》是白居易的著名诗作，诗的最后两句是："就中泣下谁最多？江州司马青衫湿。""青衫"，说的就是白居易听曲时穿的品服颜色。自隋唐时开始，官员依品级高下，穿着不同颜色的官服。《唐会要·舆服上》记，唐太宗贞观四年（630）定制："三品已上服紫，四品五品已上服绯，六品七品以绿，八

品九品以青。妇人从夫之色。"在这套品官服色中，紫色已堂而皇之地登上品服之首了，而青色的地位低，只叨陪末座。在这一官服色系中，正色、间色通用，正色（绯、青）、间色（紫、绿）相间，间色的"不正"地位，已得到很大改善。在礼仪场合，官太太们也穿着与夫婿同色的服装。有了这套制度，人们从服色上，就能一目了然地知晓谁的官大、谁的官小了。

唐代的品服颜色依本品而定。唐代的官分职、散、勋、爵四大类，散官是官员的级别，类似于现在的部级、局级、处级，文武散品自一品始，至九品下止，共九品二十九阶；职事官是具体工作岗位，如中书令、吏部尚书、县令等；爵是对王室或特殊功臣的封赏；勋官是对作战有功之人的表彰。本品，指已任为职事官的散官，这样，他的散品才能转化为本品，并由此而获得待遇、薪酬等；如未获得职事官的散官，是不能转化为本品的，也就不能获得相应的待遇。再回到白居易的"青衫"，白居易在诗中说了，他当时做的是江州司马，这是个五品职事官，如果按职事官的品级来决定服色，那白居易应当穿绯色，但事实并不如此；白居易的散阶是九品将仕郎，按照散阶转本品的原则，他遵从的正是"八品九品以青"的规定。

唐朝之后，品官服色制一直延续。明朝时，除了服色，又增加了象征品级的补服；清朝再次改变，而以补服上的补子和顶戴的不同，来表现官品高下。

[宋]赵佶《听琴图》轴，绢本，设色，147.2厘米×51.3厘米，故宫博物院藏。此画描绘的是官贵雅集听琴的场景。主人公道冠玄袍，居中端坐，前面坐墩上两位纱帽官服朝士对坐聆听，左面绿袍，右面红袍。宋神宗元丰元年（1078）规定，阶官一品至四品服紫，五品、六品服绯，七品至九品服绿，废青服

[明] 吕纪、吕文英合绘《竹园寿集图》卷（局部），绢本，设色，全卷 33.8 厘米 ×395.4 厘米，故宫博物院藏。吏部尚书屠滽、户部尚书周经、御史侣钟三人六十寿辰，诸僚在周经宅院置酒庆贺，此画描绘的就是这次寿宴。宾主皆穿官袍，明朝规定，一品至四品，绯袍；五品至七品，青袍；八品、九品，绿袍

品官以服色相区别，皇帝也有自己独尊的颜色。五代后周时，手握兵权的赵匡胤发动陈桥兵变，部下给他披上黄袍，拥立为皇帝，定国号为宋，这就是"黄袍加身"。这个故事，也使黄色贵为帝色的观念深入人心。但黄色成为皇帝的专属色，并非自古皆然，它开始于唐朝。

汉武帝改正朔、易服色，君王的常服改为黄色，但黄色还不是皇帝专用，所以其后的佛道可以尚黄，贩夫走卒、军吏士庶也可服黄。唐朝建立，它自认接隋为土德，因此色尚黄。唐王朝刚建立时，百制待建，并没顾上尊黄，所以，当时是天子穿黄袍、黄衫，庶人也穿黄衣。高宗总章年间（668—670）发生了一件突发事件，《通典·礼二一》记，"洛阳县尉柳诞服黄夜行，为部人所殴"，因为此事，高宗便以"章服错乱"，下诏禁止官员穿黄衣，自此，黄色成了皇帝的专属之色，"黄色从唐高宗朝总章年间开始，成为此后中国历史中最高等级的一个色彩，这是极为重要的历史事件"[1]。

---

[1]　陈彦青：《观念之色 中国传统色彩研究》，北京大学出版社 2015 年版，第 190 页。

黄色是有色差的，所以哪种黄色最尊贵，还要进行规定。据《明史·舆服志三》，明英宗天顺二年（1458）定制："官民衣服不得用……柳黄、姜黄、明黄诸色。"清末帝溥仪的《我的前半生》，也使我们记住了清帝独占的明黄色："溥杰，这是什么颜色，你也能使？""这，这这是杏黄的吧？""瞎说！这不是明黄吗？"在末帝与胞弟的对话中，清帝身上明黄的专横地位，一目了然。然而，皇帝的专用黄色，并不一直都是明黄，唐朝皇帝用的是赤黄（赭黄、柘黄）和浅黄，宋朝到明朝，赭黄、淡黄也依然是龙袍的颜色。

五　男耕女织与服妖之议：相关的正统话语

在中国古代的衣生活中，男、女的定位清晰、明确，对妇女的要求是：面料由她们织造；服色从父、从夫、从子；男女不通款式，否则就是服妖。

（一）亲耕亲桑与租调并重：耕织的性别特征

中国古老的农业社会，发展出了男耕女织的性别分工。《诗经·七月》描述了男女的日常劳作：女子采桑织麻，缝衣制裳，"女执懿筐，遵彼微行，爰求柔桑""八月载绩……为公子裳"；男子耕田种粮，猎取裘皮，"一之日于貉，取彼狐狸，为公子裘""嗟我农夫，我稼既同，上入执宫功"。《汉书·食货志上》也记"古之人曰"："一夫不耕，或受之饥；一女不织，或受之寒。"

中古时期，顶层设计的赋调制，就顺应了这一自然分工模式。北朝隋唐时实行租调制，唐朝的相关规定是："每丁岁入租粟二石。调则随乡土所产，绫绢絁各二丈，布加五分之一。输绫绢絁者，兼调绵三两；输布者，麻三斤。"[1] 租

---

①　[后晋]刘昫等：《旧唐书》卷四八《食货志上》，中华书局1975年版，第2088页。

南宋《蚕织图》卷（局部），全卷27.5厘米×513厘米，黑龙江省博物馆藏。《蚕织图》描绘的是江浙蚕织户自"腊月浴蚕"，到"下机入箱"的养蚕、织帛过程。（左）清明日暖种，（右）腊月浴蚕

调虽按"丁"征求，但它内在的理念仍是男耕女织，也就是租粟由男子承担，调绢、调布由妇女承办。

农桑是国家的经济支柱，历朝统治者都注意劝课农桑。每年开春，帝后要行亲耕、亲蚕礼，以示对农桑的重视。亲耕礼很早就出现了，《礼记·月令》记："天子乃以元日祈谷于上帝。乃择元辰，天子亲载耒耜……帅三公、九卿、诸侯、大夫躬耕帝藉。天子三推，三公五推，卿、诸侯九推。"明清两朝，藉田礼在位于北京前门西南的先农坛举行，皇帝在这里先率群臣行祭礼，祭祀先农神并祈祷风调雨顺、五谷丰登，再到藉田躬耕，先农坛里有一亩三分地，这就是皇帝亲耕的地方，皇帝要在地里往返推犁三趟，此称"三推"。皇帝是臣民的主宰，也是天下第一男性，所以他的亲耕，起到的是男子表率作用。

《礼记·昏义》说，"天子听外治，后听内职"，与劝农的藉田礼相配，皇后要率妃嫔命妇举行课桑的亲蚕礼。亲蚕礼在先蚕坛进行，明朝的先蚕坛先建在北京城安定门外，后迁至皇家西苑内，地址在今天北海公园的东北隅，清朝沿此。相比于藉田礼，亲蚕礼持续的时间要长很多。以清乾隆朝的相关规定为例，亲蚕礼也要先进行祭祀，以祀先蚕神。之后，皇后躬桑于先蚕坛内的桑

[清]《胤禛耕织图册·收刈》(左),39.4厘米×32.7厘米;《经》(右),39.4厘米×32.7厘米,绢本,设色,故宫博物院藏。《收刈》页描绘的是麦田中农夫装扮的胤禛(雍亲王)正带领众男收割;《经》页画的是胤禛的福晋在南方田园纺线。耕织图起源于南宋,是我国古代为劝课农桑而详记耕作、蚕织的系列图谱,也是劝导男耕女织的形象教材

畦,她右手持钩、左手持筐,率先采摘桑叶,采下的桑叶要拿去喂蚕。待蚕结茧,再选吉日行治茧礼,此日,皇后率众妇再到先蚕坛织室,并亲自缫丝织布,至此,亲蚕礼方告结束。

(二)胡服袒装与服妖之议:正统与流行

古代的时尚变迁,不像今天那样迅捷和一目了然,但回眸历史长河,各时期的时装递嬗,依然历历可辨;某个时期的时装变化,同样让人眩目,唐朝就是这样的一个时代。

白居易有诗《上阳白发人》,描写的是一位宫女:"玄宗末岁初选入,入时十六今六十。"这位宫女可能是在天宝十五载(756)入的宫,时年十六,至德宗贞元十六年(800),正好六十岁,这时的她,已在宫中锁了四十五个春秋。

新疆吐鲁番阿斯塔那唐墓出土泥头木身女俑。女俑身穿"四件套"，上穿绿衫，衫外套连珠纹半臂，下着间色竖纹长裙，肩披夹帔。她额上贴花钿，颧骨两侧画斜红，朱唇两侧有妆靥

入宫时，她是"脸似芙蓉胸似玉"的少女，这时，她已是洛阳上阳宫中的"白发人"。时空的隔绝，使她还停留在"天宝末年时世妆"上。在中国古代，宫中、京师是时尚的策源地，这位白发宫女穿的"小头鞋履""衫袖窄小"，都是天宝时追逐的摩登时尚胡服。但德宗贞元时，已是经历过安史之乱的年代，这时的胡风胡韵，已被"华夷之辨"的思潮所荡涤，这时的女装也已像白居易《和梦游春诗一百韵》一诗所说，变成了"时世宽妆束"。

唐代女装时尚变幻迅速，令人目不暇接，但从基本款式看，无非是女装或男装，女装是衫裙搭配，男装则有胡服和汉式两类。

上衫下裙是唐代女装的基本款，它由裙、衫、帔（或加之半臂）三件套（或四件套）构成，人们常说的唐代妇女袒装，就是这类女装的领口式样。"长留白雪占胸前""胸前瑞雪灯斜照""粉胸半掩疑晴雪""慢束罗裙半

法门寺出土唐紫红罗地蹙金绣半臂（左），唐李倕墓出土捻金线样品（右）。蹙金绣的原材料昂贵，加工费工费时。它以金线为绣，金线的制作是先将金银捶打成金箔，再以金箔制成捻金线

唐段蕑璧墓出土穿袒胸装侍女图。段蕑璧（617—651），唐高祖李渊外孙女，高密公主和纪国公段纶之女

唐韦洞墓出土仕女图。韦洞是中宗韦后之弟，卒于692年

太原南郊金胜村唐墓壁画（高宗、武周时期），（上）337号唐墓仕女图，（下）四号唐墓侍女图。两画中的女子上穿深U型衫，暴露程度惊人

露胸"①，这些唐人诗句，已经能让读者展开想象的翅膀了。大量墓室壁画的出土，更让人得见了唐代妇女穿着袒装的真景实态：她们穿着U型、V型、W型领的袒胸装，有的领口甚至开到了胸乳之下。

唐代上层妇女追逐时尚，一些人好穿男装，而男装也有胡服和汉式两种款式。"胡服"一词出现很早，战国时，就有赵武灵王推行胡服骑射，胡服的特点是紧窄，这可与骑射相适应。而当时中原流行的是深衣，深衣是衣、裳连属，"短毋见肤，长毋被土"，这种衣服只适合乘车，不便于骑马。之后，胡服经常作为时尚潮流出现，《续汉志·五行志一》记，汉灵帝"好胡服"，影响所及，便是"京都贵戚皆竞为之"；《旧唐书·舆服志》也记，唐玄宗时，"从驾宫人骑马者，皆著胡帽""士女皆竞衣胡服"。

唐代女子穿的"胡服"，其实就是胡式男袍＋胡帽，胡袍的特点是袍服对襟，襟边、领口、袖口用异色花纹缘边。除了胡服，唐代女子也穿汉式男装，或者是胡汉混搭。唐代的汉式男装，是北齐、北周改革后流行于中原的男装，它的款式是头扎幞头、身着圆领袍服。中原男装与胡服搭配比较多的是头戴幞头、身穿胡式袍服。但无论哪种女扮男装，这些女子的下身都穿裤特别是竖条纹裤，脚上穿线鞋或靴。

---

① 这几句唐诗分别出自施肩吾《观美人》、李群玉《同郑相并歌姬小饮戏赠》、方干《赠美人》、周濆《逢邻女》。

唐代女子着胡服图:（右）新疆吐鲁番阿斯塔那古墓出土屏风绢画,
画中女子穿团窠锦袖翻领胡服,领口、袖口缘边图案清晰。（左）
韦浩墓出土侍女图,侍女穿胡汉混搭男装,她头戴幞头,身着淡
黄色翻领长袍,袍领、袖口、前襟处绣大花

　　武则天、太平公主母女,都曾女扮男装。武则天是在幼儿时被穿上过男装,《旧唐书·袁天纲传》记:"乳母时抱则天,衣男子之服",相人袁天纲惊见说:"必若是女,实不可窥测,后当为天下之主矣。"在相士眼里,身着男婴服的武则天,已露出了吉人天相。按照《新唐书·五行志一》,太平公主不但穿男装,更穿上了武官服:"高宗尝内宴,太平公主紫衫、玉带、皂罗折上巾,具纷砺七事,歌舞于帝前。帝与武后笑曰:'女子不可为武官,何为此装束?'"在父母的眼中,太平公主穿武官服不过是一时的淘气,但在奉行男女有别、"女无外事"的儒士眼中,就是"服妖"了。

　　在唐宋人眼中,女子穿袒胸装可以接受,但穿男装不行。"服妖"说起于汉代,《汉书·五行志中之上》说:"风俗狂慢,变节易度,则为剽轻奇怪之

唐代女扮男装图，（左）李爽墓吹箫乐女图（摹本）；（中）阿史那忠墓侍女图；（右）节愍太子墓侍女图。三图中的女子都身穿中原男装，她们头戴幞头，身着圆领长袍，下穿竖条纹裤，脚穿线鞋

服，故有服妖。"《礼记·内则》强调，"男女不通衣裳"，这样，女扮男装、男穿女装，都属"剽轻奇怪之服"，都是"服妖"，它们妨害礼俗风化，腐化人心，是政治败坏的前兆。所以，唐人李华在《与外孙崔氏二孩书》中，追忆天宝旧事："中年至西京……男子衫袖蒙鼻，妇人领巾覆头……此乃妇人为丈夫之象、丈夫为妇人之饰，颠之倒之，莫甚于此……所见所闻，颓风败俗。"在李华的眼中，男女异服就是安史之乱将至的信号，也是大唐帝国走向衰落的征兆。

但雄才大略的唐代天可汗们并不这样认为，他们的帝国理想，是既包括中原也包含四方之人的，所以在他们的庞大帝国内，胡服只是天可汗治下的域内之物，胡女着男装，进而影响汉妇，也就随之变成了"夷夏一家"的表现。在

[唐] 张萱《虢国夫人游春图》卷（宋摹），绢本，设色，51.8 厘米 ×148 厘米，辽宁省博物馆藏。画中女子既有穿袒胸装的，也有女扮男装的。

这样的统治理念下，唐代妇女坦然地穿上男装、换上胡服，也就并不为奇怪、也并不违礼了。

《论语·颜渊》记孔老夫子说："非礼勿视，非礼勿听，非礼勿言，非礼勿动。"中国古代的衣，是社会建立秩序的关键一环，举凡衣料、色彩，都与等级、上下、性别挂上了钩，人们每日的穿衣是规矩，不能不穿，也不能错穿，衣是"非礼勿动"的一个重要方面。

◎第二章
肩挑日月、背负星辰：冕服的历史

冕，早期只是对王冠或礼帽的泛称，后代才专指帝王戴的顶上有平板的冠帽。冕服，就是以冕为冠的服装，统治者用它作祭服或礼服。冕服使用的时间很长，保守地说，至少从周代一直使用到明末。虽然古代的冕服并不在日常使用，但它在今天电影、电视剧中的频繁亮相，说明它已走入了百姓日常。

帝王问疾图，莫高窟第 220 窟壁画，初唐。画面表现的是《维摩诘经变》中，国王大臣问疾维摩诘的情节。图中的皇帝昂首阔步，前有障扇，后有侍臣，他身穿冕服，头戴疏冕，冕服上有日、月等纹章。此画略早于传为阎立本所绘的《历代帝王图》，两画相比，此画的画面更宏阔，人物也更具风采，所以这是一幅难得的初唐人物画杰作，将它与《历代帝王图》相对照，更可见唐代冕服的发展状况

帝王听法图，莫高窟第 103 窟壁画，盛唐。画面故事出自《维摩诘经变》，画中的帝王身着冕服，冕冠无旒

　　但冕服进入生活，并不是现在才开始。敦煌，这座丝绸之路上的重镇，以它精美的莫高窟壁画，吸引着众多游人。今人去参观，是为领略莫高窟的艺术魅力，但当初兴建莫高窟，则是为佛教信仰，洞窟内绘制壁画，是用来配合解释经文。为拉近信众与教义的距离，壁画就要尽量贴近现实，所以我们看到，佛国世界的君臣们，会穿着现世的冕服；草民百姓的服装，也与当时人无异。

　　虽然在古今的百姓生活中，都有冕服的存在，但它都是个只可远观而不可近身之物，特别是在古代，莫说普通人不可能冒违反法律之险弄一身冕服行头，就是皇帝御物保管人将冕服借给他人穿一下，也要被判三年徒刑。所以，古代的冕服是君臣特别是帝王之物，是他们地位的象征。

一　黄帝作冕与服周之冕：冕服的起源

冕服起于何时？这是个众说纷纭的话题。保守派认为，冕服至迟从周代开始使用，因为在这一时期的出土铭文上，已有不少对冕服的记载。当然，在殷商的甲骨文中，也有了"冕"的象形文字，并且它还与殷王表称自己的"一人"字样同时出现，这样，将周人服冕的渊源，再向上推至殷代，也是可以说得过去的。明代张居正就持周代有冕的看法，但他认为周代的冕出现较晚，在他为万历小皇帝编的小人书《帝鉴图说》上，唐尧、虞舜至周文王都不戴冕，直到周武王的头上才有了旒冕。

激进派认为冠冕起于太古。古代有一部书，名叫《太古冕服图》，它现已佚失，内容无从知晓，但从它将"冕服"与"太古"连在一起，我们还是猜想，作者是否将冠冕的起源置于了太古？

温和派的看法比较常见，认为黄帝作冕。这种看法由来已久，《世本·作篇》就说"黄帝作冕"；《尚书大传·周传》也说，"黄帝始制冠冕"。此外，还有更具体的细节，像黄帝的"轩辕"之号，就是因"作轩冕之服"[1]；黄帝臣胡曹是造冕的具体操作人，等等。《明史·礼志四》记载，明初建立制度，在修缮历代帝王庙时，明太祖下令："伏羲、神农未有衣裳之制，不必加冕服。"明朝初年，朝廷祭祀的帝王是三皇，伏羲、神农不加冕服，那黄帝就是加冕服的了。这也就意味着，明初统治者也是秉持黄帝有冕观点的。

不管冕服起于何时，可以肯定的是，冕服在周代已具规模。关于冕服的内容，《周礼·司服》的记载是：

---

[1]　[汉]司马迁：《史记》卷一《五帝本纪》，裴骃集解，引张晏注，中华书局1982年版，第10页。

武梁祠的黄帝像（左）和帝尧像（右）。武梁祠位于山东嘉祥县，
建于东汉桓帝建和元年（147）前后，是为武氏家族成员之一的官吏
武梁（78-151）而建，墓地遗存有石刻、画像石等

　　王之吉服：祀昊天上帝，则服大裘而冕，祀五帝亦如之；享先王，则衮
冕；享先公、飨射，则鷩冕；祀四望、山川，则毳冕；祭社稷、五祀，则希
冕；祭群小祀，则玄冕。

　　《周礼》后来成了儒家的十三经之一，它的上述内容，也对后代产生了巨
大影响。依据如上记载，王祭祀时使用六冕，即大裘冕、衮冕、鷩冕、毳冕、
希冕和玄冕；公、侯伯、子男等诸侯、孤、卿大夫，也可使用周王衮冕以下诸
冕，这被《周礼·司服》称作"如王之服"，它的具体使用情况见下表。

《周礼》六冕表

天子	大裘冕 祭天地	衮冕 享先王	鷩冕 享先公	毳冕 祀四望	絺冕 社稷五祀	玄冕 群小祀
公		衮冕 享先王	鷩冕 享先公	毳冕 祀四望	絺冕 社稷五祀	玄冕 群小祀
侯			鷩冕 享先公	毳冕 祀四望	絺冕 社稷五祀	玄冕 群小祀
子男				毳冕 祀四望	絺冕 社稷五祀	玄冕 群小祀
孤					絺冕 社稷五祀	玄冕 群小祀
大夫						玄冕 群小祀

　　这里有一个问题，那就是《周礼》记的是周制吗？《周礼》不见于先秦文献，它是汉景帝、汉武帝时征于民间的古本，之后深藏官中多年，成帝时，才由刘向、刘歆父子于秘府发现，并著录于目录书中。由此，对《周礼》的编著时间，就有了各种说法，但一般认为，它早不过春秋末年，晚则到西汉时期。但不管成书于何时，《周礼》应是出自一位"体制外的人物"，他"尝试通过'分官设职'来安排天地人秩序，以此寄托其太平之梦"①，所以，这本书记载的，也就不一定是周代的实际制度。我们也可以换一个角度看，那就是古人一般就将《周礼》看成周制，因此历代冕服制度，也多受《周礼》影响，这样，人们将《周礼》与周制等而视之，也就在所难免。

　　从上表可以直观地看到，那位《周礼》作者的理想社会，是一个等级社会，冕服则是这一等级社会的重要表征。周代实行分封制，从溥天之下来讲，王是诸侯、卿、大夫的君，但回到自己的封地，诸侯、卿、大夫又分别是自己地界的君，这就是周代的等级君主制。

---

　　① 阎步克：《服周之冕——〈周礼〉六冕礼制的兴衰变异》，中华书局 2009 年版，第 111 页。

依照《周礼》的说法，统治地界大的"君"，可祭祀的神就多、也更重要，像天子可祭天地，其他小君则无权做这一祭祀；各级"君"的祭祀种类，也按身份高下，依次递减，这就在等级君主制基础上，又形成了等级祭祀制。《周礼》的冕服被设计为祭服，不做他用，不同祭祀，就穿上不同的冕服。大、小君们，在各自的领地内，穿着相应的冕服，做符合自己身份的祭祀。从王到子男，都可祭祀山川、土谷之神和群小祀，那就穿上同样的毳冕、絺冕和玄冕；王和公、侯都可祭祀先公，那就都穿上鷩冕。孤和大夫是王臣而非诸侯，他们在助祭时，也要穿上相应的冕服。王与诸侯、诸臣的冕服款式一样，只是身份不同，拥有的冕服种类多少不同，王有六冕，子男只有三冕。

《周礼》确立的是六冕的大框架，内容还不够完整，需要充实。像各级冕服与章、旒、玉数的对应，就需要弥合与补充；《周礼》与其他经书的不合，也需要协调；《周礼》的幽微经义，更需要进一步阐释。这样，儒士们便开始为《周礼》做注、做疏，东汉郑玄（127—200）的注，就是其中的集大成者，在《周礼正义·天官》中，晚清经学后殿孙诒让赞之曰："郑注博综众家，孤行百代，周典汉诂，斯其渊薮矣。"经过儒士们不懈的阐幽抉微、弥缝异说，《周礼》所记的冕服最终精细化、系统化了，它也成了后代王朝制订冕服的重要依据。

二 至尊冠冕与十二纹章：冕服的构成

美国波士顿美术馆有一件藏品，编号为 Denman Waldo Ross 藏品 31.643[①]，它就是传为唐初大画家阎立本（601—673）的《历代帝王图》。此画绘有十三位帝王，因此又称《十三帝图》。这些形象资料，为今人观察古代冕服提供了重要资料。

在 13 位帝王中，汉光武帝、魏文帝、吴主孙权、蜀主刘备、晋武帝、周武

---

① 进入波士顿美术馆官网（Museum of Fine Arts Boston），搜 31.643 编号藏品 *The Thirteen Emperors*（"歷代帝王圖卷"），即可看到《历代帝王图》的图像与介绍。

《历代帝王图》中的隋文帝与二侍臣像(左)。隋文帝身着冕服, 二侍臣身着朝服, 头戴漆纱笼冠; 隋文帝的冕服有日、月两章

《历代帝王图》中的晋武帝 (266—290 在位) 与二侍臣像。晋时, 皇帝冕服上饰十二章, 此图大略可分辨出七章。两侍臣身着朝服, 头戴漆纱笼冠, 这种冠是北朝至隋朝才开始流行的, 所以它并不是晋时的式样

帝、隋文帝 7 人穿着冕服, 从汉光武帝 (25—57 在位) 到隋文帝 (581—604 在位), 时间跨越五百多年, 但这些帝王都穿着作者所处时代、也就是隋唐时期的冕服, 这些冕服都是上衣下裳制, 由冕冠、上衣、下裳三部分构成, 除此, 还有许多其他构成, 下面就对此一一道来。

(一)冠舄衣裳蔽膝带绶: 冕服的基本构件

《左传》桓公二年记, 春秋时的宋国大夫臧哀伯, 曾叙说过整套冕服构成:"衮、冕、黻、珽、带、裳、幅、舄、衡、紞、纮、綖, 昭其度也。"这些构成的现代解释就是:

衮: 冕服上衣绣有各种服章, 其中有卷龙的特称"衮"。

冕: 帝王头戴的顶上有平板的冠帽。

黻: 起源于古老的蔽膝, 原为皮制, 后改为绣物。

珽: 手执的玉板。

带: 腰带。

裳: 下身穿的长裙。

幅: 缠在腿上的宽布带。

舄: 金色或红色的厚底鞋。

衡: 用来固定冠冕的头饰。

紞: 冕版上垂下的彩色丝带, 下悬玉石饰物填。

纮: 用于系冠的丝绳。[①]

綖: 冕顶上向四周延伸的长方形板。

---

① 见赵超:《云想衣裳 中国服饰的考古文物研究》, 四川人民出版社 2004 年版, 第 61 页。

臧哀伯说的是早期的冕服构成。综合历代情况，冕服的主要构件如下：冕冠、上衣、下裳、中单、袴、袜、舄、腰带（革带、大带）、蔽膝、佩玉、绶、剑、圭等。

冕冠

华夏族重衣冠，但在衣、冠两者中，又特重冠，《论衡·讥日》就说："在身之物，莫大于冠"；《礼记·问丧》也说："冠，至尊也。"古人蓄发，冠帽用来束发，在各种冠帽中，冕的地位是最高的。

冕由綖、武和各种饰件构成。綖，也作延，它是冕顶上向四周延伸的那块木板，形状是前圆后方，象征天圆地方。綖板用细麻布或丝织品蒙起来，蒙布要"玄表纁里"，也就是向上的一面染成玄色，向下的染为纁色，这象征的是上天与下地。

周代的冕板开始"前后有旒"。旒也称玉藻，冕板垂旒，象征的是帝王不视非、不视邪，是非分明；旒与旒玉的多少，则是冕服等级与穿着者身份的象征。旒与旒玉以十二为贵，专用于皇帝，以下依次递减为九、七、五、三各等。在《周礼》六冕中，大裘冕无旒无章，其他五冕的冕旒及玉数如下：

《周礼》五冕冕旒及玉数表

冕服种类	旒数	玉数
衮冕	前后各 12，共 24 旒	288 颗
鷩冕	前后各 9，共 18 旒	216 颗
毳冕	前后各 7，共 14 旒	168 颗
絺冕	前后各 5，共 10 旒	120 颗
玄冕	前后各 3，共 6 旒	72 颗

而垂旒上的玉珠颜色，儒生们也有不同解释。《周礼·弁师》贾疏说，一旒串五色玉，五色分别是青、赤、黄、白、黑；而《礼记·玉藻》孔疏则说，

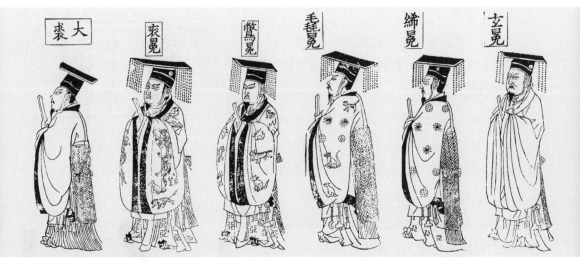

［宋］聂崇义《新定三礼图》中的六冕图

［宋］聂崇义《新定三礼图》中的
十二旒图

五彩玉的颜色是朱、白、苍、黄、玄。现实中，垂旒就不一定非用五色玉，像后汉的垂旒，就只用一种颜色，天子的旒用白玉珠，三公诸侯用青玉珠，卿大夫用黑玉珠；其他时期，还有用珊瑚、翡翠、蚌珠为旒珠的；明代时，冕旒虽用五彩玉，但永乐三年（1405）规定的五采（彩），又与《周礼》《礼记》二疏都不同，它是赤、白、青、黄、黑。

将旒上五彩玉珠串起的丝线叫缫，缫也用五彩丝线编成。为避免旒上五彩玉珠的上下并合，要在缫的固定位置上打结，这些绳结称"就"。

綖板下面的冠圈称武。

冕的配饰有纽、纮、紞、瑱等。纽是用来固定贯发的发笄；瑱，又称充耳，一对，垂于綖板两侧，是悬于紞绳末端的玉石饰物，它的高度与戴冠者耳际齐平，寓意是统治者不妄听，特别是对邪佞之言"充耳不闻"。

上衣、下裳

中国古代的服装，有分裁的上衣、下裳制，
也有衣裳连属的深衣、袍服等，冕服采取的是
上衣、下裳制。

冕服的衣、裳面料都用丝织品，但两者的颜
色不同，《礼记·玉藻》说："衣正色，裳间色。"
按《周易》的解释，上为天，是为阳，下为地，
是为阴；阳用正色，阴为间色；冕服的衣、裳
分别对应天、地，上衣法天，故用正色黑，下
裳法地，而用间色纁，这就是常说的"玄衣纁
裳"。纁是黄、赤相加的颜色，综合的是五方的
中位黄色和南方赤色。当然，后代冕服的衣、
裳颜色也有细微变化，像上衣就有玄、皂、青
（黑青）等不同黑色，裳也有纁、红、绛、黄等
不同颜色。

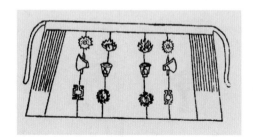

《明会典·冠服一》中的《下裳图》

中单

中单是穿在冕服内、内衣外的一层衣服，
早期称中衣、内单，唐以后称中单。中衣 / 中
单的面料为白纱，衣领则换用如皂、青等其他
颜色，褾（袖口）、襈（衣襟侧边）、裾（底边）
等饰以缘边。汉晋时，领、袖缘饰的颜色为绛
色，《续汉志·舆服下》说它的寓意是"示其赤
心奉神"。唐以后，褾、襈、裾的缘边改用青
色，领与袖的缘饰绣纹章，但纹章及其数量，
各朝不同。

明朝官员白色罗朝服中单正视（上）、背视（下），
山东博物馆藏

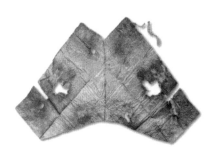

明定陵出土黄素绫丝绵裤

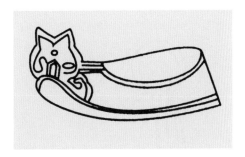

[明] 王圻、王思义编集《三才图会·衣服二》中的冕服之舄（崔圭顺摹）

袴

袴，也作绔，早期是无裆的腿衣，后期通于有裆的"裤"。

从《历代帝王图》看，皇帝身着冕服时，袴是看不到的。但早期的冕服或许较短，因此袴会有一段露在外面，东汉武梁祠的黄帝和帝尧像，就因裳短，袴是可见到下面一段的。

早期的冕服之袴为绛色，这也像中衣的领缘、袖缘一样，表示的是"赤心奉神"。但裳越变越长，袴就不会露在外面了，袴的象征意义也随之减小，这样，到南朝梁天监三年（504）时，大臣何佟之就建议废止绛袴。隋唐以后，不但是绛袴，就是袴，也不再在冕服制度中出现了。

袜、舄

袜、舄都是足衣，皇帝穿的鞋有履、舄两等。对履、舄、鞋，清人朱骏声的《说文通训定声·需部》解释："汉以前复底曰舄，禅底曰屦，汉以后曰履，今曰鞵。"禅底就是单底。

舄是冕服搭配的鞋式，它是比履更高级的一种复底鞋。舄的里、面都是丝织品做成，底部比履多加一层木底，也就是晋崔豹《古今注·舆服》说的："舄，以木置履下，干腊不畏泥湿也。"高底的舄，有隔潮、防泥的作用。

冕服搭配的袜一直是红色，但早期舄的颜色，会依冕服等级的高低，而有赤、黑两等。隋唐以后，袜、舄统为了红色，这就是所谓的"朱袜、赤舄"。

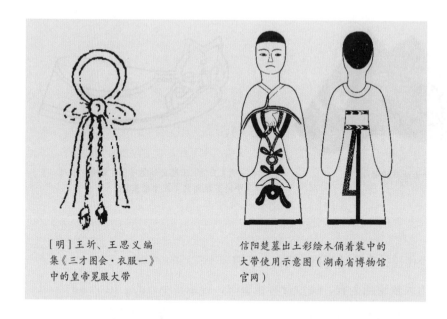

[明]王圻、王思义编
集《三才图会·衣服一》
中的皇帝冕服大带

信阳楚墓出土彩绘木俑着装中的
大带使用示意图（湖南省博物馆
官网）

定陵出土玉革带前视（左）、后视图（右）

舄的装饰很讲究，上有绚、繶、纯等饰件。"绚"的本意是拘，它是鞋头的
翘起装饰物，寓意是提醒穿者举止高雅。当然，绚也有托起下裳、方便行走的
实用性。繶是鞋帮与鞋底之间镶嵌的丝绦；纯是鞋帮口的镶边。

腰带（革带、大带）

冕服的腰带有大带、革带两种，大带束衣，革带佩戴饰物。

大带又称绅带、素带。绅，原指大带系于前而形成的交叉下垂部分；素带
则表示它的颜色，天子用的大带是"素带朱里"，朝外的一面用白色，带里则用
朱色，天子之外的人则不能用朱里，所以，他们是"素带不朱里"。

革带，也称鞶、鞶革，顾名思义，就是用皮革制成的带。革带用来系蔽膝

和佩印、绶、玉及其他饰物。

[宋]聂崇义《新定三礼图》中的韨（蔽膝）

蔽膝

蔽膝又称市、韍、被、韨、韠，是垂在腹前的长方形饰物，为原始遮羞布的遗存，按《毛诗正义·采菽》，冕服取蔽膝为构件，寓意就是"重古道，不忘本"。

早期的冕服蔽膝用革做成，后期改用缯、罗、绢等丝制品，做成有表有里的夹制。历代蔽膝的颜色为赤、朱、纁、红、绯等红色系，上广一尺，下广二尺，长三尺，上面装饰纹章，明初规定有龙、火、山三章，嘉靖八年（1529）后，删去山章，只留龙、火二章。

明定陵出土的龙火二章蔽膝。文物上的蔽膝二章，符合嘉靖八年（1529）皇帝冕服制，《明史·舆服志二》记："蔽膝随裳色，罗为之，上绣龙一，下绣火三，系于革带。"

佩玉

冕服的佩玉也称佩、大佩、玉佩、双佩，白玉材质，左右对称，此即"白玉双佩"。

从后代的冕服图看，佩玉是一套组玉。像明代的佩玉，由珩、瑀、玉花、琚、冲牙、璜、玉滴等多个组件构成，各构件由组绶联结。佩玉挂于革带之上。戴上佩玉，行步有声，这声的作用是"节步"，即约束佩带者步态沉稳。

西周玉组佩，陕西省扶风县出土，陕西历史博物馆藏

唐玉组佩（复原图），陕西礼泉县唐昭陵越王李贞墓出土，陕西礼泉昭陵博物馆藏

[宋]聂崇义《新定三礼图》中的佩玉图

明定陵出土玉佩

绶

绶，原意是丝缕编成的系物带子。秦汉时，帝王百官、后妃命妇的佩印制度形成，绶就用来系印。那时是一官一印，一印一绶，通称"印绶"或"玺绶"，居官则配之，罢官或死亡则解之。秦汉时的文官一律穿黑衣，所以无法从服色上表示官员级别，这样，彩色的绶带就成了区分官级的标志，佩上赤、绿、紫、青、黑、黄等不同颜色的绶带，就标志出了佩带者的官职等级。当然，绶的等级高低不仅取决于颜色，还有长度、疏密的不同，职位高，绶带就长、织纤密度也大。

隋唐以后，品官服色制确立，绶的等级实用意义退去，礼仪性和装饰性成了佩玉的主要目的。

西汉"利苍"玉印，马王堆二号墓出土，湖南省博物馆藏。方形盝顶，穿孔，孔用于系绶，高1.5厘米，印面长2厘米，宽2厘米

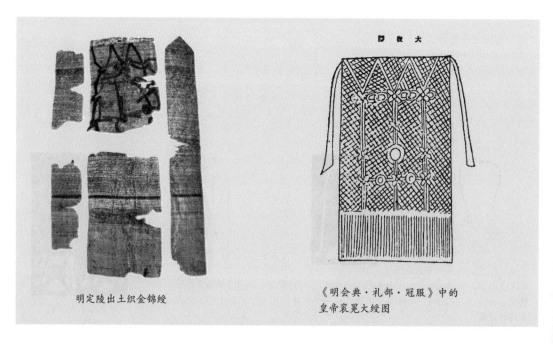

明定陵出土织金锦绶

《明会典·礼部·冠服》中的皇帝衮冕大绶图

[南宋] 马麟《夏禹王像》，绢本，设色，249厘米×113厘米，台北故宫博物院藏。画中的夏禹身穿冕服，手执玉圭

早期的绶为单绶，中古时曾出现过双绶，辽金以后再为单绶。绶还有大绶、小绶，以明代的制度为例，永乐三年（1405）规定的大绶，由黄、白、赤、玄、缥、绿六彩织成，小绶是位于大绶之上的带子，颜色同于大绶，它们用来编结悬挂玉环。

圭

穿冕服执圭出现很早，《周礼·大宗伯》记，祭祀时，"王执镇圭，公执桓圭，侯执信圭，伯执躬圭"。后代帝王举行大祭祀、大朝会时，都要手执玉圭。

唐宋辽金时，帝王大礼时手执的玉圭分大圭、镇圭两种，尺寸依据的都是《周礼·玉人》的记载，"大圭长三尺""镇圭尺有二寸"。元明时，大圭、镇圭合二为一，元朝称镇圭，明朝称玉圭，尺寸依镇圭为一尺二寸。按《明史·舆服志二》，明代的玉圭顶部尖锐，底部平直，"刻山四，以象四镇之山"。

[宋]聂崇义《新定三礼图》中的大圭(左)、镇圭(右)

明定陵出土的玉圭

剑

帝王冕服搭配的剑，称"鹿卢剑""鹿卢玉具剑"。鹿卢，就是辘轳，它是井上汲水的工具，因剑把手用丝绦缠绕而像辘轳，故而得名。从晋代开始，木剑取代了真剑。帝王剑鞘的末端，用蚌、金银、玳瑁、宝珠、宝玉等做装饰。唐代之前的帝王冕服佩剑，可从《历代帝王图》中看到。至明代的冕服，已没有剑的配置。

（二）劝人慕德与肩担天下：冕服十二纹章

章，又称文章、纹章。文的本义是纹理、花纹；章，通彰，表示彰明、明显、显著之意。文（纹）与章相连，指错综华美的色彩与花纹。中国古代的冕

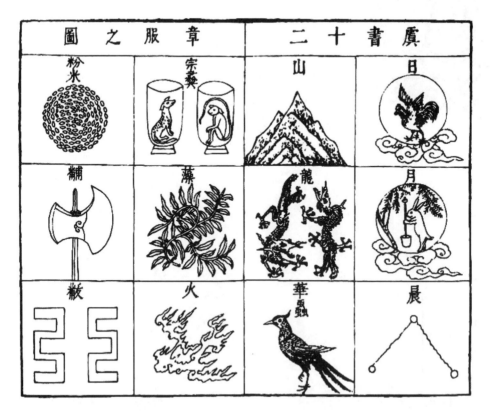

《三才图会》中的"虞书十二章服图"

明世宗像，台北故宫博物院藏。明世宗身穿冕服，冕服饰团龙，左右肩分饰日、月，两袖饰华虫，前下对称饰宗彝、藻、火、粉米、黼、黻六章

服十二章，指冕服上的十二种华美纹饰，这些纹饰并不仅在装饰，更有劝善表德之功，"古人认为，衣服上的纹样具有'德'的象征……衣服的文章，所表达的是'表人之德'和'劝人慕德'之意"①。

冕服十二章最早出现在《古文尚书·益稷》中，"帝曰：予欲观古人之象，日月星辰山龙华虫作会宗彝藻火粉米黼黻絺绣，以五采彰施于五色作服汝明"。古书不断句，所以《古文尚书》的这段文字，就引来了不同解释，造就了后代对文章的不同理解：它是十二章还是十三章？华虫、粉米是一事还是两事？现在通常所说的十二章，只是后来逐渐固定下来的，它是对《古文尚书·益稷》记载做的如下理解："日、月、星辰，山、龙、华虫作会；宗彝、藻、火、粉米、黼、黻絺绣。"日、月、星辰、山、龙、华虫六章，画在衣上；宗彝、藻、火、粉米、黼、黻六章，绣在裳上，十二章是冕服的最高等级。

再来看十二章纹饰的内涵与象征意义。

1.－3. 日、月、星辰

古人对自然界的认识有限，所以先民的生活中，就多自然崇拜，日、月、星辰就是他们

---

① ［韩］崔圭顺：《中国历代帝王冕服研究》，华东大学出版社 2007 年版，第 291 页。

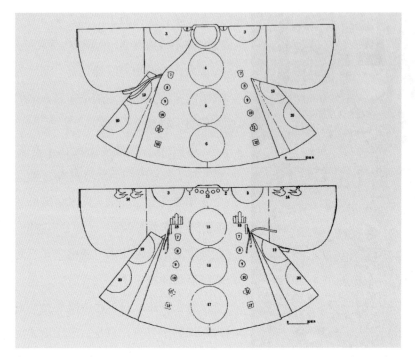

明定陵出土十二章衮服复制件前视样（上）、后视样（下）。图上数字代表的纹章如下：1. 日；2. 月；3-6、15-17、19-20. 龙；7. 宗彝；8. 藻；9. 火；10. 粉米；11. 黼；12. 黻；13. 星辰；14. 华虫；18. 山（中国社会科学院考古研究所等编：《定陵》上，文物出版社1990年版，第82页）

明定陵出土十二章衮服复制件

崇拜的重要对象。太阳、月亮、星辰也被合称为三辰，以它们作冕服上的纹章，是取其照临光明、如三光之耀的意思。

儒家推崇三辰，北齐颜之推在《颜氏家训·归心》中说："天为积气，地为积块，日为阳精，月为阴精，星为万物之精，儒家所安也。"日、月、星辰代表的是天相，所以，三辰就为号称天子的皇帝所专用。目前，最早的冕服日、月章，见于《历代帝王图》和莫高窟第220窟、第61窟的初唐、五代帝王图上。

在《三才图会》的十二章纹中，日里画代表日的神鸟金乌，月里绘玉兔和玉树，这样的构图，在西汉马王堆帛画中，就已现雏形。但在冕服上，也不是长期都有日之金乌、月之玉兔的构图，在莫高窟第103窟的盛唐帝王冕服上，右肩的月中就只有树，没有玉兔；宋人聂崇义《新定三礼图》的月章中，又只有玉兔而无树；即使在《明会典》绘制的冕服图上，日纹也不见金乌，月纹也没有兔和树。

帝王图，莫高窟第61窟壁画，五代。图中的帝王身穿衮服，在群臣前呼后拥下，赴会听法。传统阴阳思想以左（东）为阳、右（西）为阴，帝王左肩施日、右肩施月的两章配置，正与这一观念相符。左肩的日中有鸟，右肩的月中有树

4. 山

古人对山的崇拜源远流长，形成这一自然崇拜的原因有多种。一，古人敬天，以山高而为登天之道。帝国升平时，皇帝

西汉马王堆一号墓出土"T"形帛画（左）及其上的日（右上）、月（右下）。"T"形帛画称"非衣"，它是葬仪中用以表示招魂、导引后随葬的旌幡。画上描绘了天上、人间、地下三部分，日、月图位于天上部分的左、右两上角，日中绘金乌，月中画蟾蜍和玉兔等天国神话传说形象

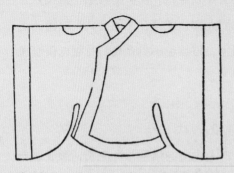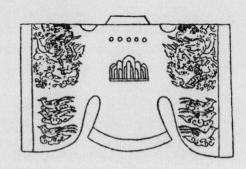

《明会典·礼部·冠服一》中的冕衣图前图（上）、后图（下），冕服左右肩上的日、月章中无物

[北宋] 陈祥道《礼书》中的山纹

《明会典》中的山纹

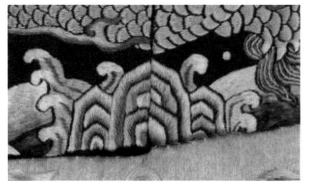

清乾隆帝黄缎彩绣金龙裕袍山纹

要封禅泰山，目的就是向天告报太平，答谢天之护佑。二，山区气候多变，因此古人以山能兴风雨、有超人之力。三，山中资源丰富，孕育了众多草木鸟兽。四，山高耸立，令人仰视，这就像仰于贤人之德一样，经疏就是这样对山纹做的解释，《周礼注疏·司服》说，"山，取其人所仰"；《礼记正义·明堂位》云，"山，取其仁可仰也"。

以山为服章的含义在王者恩泽施于百姓，其如《旧唐书·舆服志》所说："山者，布散云雨，象圣王泽沾下人也。"

5. 龙

龙是中国古代传说中的一种神异动物，长期以来，龙被赋予了种种超自然能力，像显隐巨细、登天潜渊、呼风唤雨，无所不能，因此，它受到了先民们的崇拜，成为寓意吉祥、象征权力和地位的祥瑞神兽。龙的形象集多种动物于一身，其中的一种说法是宋人罗愿《尔雅翼·释鱼》中的：龙有"九似"，"角似鹿，头似驼，

眼似鬼，项似蛇，腹似蜃，鳞似鱼，爪似鹰，掌似虎，耳似牛"。

冕服以龙为章，是取其变化无方之义，它象征着人君的应机布教、善于变化。与冕服的其他纹章相比，龙的形象更是最高统治者权力的象征，它被广泛施画于帝王的宫室、车舆、旗帜和衣冠服饰上。冕服上的龙纹图案，有升龙、有降龙，还有龙首正向的正龙，按郑玄的说法，升龙为天子所独占，他人只能用降龙，后代的儒士并不都同意这一说法，但目前我们看到的皇帝冕服龙纹，确实以升龙为主。

玉龙，高26厘米，内蒙古翁牛特旗出土，中国国家博物馆藏。玉龙有"中华第一龙"美誉，属距今五千年前的新石器时代后期红山文化

[宋]聂崇义《新定三礼图》中的龙纹

明定陵出土衮服前身三团龙纹

清雍正帝黄色缎绣云龙狐皮龙袍龙纹

[宋]聂崇义《新定三礼图》冕服上的华虫纹

明定陵出土绣十二章衮服上的华虫纹视图（中国社会科学院考古研究所等：《定陵》上，文物出版社1990年版，第85页）

清乾隆帝明黄色缎绣彩云黄龙夹龙袍华虫纹

[宋]聂崇义《新定三礼图》冕服上的宗彝纹

明定陵出土绣十二章衮服宗彝纹（中国社会科学院考古研究所等：《定陵》上，文物出版社1990年版，第95页）

6. 华虫

华虫就是雉鸡，它是有五彩的鸟。鸟纹在中国出现得很早，河姆渡文化（距今5 000~7 000年）出土的文物上，就已有鸟的图案。

冕服以华虫为纹章，是取其有文采之意，唐代文人杨炯的《公卿以下冕服议》说："华虫者，雉也，身被五彩，象圣王体兼文明也。"服装上的文采，象征的是穿者有仁人之德，有文明之质。

7. 宗彝

彝是盛酒器的总名，也指祭祀用的礼器。《周礼》记载，古时祭器有六彝，因祭器上刻的不同鸟兽，分别称鸡彝、鸟彝、斝彝、黄彝、虎彝、蜼彝，六彝的用途是盛酒，分用于不同祭祀。蜼是类似长尾猴之兽。对仅选虎、蜼两种彝尊为纹章的原因，后世儒生的解释是，这二彝的年代最古老，它们是上古有虞氏时代之前的祭器。

冕服以虎、蜼两宗彝为饰，在后代被赋予了多层含义。取宗彝本身，就有不忘祖先之意；而虎则取其严猛，蜼取其智慧、能避不祥。

8. 藻

藻就是水藻，也泛指水草。藻有天然美丽图案，所以《周礼注疏·司服》说，以藻为冕服纹章，就是"取其有文，象衣上华虫。"藻也寓意穿者的仁德与文质。除此，《礼记正义·王制》说："藻者，取其洁清有文"。以藻为纹，还因其洁净清新。

9. 火

火被古人视为伟大的自然之力，火的使用与掌握，极大地推动了人类生活的进步。汉字的"火"，极具象形特征，因此，一些儒士就直认冕服上的火纹为火字，《尚书·益稷》孔疏就笃定地说："'火为火字'，谓刺绣为'火'字也。"

冕服上的火纹，取其照亮之意，还取火焰向上的内涵，它象征着天子率群黎顺归上命。

10. 粉米

粉米就是白米，米粒太小，所以粉米的纹饰形状，就是白米汇集，但图案中的米粒多少，历来无定数。

冕服以粉米为章的原因，《周礼·司服》贾疏说："粉米共为一章，

[宋]聂崇义《新定三礼图》絺冕上的藻纹

明武宗冕服上的藻纹

明定陵出土衮服的火纹（中国社会科学院考古研究所等：《定陵》上，文物出版社1990年版，第95页）

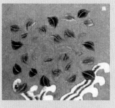

清乾隆帝明黄色缎绣彩云黄龙夹龙袍的藻纹

清乾隆帝黄缎彩绣金龙裕袍火纹

[宋]聂崇义《新定三礼图》缔冕上的粉米纹

取其洁，亦取养人。"水稻是中国古代的重要农作物，中国的水稻栽培史至少有万年之久。稻在中国历史上，养育了无数百姓，对民生的意义极大。据《论语·微子》，孔子曾说"四体不勤，五谷不分"，在一派的解释中，稻就是五谷之一。所以，米代表的是农作物，象征的是统治者的赒养之德，正如杨炯在《公卿以下冕服议》中所说："粉米者，人恃以生，象圣王为物之所赖也。"

11. 黼

黼与斧音近，所以黼纹画为斧形，呈黑白二色、刃白而孔黑。冕服以黼为纹，象征的是君主临事能决断，黑白两色寓意的是能断是非。

斧在中国出现很早，新石器时代就已有斧。那时的斧身兼多种功能，既是生产、生活的用具，又作防

鹳鱼石斧彩绘陶缸，中国国家博物馆藏。此陶缸属新石器时代的仰韶文化（前5000～前3000），画面左侧为一立鹳，鹳嘴衔鱼，右侧竖一石斧。一般认为此缸是氏族首领的葬具，白鹳是首领本人所属的氏族图腾，鱼则是敌对氏族的图腾，首领率本氏族战胜了鱼氏族。此彩缸通过图腾形象与御用武器的组合，展现了重大历史事件，也纪念了首领的英雄业绩

明定陵出土绣十二章衮服黼纹（中国社会科学院考古研究所等：《定陵》上，文物出版社1990年版，《定陵》上，第95页），斧纹有斧身、斧柄

清乾隆帝黄缎彩绣金龙裕袍黼纹，斧纹有斧身，无斧柄

身、杀敌的武器。后来又从实用斧衍化出了玉斧，玉斧被用作军事象征的礼器。斧的多种用途，也最终使它成了权力集中的王权象征。历代冕服上的黼纹都是一个斧形，但斧有时有柄，有时无柄。

12. 黻

冕服上的黻纹，作两己相背图案。按颜师古的解释，黻纹画为"亞"字形，是因"亞、古弗字也"①，而"弗"的意思是相互辅弼。所以，冕服上黻纹的寓意是君臣相济，统治者能见恶改善，臣民也能背恶向善。在冕服十二章的图案中，只有黻纹取自抽象之意。

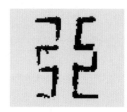

[宋] 聂崇义《新定三礼图》鷩冕上的黻纹

综此，冕服上的十二章，既有对自然的临摹，如日、月、星辰、山、华虫、藻、火、粉米，也有主观创造的纹饰，如龙、宗彝、黼、黻。明代之前，十二章纹饰同时出现在冕服上的机会不多，这只在帝王的最高等级冕服衮冕上能看到。就十二章纹饰而言，清代是一个特殊时期，清朝的冠服制以满族的传统服饰为基础，在早期的顺治、康熙、雍正时期，帝王服饰中很少用十二章纹饰，乾隆时，十二章纹才逐渐成为定制，但十二章的排列形式与图案大小，都与前代相比发生了巨大变化。

三 从冕服再现到冕服独占：冕服小史

冕服至迟起于周代，《论语·卫灵公》记孔子说："行夏之时，乘殷之辂，服周之冕。"孔子的主张是，历法用夏制，车辂用殷制，冕服则用周制。

秦王朝的建立，冲击了周代的冕服制度，对此，《后汉纪·孝明皇帝纪上卷》说："先王服章，于是残毁矣。"秦改周制，《续汉

　①　[汉]班固：《汉书》卷七三《韦贤传》颜注，中华书局1962年版，第3101页。

山东嘉祥武氏祠画像石荆轲刺秦王。画面表现的是荆轲刺秦王故事中匕首击中柱身的一瞬间场面，柱左的荆轲被御医夏无且抱住，两手上扬；中间柱上，穿透一把匕首；柱右的秦王拔剑接荆轲之刺；秦王身后是一手执剑盾的武士，正欲来助秦王；画前地上陈列一盒，盒内是樊於期的首级，盒右是惊恐的秦武阳

志·舆服下》称它是"灭去礼学，郊祀之服皆以袀玄"，秦朝的祭服改用袀玄。袀玄，上衣下裳皆为玄色（黑色），这明显有别于冕服的玄衣纁裳。冕可能仍是秦冠的一种，"但秦汉皇帝的标准朝服，却是头戴通天冠，身着袀玄之衣，或随五时色。汉画像石中的秦始皇形象，就是通天冠加朝服的，而非冕服"[1]。

冕冠重新回到君臣头上，要到王莽的新朝（9—23）了。新莽曾进行了"乌托邦"式的大复古，《汉书·王莽传》对此的记载是："车服黼冕，各有差品。"整套的冕服制度，就在这次复古中被推出。但新莽短命，随着它的覆亡，冕服制度也暂告一段落。虽然如此，冕服的复古之号已吹响，在短短的三十几年后、也就是东汉永平二年（59），冕服再次出现。《后汉书·明帝纪》载，这年，明帝率百官在明堂祭祀光武帝，"帝及公卿列侯始服冠冕、衣裳、玉佩、绚屦以行事"。历代儒者以王莽篡位而忽略其政制，因此，汉明帝的启用古冕，就被视为了最早的古礼再现，并对之盛赞不已。

魏晋南北朝时，政权多重、更迭频仍，但无论哪朝都重冕服，其中的若干变化，也引人注意。像曹魏明帝（226—238在位）的"损略黼黻"举措，就是不让公卿再用黼黻二章，个中原因，依《宋书·礼志五》的说法，便是魏明帝的

---

① 阎步克：《服周之冕——〈周礼〉六冕礼制的兴衰变异》，中华书局2009年版，第166—167页。

帝王心理作祟，他嫌公卿的衮服"拟于至尊"。但十二章中为何要选黼、黻呢？这是因为古人眼中的黼黻非常华贵，而且它的历史非常久远。关于华贵，人们用"黼黻之文"来形容华丽织物、华美文章；以"黼黻之服"来指高贵冕服。而黼黻作衣裳纹样的悠久历史，更是可远溯至黄帝，《大戴礼记·五帝德》就说："黄帝黼黻衣，大带、黼裳。"

再有，东汉魏晋之后，各王朝的皇帝一直只设一冕，但宋明帝泰始四年（468），首次出现了五冕，然而，五冕使用的场合，则不再追随《周礼》而只用于祭祀，转而对应祭天、祭庙、宴飨、征伐、耕稼等不同用途，这样，冕服的用途就被极大地扩展了。之后的梁武帝天监七年（508），大裘冕也被恢复了，由此，梁武帝萧衍也成了有史以来第一位把无旒的大裘冕戴到头上的皇帝。在东晋南朝的270年间，梁武帝是统治时间最长的一位皇帝（502—549在位），《魏书·萧衍传》说"衍好人佞己，末年尤甚"，大裘冕正满足了萧衍的膨胀心理。

在北方的十六国，五胡皇帝也喜欢服冕，前赵皇帝刘曜（318—329在位）、后赵皇帝石虎（334—349在位），就都有服冕的记载，冕服同样满足了这些五胡皇帝的独尊心理。然而，他们比中原王朝走得更远，诸臣已不被允许服冕，服冕的只有皇帝一人。北魏早期的皇帝也一样，他们以冕为朝服，诸臣同样无冕。

北朝时期，还出现了冕服史上的一件奇事，那就是北周（557—581）的怪异冕服改革。北周时，天下三分，其东有北齐、南有陈朝。北周僻居关内，魏晋以

黼黻纹筒瓦，长90.2厘米，径36厘米，传河北易县燕下都遗址出土，中国国家博物馆藏。瓦身镶贴三角形黼黻纹，交错排列分为两组

《历代帝王图》中的隋炀帝（604—618 在位）与二侍臣像。画中的隋炀帝头戴碧弁，未着冕服

来的文化中心洛阳不属于它，东晋南朝又携中原文化南渡。为破除文化上的落后，北周便声称自己承自周朝，这样的文脉，无疑远早于北齐和南陈。因此，北周便轰轰烈烈地搞起了"宪章姬周"运动，并且对周礼也大胆改革，冕服上，它就造出了一套比《周礼》更加宏大的体制，《周礼》的天子是六冕，它增至十冕。后人视北周的冕服为怪物，而且是"其怪诞固非有言语所能喻者"[1]。

隋朝再度一统，王朝的冕服制也再次创新。首先是冕服纹章出现变化，按《周礼·春官·司服》郑玄注，虞舜等古天子是使用全部十二章的，而周朝则把日、月、星辰画在了旌旗上，所以，冕服就不再使用这三章了，而只用龙、山以下九章。隋朝的早期、也就是隋文帝时，沿用的是九章说，那时的冕服，衣有山、龙以下五章，裳饰藻以下四章。好大喜功的隋炀帝即位，就不愿意再屈尊自己了，据《隋书·礼仪志七》，即位后，隋炀帝就下制，冕服由九章改为十二章，并且"于左右髆上为日月各一，当后领下而为星辰"，人常说的"肩担日月，背负星辰"，自此出现。

唐朝时，又出现了冕服史上的一个重要事件。先来看一个表：

① 王仲荦：《北周六典》卷四《春官府》，中华书局 1979 年版，第 198 页。

<h3 style="text-align:center">唐初冕服等级表</h3>

	大裘冕	衮冕	鷩冕	毳冕	绣冕	玄冕
皇帝	无旒无章	十二旒十二章	七旒七章	五旒五章	四旒三章	三旒一章
一品		九旒九章				
二品			七旒七章			
三品				五旒五章		
四品					四旒三章	
五品						三旒一章

对比前面的《周礼》六冕表，《周礼》虽也是依君臣、上下而有冕服的依次递减，但这是因为天子可举行的祭祀种类多、臣子举行的少，不能举行的祭祀，当然就没有对应的冕服，所以也就不会发生君臣冕服冲突的情况。

唐初的冕服不同，皇帝有冕服六等，而一至五品官只各有一等；同时，皇帝后四冕的章旒，还与官员一样。这样，在举行某些祭祀时，出现冕服的"君臣倒置"，就在所难免。我们来看一下六冕对应的穿着场合：

大裘冕：祭天神地祇所服。

衮冕：祭宗庙、登基、纳后所服。

鷩冕：祭远祖所服。

毳冕：祭海岳等服。

绣冕：祭社稷等服。

玄冕：祭百神、日月等服。

皇帝的冕服有等级变化，而诸官的冕服恒定不变，这样，祭日月时，皇帝服三旒一章的玄冕，但陪祭的一品官，却穿着九旒九章的衮冕，二品、三品也服毳冕和鷩冕，在旒章上都是"君少臣多"，这当然是万万不行的。显庆元年（656），修礼官长孙无忌、于志宁、许敬宗就义愤填膺地上奏，大为皇帝鸣不平："君少臣多，殊为不可。"并建议皇帝"诸祭并用衮冕"①。高宗下制准奏。自此，鷩冕以下诸冕，皇帝置而不用，冕服上的"君臣倒置"，也就未再发生。

宋代时，冕服明显走下坡路。宋朝有资格穿冕服的，只限于参加祭礼的官员，这比唐朝服冕的范围已大大缩小，唐朝五品以上的官员，都可依品级服冕。而宋代官员的服冕，也只在助祭时，"宋朝的冕服，有点像学校团体操上分发的服装，事毕收回，属公用服装，既非个人所有，也不由个人保存"②，助祭官们更嫌服冕麻烦，对服冕毫无积极性。

宋元时，一方面是中原王朝的冕服衰颓，另一方面，则是北方少数民族统治者对冕服的利用，金、元时期的皇帝，也像五胡皇帝那样，将冕服独占。金熙宗在皇统七年（1147）取消了百官祭祀服冕，让他们改穿朝服，如此，就只留下了皇帝的衮冕十二章十二旒和皇太子的九章九旒。蒙元的用冕，据《元史·舆服志一》记，是始于蒙哥大汗的1252年，这年，蒙哥大汗"祭天于日月山，用冕服自此始"。蒙元时期，冕服同样仅限于大汗或皇帝及太子使用。

元末，朱元璋起兵，北伐时，他打出了"驱逐胡虏，恢复中华"的口号。口号虽如此，但明朝建立后确立的华夏衣冠，却又暗袭了金元皇帝的冕服独尊，用左右通吃形容朱元璋，是并不过分的。朱元璋洪武二十六年（1393）定制，冕服仅限皇帝、朱家的皇子皇孙和王爵拥有者使用，其他人无权使用，大礼时，这些人仅是梁官朝服。这样，从大礼的服装上，就向天下昭示了皇家与臣民的悬隔，明朝的专制集权达到新高度，冕服就是其中的一个重要方面。

明清换代，顺治九年（1652），出台了《钦定服色肩舆永例》，汉式冕服被废止。从东汉永平二年（59）算起，冕服这出上演了近一千六百年的大戏，终于拉上大幕。虽然后面还有袁世凯复辟帝制的些许戏码，但那只是遗绪了。

---

① ［宋］王溥：《唐会要》卷三一《舆服上》，中华书局1960年版，第566页。
② 阎步克：《服周之冕——〈周礼〉六冕礼制的兴衰变异》，中华书局2009年版，第387页。

有清一代不改本族服制，这是他们的传统国策之一，希望以此保持民族个性，避免政权丧失。据《清史稿·舆服志二》，皇太极在入关前就说："我国家以骑射为业，今若轻循汉人之俗，不亲弓矢，则武备何由而习乎？"乾隆时继续强调："自北魏始有易服之说，至辽、金、元诸君浮慕好名，一再世辄改衣冠，尽去其纯朴素风。传之未久，国势寖弱。"清朝时，汉式冕服废除了，但上面的十二章被留下了，虽然它们在清朝皇帝的龙袍上是又小又不醒目，但它的象征意义并不会因此而缩减，它象征的是满族统治华夏的合理性。

中国古代的衣裳重要，《周易正义·系辞下》说，"黄帝尧舜垂衣裳而天下治"，"衣裳辨贵贱乾坤，则上下殊体"。这些都揭示了衣裳与秩序的重要关联。中国历史上，冕服的发展绵绵历历，它凸显了帝王万人之上的至尊、皇家百官的特权。时移世易、沧海桑田，到清朝时，曾经的华夏冕服，就只能在戏文中见到了，一如今天影视作品中的秦皇、汉武，他们头上的冕冠只是日常娱乐的一部分，至于历史真相如何，倒在其次了。

明九旒冕，明鲁王朱檀墓出土，山东博物馆藏。冕高18厘米，綖板长49.4厘米，宽23.5厘米，帽筒径17.6厘米。冕筒为藤篾编制，表面敷罗绢黑漆，金圈、金边。冕顶部的綖板前圆后方，板表为黑色，綖板前后各垂九旒，每旒穿赤、白、青、黄、黑五色玉珠九颗

《雍正帝读书像》轴，清，宫廷画家绘，绢本，设色，171.3厘米×156.5厘米，故宫博物院藏。雍正帝端坐于锦垫之上，手捧书卷，默默沉思

第三章

女子礼服：从凤冠霞帔说起

今天，婚礼的形式多样，在常见的中式婚礼中，就有以凤冠霞帔来命名的，这其实是以新人的婚服来作婚礼的名称。以凤冠霞帔作新娘嫁衣，其出也早，一般的说法是，明代庶民女中就已出现，相传这还是明太祖马皇后的特许。但这些是传说，与事实并不完全相符。

旧时，女子以凤冠霞帔为嫁衣，希冀的是荣华富贵，体会的是官妻的特权、正妻的荣耀，清人吴敬梓在《儒林外史》五十三回、五十四回中，描写了一位妓女聘娘，她一门心思想做明媒正娶的官太太，所以她做的梦是，"凤冠霞帔，穿带起来"，卦人给她算的命也是，"将来从一个贵人，还要戴凤冠霞帔，有太太之分哩"。

当然，民间女子婚礼上穿戴的凤冠霞帔，与后妃命妇的款式并不一样。中国早有摄盛的习俗，因为婚礼极受重视，所以允许新人在婚礼时，穿戴、乘坐超过自己身份等级的服饰、车辆。但摄盛仅限于婚礼的六礼过程，六礼一结束，摄盛就不再被允许，否则就是僭越。明代庶人婚礼的摄盛，就是允许新人穿戴九品官和官妻的礼服。下面就以明洪武二十六年（1393）的制度为例，来看看九品官妻的冠饰：珠翟二个，珠月桂开头二个，珠半开六个，翠云二十四片，翠月桂叶十八片，翠口圈一副，上缀抹金银宝钿花八树，抹金银翟二只，口衔珠结二个。如此，在这个冠上是没有凤的！而且冠饰的构件，也与我们即将谈到的定陵凤冠有着明显不同。因此，对庶人而言，"凤冠霞帔"其实只是对新娘嫁服的泛称。

凤冠、霞帔是妇女的两种服饰，它们成为一个固定组合，已是很晚的事情

了，大约在明代，才最终有了这种说法，在此之前，凤冠和霞帔各自发生与衍变着，有着各自的历史。

一　假髻、梁冠、帽冠三部曲：凤冠的演进

礼服自古重首服，后妃礼服也如此。从历史上看，中国古代的后妃首服，大体经历了三阶段变化：假髻首饰，花树梁冠，帽胎凤冠。下面，先来看看宋明后妃的帽胎凤冠。

（一）盛子托里与龙凤搭配：帽胎凤冠

明神宗朱翊钧、也即万历皇帝，是明朝在位时间最长的皇帝，在位时间长达 48 年（1573—1620 在位）。死后，他与孝端、孝靖两皇后合葬于定陵。1950年代定陵被发掘，这也成了当时轰动中外的一件大事。之后，明神宗帝后的尸骨被焚、棺椁被弃，更成了人们为之扼腕的说道。

1957 年 10 月 27 日，定陵的最后一道石门被开启，装有凤冠的四个储物箱被发现，箱中的四顶凤冠，就成了今人认识凤冠的最直观材料。这四顶凤冠，分别是孝端皇后的六龙三凤冠和九龙九凤冠、孝靖皇后的十二龙九凤冠和三龙二凤冠。作为皇家用物，这四顶凤冠用料考究、做工精美、部件繁多，以孝端皇后的九龙九凤冠为例，冠的前部，饰有口衔珠滴的九条金龙，下有点翠金凤八只，另一只金凤饰于后部，冠上总计有九龙九凤。此冠的帽胎由漆竹扎成，面料为丝帛，所以它属帽冠。

在定陵凤冠的部件中，金龙与翠凤无疑是最重要的，两者结合，就是皇后身份的象征。但是，这四顶凤冠上的龙凤数量并不相同，最重要的是，它们都还与明朝的制度不吻合。太祖洪武三年（1370）、成祖永乐三年（1405）曾两次定制，规定的皇后凤冠是九龙四凤。所以，定陵的四顶凤冠，就或许是万历时期冠服制度变化的结果。

下面，就来详看一下两位皇后凤冠上的龙凤数。孝端皇后的两顶凤冠，龙

孝端皇后九龙九凤冠，明定陵出土，中国国家博物馆藏。通高48.5厘米，冠高27厘米，径23.7厘米。凤冠用漆竹扎成帽胎，面料以丝帛制成，前部饰9条口衔珠滴的金龙，下有8只点翠金凤，后部也有1金凤，共9龙9凤。冠嵌宝石115块（其中红57块、蓝58块），珍珠4414颗。冠重2320克

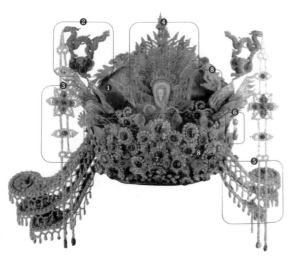

孝端皇后六龙三凤冠部件细节：1、冠胎；2、金龙；3、珠结；4、珠翠凤；5、博鬓；6、珠滴；7、金宝钿花；8、铺翠。另有金簪固定凤冠。冠胎上的饰物，都是事先做好，然后插嵌在冠胎上的插管内（顾凡颖：《历史的衣橱：中国古代服饰撷英》，北京日报出版社2018年版，第146页）

数相加是 15，凤数相加是 12；孝靖皇后的两顶凤冠，龙凤数相加，分别是龙 15、凤 11。两人的龙数相同，但凤数差一。对这一凤之差，有人解释是两人生前的身份不同。孝端皇后王氏是神宗正后，孝靖皇后王氏，当初只是神宗生母的慈宁宫宫女，因偶然得幸，才受册为恭妃，后生子朱常洛，而此子后来即位成了皇帝（光宗）。光宗卒，其子熹宗追封祖母为皇太后。其实，如果没有身后的皇后追封，孝靖皇后是连带龙的凤冠都不可能拥有的，按《明会典·礼部·皇妃冠服》，明朝的规定是，皇妃冠饰"九翚四凤"，也就是有凤无龙。所以，人们常说，孝靖皇后的那两顶龙凤冠，是一天也没有戴过的，的确如此。

明朝后妃凤冠有龙与否的区别，承自宋朝，其实，明朝凤冠的款式与制度，也大多沿袭宋朝。

宋朝时，凤冠第一次走进了后妃命妇的礼服制度。《文献通考·王礼考九》记，宋朝规定，皇后礼冠"饰以九龙四凤"，皇妃礼冠"九翚、四凤"。自此，冠上有龙与否，就成了后与妃身份鸿沟的象征。据《金史·舆服志中》，金朝后妃的礼冠是帽冠，"花株

冠，用盛子一，青罗表、青绢衬金红罗托里"，而金朝的这套制度是学自宋朝的，北宋末年开封陷落，帝后宗室及宋朝的全副冠服卤簿，都被金朝掳去，由此，北宋的冠服制度，多被金人照搬，皇后的礼冠制度也如此。

宋代皇后礼冠的具体形制，可从宋代皇后的画像中看到。乾隆十二年（1747），一批藏在内务府库与工部库中的前朝帝后、圣贤、名臣画像被发现，乾隆帝即命人将这批画像整理、装裱，收藏于修葺一新的南薰阁中，这批作品因此也被称为"南薰阁画像"。其中，就有一幅宋钦宗朱皇后的画像，画像中的朱皇后头戴凤冠，凤冠的帽胎上，布满大小花树，冠顶则饰有8小1大9条龙，另有4凤，凤背上还各乘仙女，冠的下部左右各饰博鬓3扇。

在后妃命妇的凤冠历史上，宋朝是一个重要年代，这时的凤冠，才具备了真正意义上的冠的结构，冠要有帽胎、要呈帽状，而宋代的凤冠，就有青罗为面、青绢衬金红罗做里的帽胎——"盛子"。

但宋代帽胎凤冠的出现，并不是平地惊雷，它经历了几个世纪的漫长酝酿。现在，就让我们来看看它的序曲——唐代的花树梁冠和流行的凤饰。

（二）首饰花鬓与百鸟朝凤：花树梁冠

在"2013年度全国十大考古新发现"中，有一项是扬州的隋炀帝和萧皇后两墓，萧皇后墓出土的礼冠，更是引起了世人的极大关注。

孝端皇后镶珠宝金簪（中），明定陵出土。通长 27.5 厘米、顶长 5.2 厘米、宽 9.2 厘米、网坠长 5.2 厘米，重 171 克，金簪镶宝石 80 块（红宝石 74 块、蓝宝石 4 块、绿宝石 1 块、猫眼石 1 块），珍珠 107 颗

故宫南薰阁藏宋钦宗皇后朱琏画像。朱皇后，开封祥符人，父伯材，任武康军节度使。钦宗即位，立为皇后。1127 年，靖康之变发生，朱氏被掳，受徒北上，自尽而亡。宋宁宗庆元三年（1197），追谥她为仁怀。画像中的朱皇后头部微侧，因此只能看到冠上的五龙二凤。冠上的仙女和王母仙人队，反映了徽钦时期皇家对道教的崇奉

萧后礼冠（仿）正面、背面

萧皇后，梁武帝萧衍的后代，西梁孝明帝萧岿女，嫁隋晋王杨广为正妃，炀帝即位，受册为皇后。大业十四年（618），江都兵变，隋炀帝被杀，随行在侧的萧后，由扬州辗转前往突厥。唐朝灭亡东突厥，萧后被迎回长安，贞观二十二年（648），萧后亡，享年八十余，唐朝以皇后之礼为其下葬，《资治通鉴》卷一九八记，唐太宗"诏复其位号，谥曰愍，使三品护葬，备卤簿仪卫，送至江都，与炀帝合葬"。

既然萧皇后是以皇后之礼下葬的，那她墓中出土的礼冠，就应是皇后礼冠。但按《旧唐书·舆服志》记载的唐朝制度，皇后的礼服头饰并不是冠，而是"首饰花十二树，并两博鬓"。我们看到，萧皇后的礼冠，由横纵的梁箍做框架，框架上再装饰13棵花树、12个水滴形饰和2扇博鬓，此冠并无帽胎，而是呈镂空状。或许是为了佩戴方便，唐朝皇后的首饰花和博鬓，就是这样被安排在框架上的。

萧皇后礼冠上的13棵花树，同样令人关注。按制度，唐朝皇后的首饰花是12树，萧皇后礼冠上的13棵花树多出了本朝皇后，这于情于理似乎都说不通。然而，数大也不一定就意味着等级高。对于数字，《左传·哀公七年》有这样的说法："周之王也，制礼，上物不过十二，以为天之大数也。"也就是在帝王的数字上，12才是至尊！由此，萧皇后礼冠的13树花，在等级上，并不比唐代本朝皇后的12树高。或许正是不想给萧皇后以最正宗的皇后葬礼，才给了她非至尊的13树花。

上行下效，在后妃花树梁冠的带动下，唐代的其他妇女，也开始尝试往头上戴冠。其中，就有唐高祖

萧后冠的前框架（左）、后框架（右）结构示意图（陕西省文物保护研究院、扬州市文物考古研究所编著：《花树摇曳 钿钗生辉——隋炀帝萧后冠实验室考古报告》，文物出版社 2019 年版，第 64、65 页）。礼冠的具体形制是：冠的框架由 2 道横梁和 3 道纵箍交叉组成；花树 13 棵，以中梁为中心，左右对称分布；二博鬂固定在箍后两侧；冠后箍上，饰水滴形饰 3 层，共 12 个

李倕脸部及冠饰三维模拟最终复原图（中国陕西省考古研究院、德国美因茨罗马·日耳曼中央博物馆编著：《唐李倕墓考古发掘、保护修复研究报告》，科学出版社 2018 年版，第 390 页）。李倕（712—736），嗣舒王李津女，夫侯莫陈氏，时任正七品文散官宣德郎。李倕出身皇家，但无命妇封号，她的华丽冠饰和身上的金玉装饰服装，是她高贵身份及生前奢华生活的反映；但因夫家没落，经济状况下降，所以，墓中出土的陶人俑和动物俑不但数量少、体形小，而且制作粗糙

李渊的五世孙女李倕，墓葬中的她，头戴华丽冠饰；还有懿德太子墓石椁上的女官，她们头戴的是有帽胎的帽冠。从后妃命妇的梁冠，到皇家后人李倕的冠饰，再到女官的帽冠，我们看到的是贵妇冠饰的多样与混乱，这也就意味着，唐代妇女的礼冠，应尚未形成固定形式。但不管怎样，唐代时，梁冠、冠饰已经戴在了贵妇们的头上，虽然还没有凤。

与此同时，另一些人已开始以凤作头饰，并且这股风也开始在大唐之地流行了。在武周和玄宗时的宫廷舞服中，就有凤冠。公元 690 年，武则天革唐命，称周帝，改元天授，为此，朝廷创作了《天授乐》，此乐有舞者 4 人，他们都头戴凤冠；再有，宋人陈旸在《乐书·舞》中记，玄宗时有《光圣乐舞》，舞者也是"凤冠，五采画衣"。此外，在李倕冠饰的铜钗上，也有凤的造型。

在唐代的民间，凤饰也同样流行，敦煌莫高窟壁画，就为我们展现了它的鲜活场景。盛唐时，乐庭瓌任为敦煌邻地

李倕冠饰铜钗柄部钢丝缠绕的凤造型

《都督乐庭瑰礼佛图》（段文杰摹），莫高窟第130窟甬道北壁壁画，盛唐。左第一身是晋昌郡太守乐庭瑰，身后是他的三子和四奴。乐庭瑰等头戴幞头、身着袍服和襕衫，虔诚礼拜

的晋昌郡太守，他与笃信佛教的家人，在莫高窟修建了自己的家窟，这就是第130窟。一千二百多年前，乐庭瑰带着妻儿男女，来到这座家窟，进行礼佛活动。礼佛仪式庄严隆重，男女主人公们盛装而来，女主人们手捧香炉、鲜花，合掌致礼，以此表达对佛祖的恭敬虔诚。在甬道南壁的《都督夫人礼佛图》上，第3身题名为"女十三娘供养"，这十三娘是乐廷瑰与夫人王氏的二女，她头戴凤钗、斜插凤形步摇，穿着衫裙帔帛，以最隆重的装束，参加了这次盛事。

"久旱逢甘雨，他乡遇故知。洞房花烛夜，金榜题名时"，这是古人的人生四喜。四喜之一的婚礼，历来受人重视，其中的原因，正如《礼记·昏义》所说："昏礼者，将合二姓之好，上以事宗庙，而下以继后世也。"婚礼是两位新人的结合，更是子孙绵延、父系血食相继的前提。婚礼有六道程序，也就是纳采、问名、纳吉、纳征、请期、亲迎的"六礼"，还有谒舅姑、庙见的"二仪"。在隆重的婚礼上，新人穿上婚服，客人身着盛装，以此烘托出新人生命节点的盛大与庄重。在敦煌莫高窟第12窟中，有一幅晚唐婚嫁图，众傧相簇拥着两位新人，身着绛红袍子的新郎在行跪拜礼，站立一旁的新娘则行着女人拜，在这位新娘的头上，就可见一个硕大的凤钗。

凤饰在唐代的流行，与中国历史上唯一的女皇帝武则天分不开，武则天为了称帝，曾大搞凤瑞。"天上百鸟朝凤凰"，在中国传统文化中，凤凰是首屈一指的吉祥瑞鸟，但在武则天之前，凤的性别并不是雌性，它是雄鸟，皇才是雌鸟，汉人司马相如的《凤求凰》，就是以凤来指代自己，而用凰来表称卓文君。在中国古代，龙是男性皇权的象征，身为女子的武则天，为了做皇帝，便独辟蹊径地搞起了凤瑞。武则天声势浩大的鼓噪，不但使凤成功地吸引了众人目光，还使凤的性别急遽从雄性转向了雌性。

除此，唐代凤饰的流行还有一个因素，那就是道教。道教是唐朝的国教，唐高祖的《先老后释诏》说，"老先，次孔，末后释"。按照道教戒律仪范《洞玄灵宝三洞奉道科戒营始》，上清大洞女冠的头服，就是"飞云凤气之冠"的凤冠。关于武则天的宗教信仰，人们谈论更多的是她的佛教信仰，但武则天对道教也同样尊崇、利用。据《新唐书·太平公主传》，武则天曾两次安排爱女太平公主做女冠：母亲去世，她以太平公主为女冠，"以幸冥福"；为拒吐蕃请婚太平公主，"乃真筑宫，如方士熏戒，以拒和亲事"，她再次安排爱女做了女冠。上清女冠头上的凤冠，既符合了武则天的崇道心理，又与她推动的凤瑞多有契合。

《都督夫人礼佛图》（上，段文杰摹）及女十三娘局部图（下，常沙娜摹）。莫高窟第130窟甬道南壁壁画，盛唐。上图画面从右至左依次是：都督夫人太原王氏、都督两女和九名婢女。女主人身着交领花襦裙，外罩半臂，另有披巾或帔。此图是钗耀鬓胜，锦罗加身，一派贵妇出行胜景

婚嫁图（左）和新娘局部图（右），莫高窟第12窟壁画，晚唐。图左上，来宾已在棚下就座礼席。图右，新郎头戴毡帽，双手持笏，身着袍服，足蹬乌皮靴，正在伏地行跪拜礼；新郎旁的新娘，头戴凤饰，身着裙衫帔，双手敛于胸前，在行女人拜（后来也称万福礼）。画面正中，陈列的是新郎送的彩礼。左图的左下侧，一对持贺礼的夫妇到来

　　唐代妇女们接受了武则天以凤自比的宣传，听到或目睹过女冠的凤冠，还道听途说了太平公主、杨贵妃的故事。太平公主两为女冠，在政坛上叱咤一时；杨贵妃曾是女冠太真，后是"后宫佳丽三千人，三千宠爱在一身"的宠妃，她的腾达，更"令天下父母心，不重生男重生女"（白居易《长恨歌》）。随着时间的推移，一些权贵女子为了彰显身份与时尚，又将日常头戴的凤冠、凤饰带到了礼服中。敦煌莫高窟第98窟，是归义军节度使曹议金的家窟，窟中的曹家女眷们身着礼服，在子妇闫氏的头上，就戴着一个凤饰梁冠。

　　看到贵妇们头上戴的凤饰、凤冠，那些经济尚可的小康家庭，是否也会在女儿的婚礼上，让她们戴上这些，以求得荣华富贵呢？凤冠、凤饰在民间的涌动，反过来更刺激了贵妇们的穿戴，她们以更华贵、更繁复的凤饰、凤冠，来凸显自己睥睨众生的富贵。最终的结果是，北宋时，凤冠正式走入制度，成为

《洞玄灵宝三洞奉道科戒营始》中的上清大洞女冠法服图，女冠头戴飞云凤气冠

节度使曹议金像，榆林窟第16窟壁画，五代。曹议金（？—935），归义军首任节度使张议潮外孙婿，后梁乾化四年（914）取代张氏，执掌瓜沙政权。他头戴展脚幞头，身穿圆领大袖红袍，内着花边白纱罗中单，红鞋束带

归义军节度使曹议金家贵妇服饰图（左）及子妇闫氏局部图（右，范文藻摹），莫高窟第98窟壁画，五代。左第一人为曹议金子妇瞿氏，她头戴花钗梁冠；第二人为子妇闫氏，她头戴凤饰梁冠

修复完成并组装后的李倕冠饰（中国陕西省考古研究院、德国美因茨罗马·日耳曼中央博物馆编著：《唐李倕墓考古发掘、保护修复研究报告》，科学出版社 2018 年版，第 115 页）。冠饰由 500 多件不同材质的零部件组成，使用的材料包括：金、银、铜、铁、绿松石、珍珠、贝壳、玛瑙、红宝石、石榴石、红玉髓、琥珀、象牙、玉石、琉璃、羽毛、漆器及精美的纺织品。用材的奢华，使修复后的冠饰光彩耀人

后妃命妇独霸的特权。

梁冠凤饰，唱响了中国古代后妃礼服头饰的第二部曲。而这之前的第一部曲，则是既无冠也无凤，它的主旋律是假发。

（三）"鬒发如云，不屑髢也"：假髻首饰

2021 年末至 2022 年初，李倕墓在西安南郊出土，一顶她戴过的华丽冠饰，走入人们的视线。这是一件冠状头饰，它缀满宝物，但这些宝物，并不像定陵的凤冠，是插嵌在帽胎上的，因为这件冠饰，根本就没有冠胎，它甚至连萧皇后礼冠那样的冠框都没有，那些珍宝只是被安插在发髻的裹布上。这件冠饰明显分成上下两部分，下部对应着李倕的头部，上部则是她高耸的发髻。发髻的做法是，先将发绾成髻，堆于头顶，再用马鬃做成假髻，充于发上，以使发髻呈巍峨状。唐代流行高髻，万楚的《茱萸女》就说，"山阴柳家女"是"插枝著高髻"；刘禹锡的《赠李司空妓》则说，名妓也学宫中样，作"高髻云鬟"。高髻的做法，大抵就是李倕的假髻填充法。因高髻而流行假髻，但唐代的假髻，并不以假发做成；更重要的是，假髻并没有出现在后妃命妇的礼服头饰中，而这些都与先秦汉晋时期不同。

《左传·哀公十七年》记载了如下一事："（卫庄公）自城上见己氏之妻发美，使髡之，以为吕姜髢。"为给夫人吕姜做假发，卫庄公竟然将己氏妻的美发全部剃光，强抢而去。卫庄公下手够狠，对古人来讲，头发之重要，几与生命等同，《孝经》开篇就说："身体发肤，受之父母，不敢毁伤。"因着这样的认识，"髡"就成一种刑罚，而对

无罪之人来说，"髡"则是莫大羞辱。就因结下了这桩剃发深仇，最终杀掉卫庄公的，就是这位己氏。这是一起因假发而引起的命案，那时假发的重要，由此可见一斑。

"鬒发如云，不屑髢也"，这是《诗经·君子偕老》的诗句，如云的黑发，根本用不着假发来装点。乌黑浓密的长发，是先秦两汉美女的标志，彼时，拥有一头美发的女子，改变人生的概率大增。在《汉武故事》中，出身微贱的卫子夫，就是因"上见其美发，悦之"，而成了汉武帝的第二任皇后。岁月老去、发美不再的贵妇们，"秃而施髢"（《庄子·天地》），在假发的装饰下，她们才能找回曾经的自信，卫庄公夫人吕姜就是这样，战国后期马山楚墓的墓主也是这样。马山楚墓的女墓主死时 40~45 岁，墓葬中，她的头发保存完好，真发长 15 厘米，其上又接有 40 厘米的假发，盘成圆髻。

这样一种"美发＝美女"的认识，也贯穿到了那时的后妃礼服中。中国古代的后妃命妇礼服制，起源于周、汉时期，《周礼·追师》记载的后妃命妇头饰是，"副、编、次、追衡、笄"。"副"是整件假发，在长沙马王堆辛追的墓中，就出土了一件保存完整的副；"编"是假发做成的发髻；"次"是头侧的装饰假发，由零散的假发做成。装饰假发后，再用玉笄等来固定与装点，这就是"追衡、笄"的作用。按《续汉志·舆服志下》，永平二年（59），东汉颁布礼服制度，规定的皇后谒庙头饰是，"假结，步摇，簪珥"。"假结"就是假髻，

轪侯夫人辛追复原塑像

辛追尸身，身高 154 厘米，重 34.3 公斤，长沙马王堆一号汉墓出土。辛追，西汉初期长沙国丞相轪侯利苍妻。1971 年，女尸出土，震惊世界。出土时的女尸外形完整，全身润泽，肌肉柔软而有弹性，内脏器官完整。解剖表明，死者患有冠心病及动脉硬化等。死者的胃中发现甜瓜籽，大概是吃了甜瓜后突发急症而死，死时年龄约 50 岁。女尸辛追头戴假发，在她的漆奁盒中，另有一副完整的假发"副"

在东汉皇后的首服中，假发的地位同样突出。

3—4世纪的魏晋时期，后妃命妇们仍继续着假发与步摇、簪珥的头服配置。但假发毕竟不如首饰富丽，所以，花钿出现了。在魏晋的制度中，皇后的头上出现了十二钿，公主、王妃等命妇，也配置了七到三枚不等的花钿。以首饰花做装饰，并以它做等级标准，就在魏晋时期形成了。至此，曾经辉煌一时的假发走向没落。

北周建立后，《周礼》、汉制的后妃命妇假发与头饰，被彻底清除出了历史舞台。北周的制度是，单以华树作首服，皇后的华树数量仍是十二。"华树"，即花树，它由花钿发展而来，是增加了花梗的花钿。但十二华树的首服，确实过于简单了，不能彰显皇后的尊贵，而低等命妇头上的三棵华树，更是几近寒酸，所以必须改变。这样，隋朝建立后，就在原有花数的基础上，再增加了相同数量的小花树，皇后配置大小花十二树，公主大小花九树，所有后妃命妇都还增加两扇博鬓。这样，贵妇们的头上，就有了十足的满饰感，韶华不再的她们，虽然没了假发的遮掩，但也完全不用担心头发的枯黄与零落了。唐承隋制，且为方便佩戴，那些花树和博鬓，又被悄然安放在了梁冠上，假髻首饰到花树梁冠的过渡，至此告一段落。

在漫长的时日中，出席礼仪场合的顶级贵妇们，头上被装裹上了各种饰物，从假发到花钿，再从梁冠到凤冠，变的是物，而饰物的等级意义，则是恒之未变的。

二　宗教与世俗、常服与礼服：霞帔身份的转换

对明清以后的女子来说，单有凤冠，并不是尊贵与梦想的全部，还要有霞帔。霞帔一词出现在宋朝，宋人高承在《事物纪原》卷三中说："今代帔有二等，霞帔非恩赐不得服，为妇人之命服；而直帔通用于民间也。"宋朝的帔有官民之别，霞帔为敕命之服，民间使用直帔。其实，霞帔的演变一如凤冠，也经历了长时间的发展，有着多个不同阶段。

（一）从佛界走向世俗：帔与佛教

帔，又称"帔子""被""被子""披子"，它从何时、因何而来，至今无定论，但其中的中原本土说和佛教来源说，更值得重视。

在中原一说中，帔的出现较早，东汉刘熙的《释名·释衣服》，就有对帔的解释："帔，披也，披之肩背，不及下也。"人们也据此认为，帔类似于今天的披肩。但从实物和图像看，宋明时期的霞帔，明显不是只在肩背之上，它的长度要到双膝。所以，刘熙说的帔，应是另一种饰物——云肩，这是汉代的一款流行服饰，男女通用。汉代之后，云肩也一直存在，与后来出现的霞帔并行不悖。

在帔的来源诸说中，佛教说显然更具说服力。两汉之际，佛教进入中国，之后迅速传播，它不仅在思想界产生了重要影响，更在生活中改变了人们的习惯。饮食上，一些居士开始不茹荤腥，有恶臭和异味的"荤"如大蒜、大葱、韭菜等，还有肉食，甚至蛋的"腥"，都是他们禁食的东西；着装上，帔的使用则是一例。

洛阳西汉卜千秋墓出土的伏羲、女娲像，两人都身披云肩

在中国的佛教造像或绘画中，菩萨、罗汉、天宫伎乐等天界人物，身上大多着帔，这从较早的克孜尔石窟到后来的敦煌莫高窟，都可看到。佛教信徒们在修窟造像，瞻仰佛像、佛画的耳濡目染中，接受了天界人物身上的帔，相信这是西方极乐世界的装束，一些女子也开始尝试将帔戴在身上，这样，在北魏、西魏时期，世俗之人身上就出现了帔，只不过这一时期的帔还不那么流行。

传 [唐] 吴道子《天王送子图》（局部），全卷
38.6 厘米 ×368.3 厘米（一说 35.7 厘米 ×338 厘
米），日本大阪市立美术馆藏。画面内容来自《瑞
应本起经》，本段为卷尾的一组人物，它描绘的
是"送子"主题，画面右侧身披云肩的王后安详
地注视着小太子

[清] 仿仇英《千秋绝艳图》（局部），绢本，设色，全卷 31.5
厘米 ×667.5 厘米，中国国家博物馆藏。《千秋绝艳图》绘
历代著名女性 57 人，此为班昭图。班昭（约 49—120）是
中国古代最著名的才女之一，父班彪续《史记》，长兄班固
撰《汉书》，次兄班超出使西域。汉和帝时，她被召入宫，
成为皇后邓绥的女师，尊称"曹大家"。班昭博学多才，其
兄班固卒后，她续修《汉书》，并著有《东征赋》《女诫》等

菱形格因缘及本生画（局部），
新疆克孜尔石窟第 38 窟。克孜
尔石窟位于新疆拜城县，它是我
国地理位置最西、开凿年代最早
的石窟群，其最早的洞窟约开凿
于 3 世纪末到 4 世纪初，现存石
窟多是 4—8 世纪的遗存

胁侍菩萨，莫高窟第 260 窟壁
画，北魏。菩萨身上的蓝色长
帔，分别从左右两小臂垂下

北魏十字形高髻女陶俑，西安草场坡出土，
陕西历史博物馆藏。女俑身上的帔绕过脖
颈，戴至身前

着袿衣女供养人，莫高窟第 285 窟壁画，西魏。女供养人的帔从小臂垂下

女供养人，莫高窟第 285 窟壁画，西魏。女供养人的帔从小臂垂下

（二）帔的庄重与正式：唐代女装的"三件套"

唐人杜光庭的《仙传拾遗》记，唐玄宗天宝时，有一位益州士曹妻李氏"容色绝代"，剑南节度使章仇兼琼听说了李氏之美后，就打起了她的主意，他命其妻操办筵会，邀请下属各州县的官妻出席。无奈之下，李氏穿着"黄罗银泥裙，五晕罗银泥衫子，单丝罗红地银泥帔子"，出席了这次盛会。李氏的裙、衫、帔"三件套"齐全，并且颜色时髦、材料上乘，所以被称为"益都之盛服"。由此可知，盛唐时的帔，已成了唐代女装的基本构成。

"三件套"是上层社会的流行套装，而贫妇们为节俭、也为方便，在日常劳作时并不着帔，敦煌莫高窟第 321 窟的一幅壁画，就为我们展现了这一对比。这是一幅大杂院的画面，画的右上方屋内，是一对猎户夫妇及随从，院内的两人在打架，一位妇女从旁劝阻；画面左侧院外，两位妇女正在磨面。画中的猎户妻和休闲的劝架妇女，都整齐地穿戴着裙、衫、帔"三件套"，而院外的两位磨面女子，身上无帔。虽然劳作时不戴帔，但下层妇女是有帔的，在婚丧嫁娶、礼佛事佛时，她们也会戴上帔，以示庄重。

唐代的帔是妇女身份的象征，戴帔时间越长，表明身份越高、财富越多；重要场合着帔，又象征了帔的庄重与正式，而这些都预示着宋代霞帔的到来。

大杂院，莫高窟第 321 窟壁画，初唐。右上方屋内，是大杂院的主人猎户夫妇及随从；院内两人打架，一位蓝裙妇女从旁劝阻，右侧一位牵狗男子，回首旁观；左下一屠户，正扛着屠宰的牲畜往外走；左侧院外，两位妇女正在磨面

燃灯斋僧，莫高窟第 159 窟壁画，中唐。燃灯妇女身着裙衫和青色帔

女供养人，莫高窟第 12 窟壁画，晚唐。两位女供养人礼佛，她们身着裙衫，第一位身着绿罗帔子，第二位身着青罗帔子

求儿（右）求女图（左），莫高窟第 45 窟壁画，盛唐。图中榜题："若有女人设欲求男，礼拜供养，便生福德智慧之男""若有求女，便生端正有相之女"。求女的妇女身着裙衫帔

（三）命妇霞帔与红紫霞帔：宋代的两种霞帔

无论对凤冠还是霞帔来说，宋代都是一个重要时期。北宋神宗时人高承，写了一部《事物纪原》，谈到了霞帔与直帔的分途。高承生时也早，身后的事情，他是绝预料不到的。北宋后期，霞帔仍是妇女敕赐的命服，但同时，霞帔又成了宫人的宫中身份名称，霞帔内也出现了分途。

两宋之际，霞帔作为宫人身份的风头，甚至超过了妇女命服。宋人张扩《东窗集》卷十记，宋徽宗敕"红霞帔鲍倬儿、紫霞帔王受奴并转掌字"。掌字是宦官，按《宋大诏令集·妃嫔》载《随龙任氏可并封掌字制》，"宦官由掌字而上，始预品秩"。因此，红霞帔、紫霞帔的宫内身份，低于品秩宦人但高于一般宫人。个别红、紫霞帔的身份一路上升，最终晋升为内命妇，像宋高宗的刘贵妃、宋孝宗的蔡贵妃，就是从入宫时的红霞帔，最终晋身为贵妃。

当然，两种霞帔的最终胜利者还是命服。南宋孝宗乾道七年（1171）规定，后妃的常服由大袖、长裙、霞帔和玉坠子组成，自此，霞帔正式进入了后妃的礼服制度。但此时的霞帔，只是常服配置，而非礼服构成。唐宋时期，礼服最重，后妃一般只在受册、助祭、朝会、谒庙等重要礼

老人入墓，榆林窟第25窟，中唐。老人入墓是《弥勒经变》中的一个情节，讲的是临终前的老人来到坟墓，与亲人诀别，此后便在墓中修禅念佛，直到生命终结。敦煌石窟壁画中的老人入墓图，侧重描绘老人在亲人陪伴下，或共同走向墓中，或与亲人话别的场景。画中的三位女性亲属身着裙衫帔

佚名《女孝经图》卷，南宋，绢本，设色，全卷43.8厘米×823.7厘米，故宫博物院藏。画卷展示的是《女孝经》的内容。
《女孝经》是一部女教书，由唐人侯莫陈邈妻郑氏撰写，用以教导即将成为永王妃的侄女。这是第一章《开宗明义章》
的画面，图后配第一章文字。画中，日常闲居的女子们，在听曹大家讲女教，她们身上着直帔

宋仁宗曹皇后像，故宫南薰殿藏。曹皇后头戴凤冠，身穿交领
大袖、长裙

仪场合穿着；而常服也不是燕居或非
正式场合穿着的服装，它是大礼之外
的小礼服。所以我们看到，流传下来
的宋代皇后像，一般都是头戴凤冠，
身穿交领大袖、长裙，但身上并无霞
帔，原因就在于她们穿的是礼服，而
非常服。有一幅传世的宋太祖、宋太
宗母杜太后的画像，她穿的是常服，
所以有霞帔在身。

宋代的霞帔形制是一条长缎带，
自颈后挂于两肩，再垂至身前，末
端悬坠，以使霞帔下垂并保持平整。

杜太后像，故宫南薰阁藏。赵匡胤即位为皇帝后，尊母杜氏为太后，杜太后身着常服，身披霞帔

四季花卉纹饰霞帔（左）及复制品（右），福州南宋黄昇墓出土。黄昇，父黄朴是绍定二年（1229）进士第一名；夫赵与骏，为宋太祖第十一世孙

金褐色素罗霞帔，江西德安南宋周氏墓出土。周氏的丈夫为新太平州通判，她因此受封"安人"，"安人"是授予从五品上至正六品上文散官妻的外命妇封号

（四）纹饰坠子与官贵民庶：明代霞帔的制度化

霞帔在明代彻底制度化了，举凡后妃、命妇、下级官妻和庶民女，都有了相关规定。明代的霞帔仍是条状，《明会典·礼部》记洪武二十四年（1391）的霞帔规定是："霞帔两条，各长五尺七寸，阔三寸二分。"折以今制，长约177厘米，宽约10厘米。

在明朝，对不同身份的妇女来说，霞帔的地位轻重也不同。明制规定，霞帔只是后妃的常服配置，这与宋朝相同。明朝皇后的常服，由双凤翊龙冠、大衫、霞帔、珠玉坠子为基本构成。皇后霞帔的式样，也可从定陵出土的文物中看到。与那四顶凤冠同时出土的，还有两条金累丝珍珠霞帔，它们分属于孝端、孝靖两皇后。相比于《明会典》记载的霞帔长度，出土的两条霞帔短了不少，因此推测，它们在使用时，应是钉在另一条丝织霞帔上的。孝端的六龙三凤冠和孝靖的三龙二凤冠，分别是两位皇后的常服冠，它们就是与这两条金累丝珍珠霞帔配套使用的。

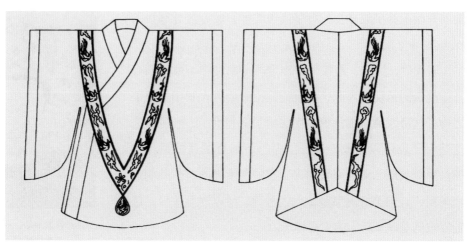

明《中东宫冠服》中的霞帔。霞帔的佩戴方法，明人周祈在《名义考·物部》中说："今命妇衣外以织文一幅，前后如其衣长，中分而前两开之，在肩背之间，谓之霞帔。"中分的两条霞帔，分别由两肩搭向身后，并在大衫的后摆处固定，身前的霞帔下端，垂以玉石或金银坠子

明定陵出土金累丝珍珠霞帔。霞帔分作两条，帔宽5.6厘米，各长60厘米，织金绉丝面料，带上织云霞和升降龙纹，并饰有珍珠梅花形金饰412个

对内命妇来说，据《明史·舆服志》，她们是以"大衫、霞帔为礼服"，霞帔也是品官命妇的礼服配置。霞帔以纹饰、绣法、帔坠材质等来标识等级，一、二品命妇霞帔施蹙金绣云霞翟文、钑花金坠子，三、四品命妇霞帔施蹙金云霞孔雀文、钑花金坠子，五品命妇霞帔施绣云霞鸳鸯文、镀金钑银花坠子；六、七品命妇霞帔施绣云霞练鹊文、钑花银坠子，八、九品官妻霞帔上绣缠枝花、钑花银坠子。而"庶人冠服"，"明初，庶人婚，许假九品服"，在婚礼的过程中，庶人女也可着"绣缠枝花"霞帔，体会一把做官妻的荣耀。

清朝建立后，虽也引入了宋明的霞帔制度，但霞帔的造型已迥然有别。清代的霞帔，阔似坎肩，宽大的底部，已不再适合装饰坠子，因而改为流苏，

091

胸前背后的补子纹样，代替了霞帔纹样，成为区分等级的标志。

明代时，凤冠、霞帔同时出现在了制度中，成了妇女身份高贵的象征，自此，凤冠霞帔也渐成世人眼中的至荣之物。这份荣耀，统治者也均沾给了庶民女子，一生中，这些女子也可以穿戴一次，体会一下与有荣焉的风光之感。岁月流逝，凤冠霞帔褪去了它的制度外衣，但人们追求幸福、祈望美好的愿望，代代相续，所以时至今日，凤冠霞帔仍是许多新人的幸福标志。

明成祖徐皇后像，故宫南薰阁藏。徐皇后头戴常服冠，身披红色云霞龙纹霞帔

清代命妇霞帔，徐州圣旨博物馆藏。霞帔身侧系带，下垂流苏，胸前补子分作两片。清代的女补源于男补，文官母妻的补纹，与夫子的品官补纹相同，但尺寸稍小；武官母妻的补纹仅用禽鸟纹，不用兽纹，寓意的是女子娴雅不尚武

朱佛女画像轴，181.5 厘米 ×102.8 厘米，中国国家博物馆藏。朱佛女是明太祖朱元璋姊，陇西恭献王李贞妻，明开国大将李文忠母，早卒。明朝建立后，朱元璋追册亡姊为孝亲公主、陇西长公主；李文忠身贵后，又加册曹国长公主。画像上的朱佛女头戴珠翟冠，身穿红色地龙纹大袍，身披霞帔

第四章

五谷六畜：中国人的食物来源

因疫情不得不居家的日子里，舌尖常忆起各地的美食，东方宫的兰州牛肉拉面，陶陶居的大虾饺，宴春酒楼的大煮干丝、狮子头，银川的羊肉，凯里的酸汤鱼，还有早年在虎丘喝的那壶碧螺春……地道的食材、正宗的烹制，都使这些美食长久地霸占着我的味觉制高点。在物质极大丰富的今天，我们早已不满足于果腹，食的材、色、味、形，正餐、加餐、佐餐的茶酒，都成了讲究的重点。

中国人重吃，"民以食为天"，在我们的日常中，更是到处都有"吃"："无论何时见面打招呼都是'吃了吗?'说人不忠诚是'吃里扒外'，说谁社交能力好是'吃的开'，说经历磨难是'吃苦'，感情中的嫉妒是'吃醋'。"① 中国人的重吃自古而然，《孟子·告子上》说，"食色，性也"；《礼记·礼运》也说，"饮食男女，人之大欲存焉"，食的意义至重。

但古代生产力水平有限，饥馑灾荒常有，古人因此对"人是铁，饭是钢"这句话比我们理解得透彻。汉人刘熙在《释名·释饮食》中对"食"的解释就是："食，殖也，所以自生殖也。"刘熙认为，食是维持人存活与繁殖的前提。吃出自人的本能，所以在衣食住行中，它就显得形而下，但中国人自古重吃、讲吃，因此也成就了"中国食文化博大精深"的美誉与口碑，这样，食生活也非常值得我们去说道说道。

"五谷丰登，六畜兴旺"，这是农耕时代人们对幸福生活的期盼与向往，五

---

① 蔡晓琳：《中西饮食文化对比分析》，《经济研究导刊》2013 第 6 期，第 173 页。

谷、六畜养育了万众，它们也因此成了百姓念兹在兹的生活主题。

五谷的登场，源于农耕生产在中原大地的扎根。远古时期，农耕、畜牧、狩猎等生产并存；黄帝时代，打败蚩尤，在三种生产中，农耕胜出，人们的食物开始集中于谷物，狩猎、牧养的规模渐小。春秋战国时期，以五谷、桑麻、六畜为主的中国传统农业，基本定型，桑麻用于蔽体遮身，五谷、六畜用于养体增殖，五谷占优，六畜为次。

一 五谷与六谷：构成与兴替

一方水土养一方人，食更是这样。一般认为，中国人爱吃主食，这也经常让强调科学饮食的人担心，生怕国人摄入的碳水化合物太多而影响了健康。米饭、馒头、面条确实是中国人的最爱，经历过饥荒的人们，更认为它们比肉还珍贵。

五谷是古代的主要粮食作物，"谷"是"穀"字的简体，它原指有壳的粮食。《淮南子·修务训》说，神农"始教民播种五谷"。"五谷"一词最早见于《论语·微子》，那句著名的"四体不勤，五谷不分"即出于此，但五谷具体指的是什么，《论语》没说。

几百年之后的汉代，才有了对五谷的解释，但这解释一出就是两个，两说的作者也是同时代的两位经学大家。赵岐（约108—201）《孟子·滕文公上》注："五谷，谓稻、黍、稷、麦、菽也。"郑玄（127—200）《周礼·疾医》注："五谷，麻、黍、稷、麦、豆也。"历史研究的一个准则是，一件事如有不同记载，而这些记载又没有佐证时，就取先出的或以学术大家所记为准。但赵岐和郑玄生活的年代相近、名气相当，这样，两说只能并存。好在两人的说法接近，只有稻和麻这一谷的区别。

赵岐说的麻，在第一单元的衣生活中我们说过，古人种麻主要为穿衣，雌麻籽虽可食用，但这并不是麻的主要用途；而郑玄说的稻，史前时期，中国粮食作物的格局是北旱南稻，但"自夏商以下，华北水稻生产呈总体增长趋势，至于中古，呈现出相当繁荣的局面"[1]，水稻在夏商至汉代的食用范围比麻广，所以从实用的角度看，郑玄的五谷之说，可能比赵岐的说法更近现实。

不过，麻也好，稻也罢，既然都有人说它们重要，那就将它们合在一起，作为"六谷"来谈。其实，战国时成书的《吕氏春秋》，采用的就是六谷说，《审时》一篇谈作物栽培时间，就是以禾（稷）、黍、稻、麻、菽、麦的顺序来讨论的，很显然，六谷就是那时最主要的作物。

（一）早期的五谷主帅：黍

唐人孟浩然《过故人庄》有诗句，"故人具鸡黍，邀我至田家"，朋友的盛情跃然纸上，它也让我们记住了餐桌上的黍。

黍，也称穄、黍子、糜子，俗称黄米，外形比小米略大，性黏，原产中国，在我国的栽培史至少有八千多年。

黍曾是五谷中的主帅，传说中黄帝劝农种植的，就是黍粟。黍耐旱，生命力顽强，成熟期短，在农业技术十分落后的年代，成活率高的黍，自然会受到重视。商周时，黍不但用来做主食，更用作酿酒原料。战国之后，黍的地位下

糜、菜籽，南北朝—唐代（420—907），吐鲁番阿斯塔那古墓出土，吐鲁番博物馆藏。出土时，糜装在布袋中，呈金黄色，颗粒饱满，内间有菜籽

---

①　王利华：《中古华北饮食文化的变迁》，生活·读书·新知三联书店 2018 年版，第 89 页。

降，逐渐被后来居上的粟（小米）超过，原因是黍的口味、产量都不及粟，舂碓起来还比粟困难。两汉时，黍已变得无足轻重，严重边缘化。唐朝时，黍的功用基本就剩酿酒了，所以唐人王绩的《答程道士书》说："河中黍田，足供岁酿。"

既然唐朝时黍的主食功能已褪去，那为何孟浩然要提到"鸡黍"待客呢？这不过是诗人的用典。上面提到了《论语·微子》中的"四体不勤，五谷不分"，它的背景故事是，子路被一位老人训斥，但子路态度恭敬，老人因此欣赏他，"止子路宿，杀鸡为黍而食之"，以鸡黍待客的说法就自此开始。

（二）曾经的五谷之王：稷

稷，也称粟，又称谷，带壳为谷（谷子），去壳为米（小米），是我国原产和最早栽培的粮食作物之一。从西汉到唐前期，它是五谷中当仁不让的老大，受称为"五谷之王""百谷之王"。

先秦时期，稷、粟指同一种作物，使用上并无不同。汉代时，稷的地位上升，《汉书·郊祀志下》记王莽说："稷者，百谷之主，所以奉宗庙，共粢盛，人所食以生活也。"稷是用于祭祀的谷物，这让它成了庙堂之名。稷的身价增高

粟粒灰，新石器时代，河北磁山出土，河北省文物考古研究所藏。在农业文明史上，磁山文化占有重要地位，磁山发现的大量粮食窖穴证实，中国是世界上最早的粟种植地，也是黍的起源地之一

后，社稷的观念也产生了，社象征土地，稷代表五谷，"秦汉时期稷在祭祀中的地位被强调并提升，不仅被尊为'五谷之长'，而且成为全部农作物的代表以及国家政权的象征"[①]。

稷是国家的象征，粟则是财富的标志。先秦时的《管子·治国》就说："民事农则田垦，田垦则粟多，粟多则国富。"唐朝租调制的租，以粟两石为基本缴纳单位，多粟也是大唐帝国家、国富裕的标志，杜甫的《忆昔》说："忆昔开元全盛日，小邑犹藏万家室。稻米流脂粟米白，公私仓廪俱丰实。"

粟还有其他称谓，以加工说，有精米与糙米之分，书中常说的"脱粟饭"就是糙米饭，糙米是去了谷壳但没去内膜的小米，小米的膜很硬，只能凑合着下咽；而粱是粟中上品，杜甫的《醉时歌》说，"甲第纷纷厌粱肉，广文先生饭不足"，贵族们连上等的粱饭都不爱吃了。粱还常与"膏""稻"并称为"膏粱""稻粱"，这些都是富人才能享用的佳品。粟还有黏性重的品种称"秫"，秫主要用于酿酒或偶尔用于做粘糕（粢饵）。

（三）后来居上的主粮：麦

中国古代栽培的麦有很多种，像大麦（"牟"）、小麦（"来"）、燕麦（"瞿麦""雀麦"）、稞大麦（"元麦""穬麦"）、荞麦等，其中大麦、小麦的种植最多，小麦也逐渐成了后来居上的主粮。

商、周时期，小麦已开始普遍耕食，春秋时更成了常见作物，这从《左传·成公十八年》记载的一则故事就可看到。公元前573年，十四岁的周子被立为了晋国国君，而原本当立的是他的哥哥，只是权贵们认为，"周子有兄而无慧，不能辨菽麦"，他们认为那位哥哥的智商有问题。这则故事说明，春秋时期的麦子是寻常之物，不能辨别大豆和麦子就是白痴。

麦子的长处很多，虽然它的抗旱能力不如粟，但耐寒能力却远超粟，这是它最大的优点。小麦能越冬，过去，每到夏天，旧粮吃完、新粮未成，人们面临的

---

① 韩茂莉：《粟稷同物异名探源》，《中国农史》2013年第4期，第120页。

就是青黄不接，而越冬小麦恰在此时成熟，弥补了夏天的乏食，所以郑玄的《礼记·月令》称，"麦者，接绝续乏之谷"。即便是遇到灾荒、秋天绝收，种冬麦也可做补救。所以，从战国时开始，小麦就脱颖而出，种植区域迅速扩大。

两汉以后，麦的种植规模更是大大扩展。汉时，农田水利发展，抗旱保墒技术提高，人口也迅速增长并向东部平原地区发展，特别是随着旋转石磨的推广，面粉加工发展起来，饼食（面食）逐渐替代了粒食，这是麦作发展的直接促进作用。两汉之后，华北的麦作持续扩展，地位不断上升，到中唐时，麦已与粟平分秋色，甚至还呈现了后来居上之势，北方百姓长期传承的粒食方式，也逐渐被"北方吃面"这一新"传统"所代替。

小麦古称"来"，它不是中国本土原生，距今 5 000 年前，由小麦起源地西亚远道传来，所以早期的华夏先民不知有麦。战国秦汉时，当人们认识到小麦的好处后，就开始琢磨起它的起源。当然，先人们不可能从科学的层面知道麦的起源和传播，他们认为，优秀的麦是上天的赐物，《诗经·思文》就说，"贻我来牟，帝命率育"，上帝赐给我们小麦、大麦，指令我们广泛种植；《汉书·刘向传》也说，麦是"始自天降"。

（四）上下一万年的嘉谷：稻

稻原产于中国，是我国最早栽培的农作物之一。在考古发现上，单是距今一万年以上的栽培稻遗存，就有几处发现，如在湖南道县玉蟾遗址中，出土了距今 10 000~12 000 年的 4 粒稻谷壳；最新考古成果则是，"浙江余姚发现世界上最大最早的'大规模水稻田'"[1]，浙江宁波余姚施岙遗址，发现了总面积约 90 万平方米的古稻田，年代距今 4 500~6 300 年。从目前可见的水稻遗址看，长江中下游是中国水稻的起源地，然后分别向北、南两个方向传播。人常说中华文明"上下五千年"，但从水稻栽培的角度讲，则称得上"上下一万年"。

对于南北的饮食习惯，一般的说法是"北方吃面""南方吃米"，但实际上，

---

① 《浙江余姚发现世界上最大最早的"大规模水稻田"》，中国经济网，www.ce.cn，2020-12-16。

稻谷，马王堆一号汉墓出土。马王堆一号、三号汉墓出土的食物多达150种，分装在70个竹筒和麻袋中。其中，谷物和豆类作物有水稻、大麦、小麦、黍、粟、大豆、赤豆和麻子

水稻传入北方的时间很早，稻在北方的栽培史，至少在8 000年；汉唐时期，水稻在北方的种植还相当繁荣，那时的北方，水资源丰富，湖沼陂泽众多，河流水量可观，而且这里的阳光辐射更强，所以在汉唐时期的黄淮海平原上，水稻在整个区域生产和消费的比例，要远比晚近时代大得多。当然，北方的稻还是不能与南方比，司马迁在《史记·货殖列传》提到："楚越之地，地广人希，饭稻羹鱼。"而这种景象，即使在后来的唐朝北方，也从未出现过，南北作物栽培与饮食的差异，还是明显存在的。

稻的栽培虽早，在北方也曾有过繁盛，但它在古代还是稀少，因此属于高级食物，被称作"嘉谷"或"嘉蔬"，《晋书·袁甫传》中袁甫更称"谷中之美莫过稻"。《论语·阳货》记，孔子的弟子宰我跟孔子说：父母死了，服丧三年，为期太久长了。孔子回答："食夫稻，衣夫锦，于女（汝）安乎？"在孔子看来，食稻、衣锦都属奢侈，是居心丧的孝子不该做的。唐朝时的北方，稻谷的种植虽不少，但稻米的价格还是比粟米、小麦要高两成，有时甚至接近一倍，这种价格在日僧圆仁的《入唐求法巡礼行记》中就有记载。像唐文宗时，登州的粟米每斗30文，粳米（大米）70文；莱州的粟米每斗50文，粳米90文；青州的粟米每斗80文，粳米100文。再有，身为三品官的白居易，在分司洛阳时，曾写下过一首诗《饱食闲坐》，诗曰："红粒陆浑稻，白鳞伊水鲂。庖童呼我食，饭热鱼鲜香。"能在关中过上向往的苏杭生活——"饭稻羹鱼"，白居易真是再惬意与满足不过了，而这样的惬意，也只有当时的社会上层才能办到。

（五）中国农业"四大发明"之一：大豆

有人将蚕丝、水稻、茶叶、大豆，统称为中国农业的"四大发明"，认为它们是中国传统农业对世界文明进程影响深远的 4 项农业发明。大豆的广泛栽培与应用，确实惠及了无数先人，它不但满足了先民对生存口粮和植物蛋白的需要，也使世界其他地区的餐食更加美味。

中国是大豆的故乡，栽培历史非常悠久。大豆，古时称"菽"，春秋时成书的《诗经》曾多次提到它。《诗经·生民》是一首歌颂周先祖后稷农业功绩的诗歌，诗中有"艺之荏菽，荏菽旆旆"的诗句，荏菽就是大豆；而《诗经·七月》一诗说的"黍稷重穋，禾麻菽麦"，都是当时重要的大田作物。战国时，国富、民强是诸侯争霸的前提，而大豆就被一些国家视为保障民生的重要食物，像《管子·重令》就强调，治国必先富民，而"菽粟不足，末生不禁，民必有饥饿之色"。但豆在当时的烹饪方法不外是煮饭或熬粥，这样做出的食物，不仅口感不佳，而且容易胀气，所以作为主粮，豆的地位并不高。《战国策·韩策》记，"韩地险恶山居，五谷所生，非麦而豆，民之所食，大抵豆饭藿羹"，战国时贫寒的韩国百姓，只能以大豆为主粮，连豆叶也做成羹食用。

随着粟、麦主粮地位的提高，西汉时，大豆的地位开始下降。到汉武帝时，大豆在农作物中的种植比例，已由战国时的 25%，下降到了 8% 左右。这时，吃豆饭的都是贫贱之人，在那份西汉人王褒写的著名的《僮约》中，就规定，"奴但当饭豆饮水，不得嗜酒"。

风水轮流转，主粮做不成了，就做副食，战国秦汉之后的大豆，来了个华丽转身，成了副食品中的佼佼者，豆豉、豆酱、酱油、豆腐，都成就了人们餐桌上的美味，这些将在下文分解。

（六）短暂与边缘的主粮：麻

中国古代的食用麻有两种，一是大麻，二是胡麻。大麻主要用来做麻布，先秦时期，先民也以其籽实为食物，并被视为五谷之一。但大麻做主粮的历史相对短，秦汉之后，它的这一功用就逐渐褪去，南北朝隋唐时，虽还有吃麻粥

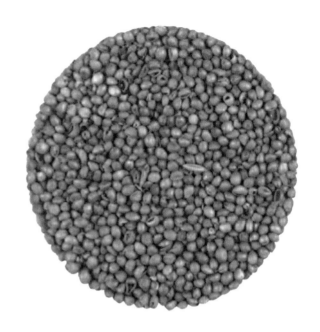

麻种，马王堆一号汉墓出土

的情况，但已很少见。

　　继之登场的胡麻，则开始了它的强劲表演。胡麻，也称巨胜，也就是人人皆晓的芝麻。顾名思义，胡麻来自西域，汉时已传入中原，对此，宋人沈括的《梦溪笔谈·药议》说："胡麻直是今油麻……张骞始自大宛得麻油之种，亦谓之'麻'，故以'胡麻'别之，谓汉麻为'大麻'也。"进入中原的胡麻，有人用来煮粥，像白居易的《七月一日作》就说，"饥闻麻粥香，渴觉云汤美"，这里的"麻粥"，指的就是胡麻粥；还有人用来榨油；当然，更多的是用胡麻做胡饼，这也将在下一章分解。

二　六畜：肉食与肉食者

　　五谷与六畜，一耕一牧，在历史上它们是既相亲，又相轧。

　　六畜，也叫六牲、六扰，一般指马、牛、羊、猪、狗、鸡六种家养动物。"六畜"一说出自《左传·僖公十九年》："古者六畜不相为用。"秦汉时，十二生肖开始流行，这使六畜与每一位中国人都产生了密切关系。南宋时，王应麟编了著名的《三字经》，其中的几句是，"马牛羊，鸡犬豕，此六畜，人所饲"，《三字经》传播广泛，六畜之说也随之深入人心，"五谷丰登、六畜兴旺"，也逐渐成了对家国美好生活的祝愿。

六畜在新石器时代已驯化完成，但它们的驯化地并不一样，一般认为，猪是本土驯化，马、牛、羊为域外引入，鸡的驯化地存在争议。对人类来说，新石器是一个全新时代，这时，农业和畜牧业出现，这使人类在一定程度上摆脱了自然的束缚，迈进了依靠自身获取食物生存的时代。最初，六畜都是用来食用的，后来在用途上出现了差别，这正像明人王相在《三字经训诂》中说的："马能负重致远，牛能耕田，犬能守夜防患，则畜之以备用者也。鸡羊与豕，则畜之以孳生，以备食者也。"马、牛、犬的用途为服劳，猪、羊、鸡则在食肉，至于六畜的其他功用，比如毛制品、奶制品、畜粪产生的肥料等，先民也都逐渐加以利用。

殷周之际，中原的种植业空间拓展，畜牧业受到挤压，六畜渐渐稀缺，因此，先秦秦汉时的六畜，就成了财富的象征，《礼记·曲礼下》说，"问庶人之富，数畜以对"；《管子·立政》也说，"六畜育于家，瓜瓠荤菜百果备具，国之富也"。百姓吃肉变得困难，对此，汉代人桓宽的《盐铁论·散不足》谈道："古者，庶人粝食藜藿，非乡饮酒腊祭祀无酒肉。"汉代以降也是这样，常人的食物多以谷物素食为主。古代肉食的稀缺，就使吃肉

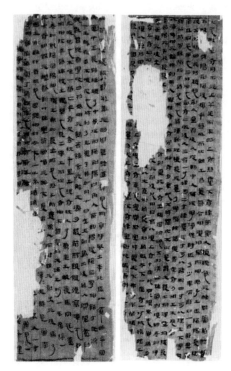

帛书《相马经》，马王堆三号汉墓出土。此《相马经》与传世的《相马经》内容不同，它主要叙述的是马的头部、眉骨眼睛等部位的特点，以及一些四肢的相法。有人认为此经可能是战国时楚人所写，并不是一部完整的相马经

成了大多数人的理想：能吃上肉，就意味着成了庙堂之上的"肉食者"；"七十者可以食肉"，更意味着居庙堂者的"仁政"成功；"大碗喝酒，大块吃肉"，则是草芥小民的人生愿望。肉食珍贵，就显出了六畜的珍贵。下面，就一一来看这珍贵六畜的小史。

（一）国力象征与只可远观：马

现在人常说，21世纪是人才的世纪，这样，能发现千里马的伯乐式人物，就成了优秀人才脱颖而出的关键。伯乐生活在春秋时期①，那时诸侯混战，对良马、战车的需求很大，伯乐应运而生，成了相马的一方专家。

家马是驯化了的马，商代晚期，黄河中下游地区突然出现了大量家马，《史记·周本纪》记载，周武王伐纣时，"率戎车三百乘""诸侯兵会者车四千乘"，有几千辆战车的大会战，参战的马匹可达近两万匹。对于马的突然暴增，有人认为，中国古代对马的驯化，是在新石器时代晚期至商代之间完成的；也有人认为，这可能与外来文化传播有关，马在此前从欧亚草原西部传来了。不管怎样，先秦时期的中国北方地区，家马已成了比较重要的家养动物。

古代的马是国力与财富的象征，既能驾车又能骑乘的马，在古代具有重要的经济与军事价值。春秋战国时，齐国是东方的大国，国富兵强，这也由它的殉马之多所证明。山东临淄齐故城五号东周墓殉马坑，自发现之日开始，就以其恢宏的气势、庞大的规模为世人所瞩目。按殉马坑的面积估算，该殉马坑的殉马总数当在600匹以上。当然，这只是齐国财富的一小部分，《论语·季氏》说"齐景公有马千驷"。

但是，养马的"代价"很高，这还要从自然地理分区和经济结构上说。在自然地理分区上，以秦岭－淮河一线为界，中国被划分为了南北两个区域，商周之前，秦岭－淮河以北的北方地区，逐渐形成了两种经济结构，那就是中原

---

① 也有人认为历史上有两个伯乐，一个是春秋中期秦穆公之臣孙阳伯乐，另一个是春秋、战国之际的赵简子家臣邮无恤（一作邮无正，字子良，又称王良），他沿用了伯乐的名号。

铜奔马（习称"马踏飞燕"），通高 34.5 厘米、长 45 厘米、宽 13.1 厘米，甘肃武威市雷台汉墓出土，甘肃省博物馆藏。铜马昂首嘶鸣、疾足奔驰。此马按良马式的标准塑造，集西域马和蒙古马等马种的优点于一身。1983 年，入选为中国旅游图形标志

山东临淄齐国故城 5 号东周墓出土的大型殉马坑。据现场推测，坑东西长 70 米，北长 75 米，宽 4.8 米左右，最深处 2.2 米，共计约 1 032 平方米，已清理出 200 余匹殉马个体。有人认为此墓是齐国国王之墓

地区的农耕经济和北方的游牧经济。历史上，农耕与游牧的分界线时有变动，但总的趋势是，随着中原人口的增加，农耕的需求扩大，这样，就逐步挤压了游牧经济的地盘。

马是草食性动物，它的饲养需要大面积的草场，所以，在耕与牧的角逐中，中原地区的养马，就等于是从小农口中夺食，但农民们又绝不会坐以待毙，像在唐后期到北宋，内陆的养马牧场，就都在不同程度上被农田侵吞过。对百姓、小官、小商人等普通人来讲，马与他们是有距离的，因为养马的要求太高，暂且不说马厩、环境、日常饲养了，就是食料都是一个大难题。

（二）太牢之牲与耕农之本：牛

古代的牛很重要，祭祀时牛、羊、豕三牲齐备为"太牢"，言农重牛，"服牛乘马"，这几句话，概括了古时牛的精神、生产、生活用途。

"国之大事，在祀与戎"，这是《左传·成公十三年》记载的一句话，那时的人们认为，祭祀是国家的头等大事。牛充当祭祀牺牲的历史久远，据《史记·五帝本纪》，尧就曾用牡牛作祭品。商周之后，牛在重大祭祀活动中一直扮演着重要角色，在最高的祭祀活动——祭祀社稷中，牛、羊、猪齐备的太牢就是供祭之物，而太牢三牲中，牛的位置又最重要。对用作太牢的牛，要求很高，要色纯、体全。

言农则重牛，牛耕的应用是农用动力的一次革命。至迟在春秋时期，牛耕出现；春秋后期，牛耕与铁犁搭配的生产方式得到推广，这也大大推动了生产力的发展，《风俗通义·心政及其它》称颂牛在农耕中的作用："牛乃耕农之本，百姓所仰，为用最大，国家之为强弱也。"

本来食其肉、饮其乳，是先民驯养牛的最初目的，但随着社会、经济的发展，牛的农耕作用被开发，在古代以农为本的立国理念下，封建王朝对牛给予了高度关注，禁宰屠牛的法律不绝于世。牛受保护、禁止屠牛，自秦汉开始，西汉桓宽《盐铁论·刑德》记，"盗牛者加（枷）"；东汉高诱的《淮南子·说

牛耕画像石拓片，中国国家博物馆藏。西汉时，牛耕在中原地区逐渐盛行，东汉又向长江和珠江流域推广

木牛拉犁，甘肃武威磨嘴子汉墓出土，甘肃省博物馆藏。此犁由犁、辕、扶手三部分组成

宰牛图，嘉峪关魏晋墓壁画

山训注》说，"王法禁杀牛，民犯禁杀之者诛"。到唐代，《唐律疏议·厩库律》规定，故杀马牛者徒一年半，原因是"牛为耕稼之本，马即致远供军"。

牛在农业上的作用突出，但牛肉美味，所以在中国历史上，吃牛与用牛，就一直是个纠结的问题，历代法律虽禁止宰牛，但吃牛肉就从来没断过。先秦时期，牛肉未被禁食，但百姓消费不起，它只是天子、诸侯等上层享用的美食，在周王八珍中，就赫然有牛肉在列；庖丁解牛的典故为人熟知，故事中的庖丁，就是在为魏君梁惠王解牛。秦汉之后，民间的屠牛、食牛，一直是撑死胆大的、饿死胆小的。《后汉书·董卓传》记，董卓在未发达之前，"诸豪帅有来从之者，卓为杀耕牛，与共宴乐"；而《梁书·傅昭传》记，齐梁时的傅昭生性胆小，儿媳亲家好意赠他牛肉，却让他手足无措："食之则犯法，告之则不可，取而埋之。"宋代时，在屠牛入律的情况下，犯者同样是屡禁不止，那时是"人多贪利，不顾重刑"①。

牛自古还用作交通工具，特别是在中古时期，以它拉驾的车舆等级还相当高，关于这个问题，留待"行生活"部分再详解。

---

① ［清］徐松辑：《宋会要辑稿·刑法》，刘琳、刁忠民、舒大刚、尹波等校点，上海古籍出版社 2014 年版，第 8311 页。

（三）磨刀向猪羊与仁义礼习性：羊

羊肉是今人的日常美味，晚上街边撸个串儿，周末亲朋涮个锅，假期去西北吃盘手抓肉，随处可见羊肉的存在。历史上的羊肉，曾有过比现在更风光的年代，那时的它，是绝对的当家肉食。

羊（包括绵羊和山羊）最早驯化于中亚的新月地带，即伊朗、土耳其、叙利亚等国，并在距今约 5 600 年前，传到了中国境内。战国以后，农耕与游牧两种经济文化分途，它们在长城两侧各自发展着。北边的草原民族以游牧为主要生产、生活方式，羊群众多，汉武帝时，大将卫青击匈奴楼烦、白羊二部，就获羊百余万头；曾随苏武出使、也被扣匈奴十余年的常惠，在汉宣帝时，曾联合乌孙反击匈奴，也获羊六十余万头。与此同时，由于汉初社会秩序的重建，中原地区的大量劳动力回归土地，人口与耕地的矛盾出现，因此，中原的农业开始由粗放型向劳动密集型的精耕农业发展。如果历史一直这样发展下去，就会是今天我们看到的景况：塞外牛羊满山，关内五谷丰登。

但历史并不是直线的，东汉末年以后，历史进程发生了出人意料的变化。那时，北方出现了旷日持久的战争，人口锐减，大片农田撂荒，草原游牧民族乘虚而入，并带来了他们的畜牧生产方式和"食肉饮酪"的生活习惯。在游牧民族的肉食中，羊的食用量最大，受此影响，中古的中原肉畜中，羊的地位也开始上升，一改此前猪肉为主角的局面。木兰从军的故事家喻户晓，《木兰辞》中就有两句诗，"小弟闻姊来，磨刀霍霍向猪羊"，它道出的就是北朝隋唐时百姓的主要肉食种类。

下面就来看看唐朝官员的食料配给，看一下那时的羊肉核心地位。《唐六典》卷四记官员给膳制度，亲王以下、五品以上的官员都配给肉食，六品以下无此待遇。其中，亲王以下、二品以上官员供给的肉食是："每月给羊二十口；猪肉六十斤。"据估算，中古时，"羊二十口约产羊肉 260 公斤（唐制 430 余斤）"[1]，羊、猪供给比的悬殊一目了然。

---

① 王利华：《中古华北饮食文化的变迁》，生活·读书·新知三联书店 2018 年版，第 140 页。

肉坊，莫高窟第85窟壁画，晚唐。肉坊的货色丰富，架子上用钩挂满了待售的肉，桌子上下也是肉。门前摆两张肉案，一张上放着一只宰过的整羊，一位胡人相貌的屠夫，正在另一张桌上操刀割肉，旁边放着刚割下的肉块。案下一只狗正在啃骨头，右侧的另一只狗在翘着张望，也盼着有骨头扔过来

宋朝时，羊肉依然稳居肉食首位，甚至可称为"国食"，食羊肉甚至被视为宋朝家法，《续资治通鉴长编》卷四八〇记载辅臣吕大访等对宋哲宗说："饮食不贵异味，御厨止用羊肉，此皆祖宗家法。"宋初太祖倡导节俭，御厨做饭只用羊肉，这是因为北宋刚走出五代战乱，农业生产亟待恢复，牛是重要耕作动物，禁止宰杀。而羊食草不与人争食，饲养容易，且前代的唐朝也以它为重要肉食，在现实与继承面前，宋代皇室就将羊肉作为首选肉类。宋代皇帝对羊肉的热爱达到了令人惊奇的程度，《宋史·仁宗纪》就记，仁宗曾"宫中夜饥，思膳烧羊"。另外，宋皇室也不吃猪肉，其如《后山谈丛》卷三所言，"御厨不登彘肉"。

元朝时，北方游牧民族出身的蒙古人，又在中原掀起了一波食羊肉高潮，它也对明朝的肉食产生了影响。在明朝的官方饮食中，羊的地位也要高于猪，据《明会典·礼部》记，永乐规定的正旦节菜谱是，上桌、上中桌配马、牛、羊胙肉饭，中桌配马、猪、牛、羊胙肉饭，随驾将军配猪肉饭。

除了食用，羊在历史上还有另外一个重要作用，那就是祭祀。按《春秋繁露·执贽》的说法，羊用作牺牲，是因它特有的三个习性："羔有角而不任，设备而不用，类好仁者；执之不鸣，杀之不谛，类死义者；羔食于其母，必跪而受之，类知礼者。"在儒士看来，羊具备了儒家提倡的"仁""义""礼"之优点，

所以，它也跻身于祭祀的重要牺牲行列。

（四）祭牲特豕与豕食不洁：猪

猪肉是现代中国的看家肉食，红烧肉、东坡肘子、凉拌猪耳都是知名美食，猪内脏也不浪费，被做成了特色美味，像老北京的炒肝、山东的卤大肠。

猪是我国最早驯化的家畜之一，新石器遗址发现，距今 9 000 年前就已有了驯化的猪。之后，因猪有诸多长处，而被广泛饲养。猪不与人争食，猪的食性广、对食物品质的要求也低，远古的人类自身糊口都不易，哪有闲食饲养挑嘴的动物；猪可圈养，这更符合定居的农耕生活方式；最重要的是，野猪是农耕的天敌，它以植物块根、禾本科植物种子为食，这对农业种植危害极大，所以，为解决野猪之害而对它进行驯养，可能正是猪被驯养的最初原因。

春秋时，猪的食用功能已被提到政治高度。《国语·越语》记，越王勾践卧薪尝胆、图灭吴国时，猪就成了奖励政策，为增殖人口，越王下令："生丈夫，二壶酒，一犬；生女子，二壶酒，一豚。"生女奖励一头猪。《越绝书》卷八还记，为供养兵士，勾践建立了大型养猪基地，"鸡山、豕山者，句践以畜鸡豕，将伐吴，以食士也"。当然，猪在那时的政治功能，还主要表现在祭祀上，无论是太牢还是少牢，猪都受列其中。祭祀是人与自然和祖先的沟通，是社会等级的显现，太牢和少牢、牛羊或豕，也是根据祭者的不同身份而有不同的使用权限，其如《大戴礼记·曾子天圆》所说："诸侯之祭，牛，曰太牢；大夫之祭牲，羊，曰少牢；士之祭牲，特豕，曰馈食。"

战国秦汉时，随着农业的发展，野外草场萎缩，牛、马、羊的畜养逐渐减少，而与农耕种植业相随相伴的猪、鸡、狗等杂食类动物，开始慢慢成了百姓的主要肉食。所以，《孟子·梁惠王上》记孟子的小农经济理想是："鸡豚狗彘之畜，无失其时，七十者可以食肉矣。"汉宣帝也令地方官员畜养鸡豚，以接济鳏寡贫穷之人。但这一时期的猪有很多是放养的，这样，才能理解《汉书·公孙弘传》记载的汉武帝时丞相公孙弘"少时为狱吏，有罪，免。家贫，牧豕海上"。

中古时期，由于游牧民族的进入，羊肉成了主要肉食，在高档餐食中，猪

饲猪图木板画，甘肃武威磨嘴子汉墓出土，甘肃省博物馆藏。左侧画一位高髻、宽袖深衣之人，他右手前伸，似欲喂食；右侧绘墨猪一头，拱嘴翘尾，身上画猪鬃

宰猪图，嘉峪关魏晋墓出土

肉已难觅其踪。"烧尾宴"是唐代的著名宴会，用于士子登科或官员升迁的宴请。景龙三年（709），韦巨源官拜尚书左仆射，依例向唐中宗进宴。这次烧尾宴共上了58道菜点，其中有牛、羊、鱼，甚至还有鹌鹑、青蛙，但就是没有猪。当然，猪的平民性，也使它在民间依然被享用着。比如，在隋炀帝被杀的江都兵变中，有一位重要人物司马德戡，他自小丧父，长大后便以杀猪为业；再比如，《独异志》记，唐朝有一位京兆少尹李佐，小时候他在安史之乱中与父亲失散，再找到父亲时，他的父亲以卖丧具为生，父亲要款待同行，就对儿子说："汝可具大猪五头，白醪数斛，蒜齑数瓮，薄饼十拌（盘）。"薄饼夹上蘸着蒜末、蒜汁的猪肉，再喝上几盅，就是唐代百姓待客的美食了。宋代时，最会吃猪肉的莫过苏轼了，他还写过一首《猪肉颂》："黄州好猪肉，价贱如泥土。贵者不肯吃，

贫者不解煮。"虽然在他被贬的黄州，猪肉引不起当地人的兴趣，但苏轼却以它为美食，并在他的一生中，还创新出了至今为人乐道的东坡肉、东坡肘子。

猪肉的真正逆袭是在明代。明朝皇帝喜食猪肉，在他们的日常食谱中，就有猪肉炒黄菜、蒸猪蹄肚、猪肉撺白汤等多种猪肉菜品。猪肉地位在明朝的回升，是因人口与土地的矛盾，当时，农区人口稠密，闲地全无，于是舍饲动物发展起来，在江南的太湖地区，甚至还出现了圈养的湖羊，而猪就更成了"寸土无闲"的江南的常见家畜。

猪的用途主要在食用养体，其他方面则乏善可陈，它既不具备马的战备意义，也没有牛的农耕作用，它的食杂性更让人看低。据《汉书·元后传》记载，西汉末年，王莽预谋篡位，让人向太后王政君索要传国玉玺，就被太后骂道："受人孤寄，乘便利时，夺取其国，不复顾恩义。人如此者，狗猪不食其余。"用狗猪都不吃他剩的东西来形容一个人，可见人们对猪狗食性的看法。而这种看法，历史上也并非王太后一人持有，《本草纲目·兽部》记，有人依八卦来释猪："豕食不洁，故谓之豕。坎为豕，水畜而性趋下喜秽也。"按照八卦的说法，猪为坎，坎为水，猪为水畜，水而趋下，所以猪并不以吃秽食为意。古代的猪圈称溷、圂，与现代的猪圈不同，它是猪舍与厕所合一的建筑形式，汉人许慎在《说文解字》弟六下解释"圂"时说："厕也。从口，象豕在口中也。"唐人颜师古在《汉书·武五子传》注中也说："厕，养豕圂也。"由此可见汉代的圈圂与厕合二为一。这样设计的目的，主要是为积肥，中国古代的农书中，经常提到"溷中熟粪"，就是指"溷"中人、猪粪尿与放入的稻草、谷壳之类充分混合、腐熟后的肥料。民间的厕所设计如此，宫中也一样，《汉书·武五子·燕刺王刘旦传》记，刘旦密谋推翻昭帝自立时，"厕中豕群出，坏大官灶"。大官，即太官，掌皇帝膳食，厕中冲出的猪群，甚至弄坏了宫中御厨。

猪在历史上一直被视为贱畜，但它的价格却历来不贱。汉代时一头猪的价钱，大致相当于中等年景的十五斗原粮，而这是壮劳力半个多月的口粮；唐朝时，有人以 300 钱从潞州进猪，再到怀州以 600 钱卖出，以赚取巨额差价。无论是 300 钱还是 600 钱，对当时人来说，都是一笔大花费，据唐朝史料记载，

那时有一个读书人干抄写员工作，每月的工钱是2 000文，而这笔钱已足使家中妻小过上安稳生活。虽然宋代是"御厨不登彘肉"、皇家不吃猪肉，但那时的猪价同样不便宜，一般在千钱左右，而苏轼说的黄州猪肉"价贱"，恐怕与当地的习俗和苏轼的收入都有关系。

（五）鸡犬之声与鸡彘无失：鸡

自先秦以来，鸡、犬就是与人们生活最密切的家畜。夜犬晨鸡是小农生活的一部分，在老子的认识中，"鸡犬之声相闻"象征的是百姓生活的富足与祥和。鸡犬也是官贵们生活的伴随物，《神仙传》卷四记，汉淮南王刘安炼丹、食丹，最后得道"仙去"，"余药器置在中庭，鸡犬舐啄之，尽得升天，故鸡鸣天上，犬吠云中也"，成语"一人得道，鸡犬升天"，就来源于此；在《效陶潜体诗十六首》中，白居易说他的归隐理想，也是"但有鸡犬声，不闻车马喧。时倾一尊酒，坐望东南山"。

鸡、犬虽经常连用，但它们毕竟是两种家畜，有很多不同。中国家鸡的驯化地争议很大，有说是本土起源的，也有人认为是印度河流域驯化后传入中国的。不管怎样，殷周时，鸡已成了农家普遍豢养的家禽，在没有报时工具的年代，鸡被用来司晨，以开始一天的农事活动。周代还专门设置了鸡人这一官职，以负责挑选鸡牲、用鸡为百官报晓，也为统治者挑选斗鸡以供娱乐。春秋时，鸡则进入了战备物资行列，吴王就曾设大型养鸡场鸡陂。但总的来看，先秦时期的养鸡目的，已明显转向了为人提供肉、蛋，据《孟子·尽心上》，孟子还有另外一个小农经济理想，那就是："五母鸡，二母彘，无失其时，老者足以无失肉矣。"而鸡、彘与小农家庭生活的紧密结合，在中国延续了多年。

汉晋南北朝时期，养鸡的规模和技术都有了发展。汉代时，涌现出了规模养鸡能手祝鸡翁，《列仙传》卷上记，祝家是百年养鸡之家，他自己也是"鸡有千余头，皆立名字。暮栖树上，昼放散之。欲引，呼名即依呼而至。卖鸡及子，得千余万"，祝鸡翁因养鸡而致富。北魏贾思勰著《齐民要术》，这是我国现存最早、最完整的一部农书，书中专辟《养鸡篇》，对养鸡的各种技术都做了详细介绍。

养鸡规模扩大后的唐五代，鸡就成了富裕官、商的常见肉食，那时的笔记小说中，留下了很多他们吃鸡、嗜鸡的故事。像唐初做御史的马周，巡视郡县时，吃饭必要有鸡；唐后期的一位富商，更是一年吃掉几百只竹鸡。鸡是小农普遍饲养的家禽，所以，"斗酒只鸡"就成了百姓的待客方式，至于日常，百姓生活不富裕，一般舍不得杀鸡。但是，偶尔吃个鸡蛋，一般人还是可以做到的，据史书记载，唐朝益州的鸡蛋价格是一钱三个，这样，像上面说的月入2 000文的抄写员，家里不时吃个鸡蛋，也在承受范围内。

鸡的体型小，养鸡的成本低，所以古时的鸡，就成了不时可以解馋的肉食；猪、羊的饲养过程长、体积大，古代的保鲜技术也不好，所以不到年节，人们是不会杀猪宰羊的。

（六）犬肝炙狗巾羹与狗肉不上席：犬

犬是人类的重要伙伴，中国人历来视它为吉祥动物，有谚语就说"狗来富家"。犬，今天一般称狗，但在古代，犬和狗是有区别的，对此，《说文解字》弟十上说："犬，狗之有县（悬）蹄者也，象形。"许慎指出，有悬蹄的狗才叫犬。而唐人孔颖达的《礼记疏·曲礼上》则说："大者为犬，小者为狗。"在此，我们就不纠缠犬和狗的区别了，而依现在人的习惯，视狗、犬为通用。

家犬很可能是人类最早驯化的动物，它由狼驯化而来。犬可食用，但它更是最好的狩猎助手和主人护卫者。在商代的墓葬中，出土了很多家犬遗骸，这也表明了犬的食用性和实用性，食是指宰杀后供神灵食用，用则是死后继续守护主人。周代时，犬的功能划分更加明晰，周有"犬人"一官，职责是管理供作牺牲的犬只和相犬、牵犬之人，而相犬者的职责是分辨田犬、吠犬、食犬等三类犬只，犬的这三种用途，也是后代犬的主要用途。

关于狗的食用，周代时，吃狗肉是贵族的特权，《礼记·王制》就说："诸侯无故不杀牛，大夫无故不杀羊，士无故不杀犬豕，庶人无故不食珍。"前面说过，祭祀是有等级的，不同身份的贵族，祭献的牺牲不同，所以无故不杀牛、

羊、犬豕，就既意味着祭祀牺牲的不同，也说明了贵族之间肉食种类的差别。狗肉是大夫之上的肉食，在周天子的八珍中，就有一珍叫"肝膋"，它的食材是狗肝。士不能吃狗肉，平民更是除了重要日子和场合，都不能吃肉。

春秋以后，礼崩乐坏，吃狗肉的等级也没那么森严了，贵族吃，平民也开始吃。《晏子春秋·内篇·谏下》记，齐景公的猎狗死了，他要棺殓、备祭，晏子认为这是弃生人而顾亡狗，景公纳谏，马上"趣庖治狗，以会朝属"，催促庖人立即收拾狗肉，让下属来聚餐吃肉。在《楚辞·大招》中，楚国的筵席美味丰富，而美味之一就是"醢豚苦狗，脍苴蓴只"，也就是肉酱做猪肉、苦酱做狗肉，然后将它们切细、炙烤，再切些苴蓴用以佐餐。这些都是上层吃狗肉的情况。下层也吃狗肉，像越国奖励生育，生男孩奖励的就是两壶酒、一条狗，狗可养也可食。战国时，随着吃狗肉的增多，狗屠渐成职业，据《史记·刺客列传》，刺客聂政"有老母，家贫，客游以为狗屠"；另一位刺客荆轲，则是"爱燕之狗屠及善击筑者高渐离"。有钱就可买狗肉，周代的狗肉等级界限被突破。

秦汉时的狗肉虽是人人皆可吃，但它的价钱还是比鸡肉、猪肉高。汉代时，富人以羊狗做祭物，贫人则只用鸡豕为祭，祭后的牺牲是会被人享用掉的，这也就意味着富人能吃到狗肉，而穷人只能吃到鸡、猪肉。富人吃狗肉，还能从马王堆辛追的食谱中看到，辛追生前应是喜食狗肉，所以在她的墓葬简书上，就留下了犬肩的狗肉名和犬肝炙、狗巾羹等菜名，狗巾羹应是加入水芹的狗肉羹，"巾"指水芹。

西晋末年，游牧民族进入中原，北方吃狗肉的情况变少，这是因为游牧民族的肉、奶充足，狗主要用来护卫牧群。北魏贾思勰的《齐民要术》记载了很多肉类菜肴，但狗肉菜肴只有一道"犬牒"。隋唐时，狗肉发生了转折性变化，至此，人们一般不再视狗为食用动物。宋代之后，餐桌上已见不到狗肉，虽然仍不乏人吃，但都是私底下吃了，"狗肉上不了席"的俗语，也随之出现了。

碳水化合物、油脂和蛋白质是人类最重要的营养元素，中国古人从五谷六畜中汲取着这些营养，同时也赋予它们丰富的文化内涵，五谷六畜也最终成为中华文化的重要象征之一。

第五章 ◎

加工与烹饪：从周之八珍说起

　　我的祖籍是晋中，20 世纪六七十年代，我随父亲回老家过年。那时的北京，年夜饭是一定要吃饺子的，但晋中老家不这样，那里年夜饭的主角是炸黄粘糕和猪肉烩菜。除了过年，平时老家亲戚来访，也会带些黄米面做礼物，这时，父亲就会下厨，和面、擀面、做剂、包红糖、下锅炸，粘糕炸至金黄，那甜粘的美味，至今都有唇齿留香的感觉。这黄米粘糕的食材就是黍。

　　古代时，黍的脱粒和加工都非常困难，烹饪过的黍的口感也不佳，所以，黍就逐渐从五谷主帅的位置给挤了下来。其实，五谷（或六谷）、六畜都是这样，虽然它们被种植、被畜养了，但离吃到嘴里特别是作为美味吃到嘴里，还有相当大的距离，在食生活中，加工和烹饪是绝少不了的重要环节。

　　"八珍"是古文中常见的一个词，唐诗中，像杜甫的《丽人行》说"御厨络绎送八珍"，元稹的《西凉伎》也有"哥舒开府设高宴，八珍九醢当前头"之句。"八珍"特指八种珍馔，也泛指上等美味，历史上，各朝各代的八珍也不相同。最早吃上八珍的是周天子，但对于今天的人来说，他的八珍太过平常了，而且还有些不健康。食物富足后，健康饮食就成了人们追求的目标，比如对高油高脂食物，人们是谈之色变。但在 20 世纪肉食短缺的年代，肥肉并不是随意就可享用的美味，人们珍惜它，用它炼大油，再用大油烙饼、用油渣炒菜，这些美味食物，都暂时满足了食物匮乏年代的百姓味蕾，并补充了他们的动物蛋白质短缺。再穿越到两三千年前的周代，大油就更是顶级美味了，它是那些"肉食者"们口中的至美之物，在周王的八珍食料中，它就赫然在列。所以，日常饮食与珍贵食材，其实是因时因地而言的。

一 "玉食礼尊，实总八珍之贵"：周之八珍

"玉食礼尊，实总八珍之贵"，这是唐人陈子昂《为武奉御谢官表》中的两句话，它极简地道出了八珍的尊贵与享用的对象。

"八珍"二字，最早见于《周礼·膳夫》："凡王之馈……珍用八物。"但八珍是什么，这里并没交代。另一部儒家经典《礼记·内则》，则对八珍做了具体记载，其记，八珍是淳熬、淳母、炮豚、捣珍、渍、熬、糁、肝膋。汉人郑玄注《周礼·膳夫》，也对八珍做了解释，他说："珍谓淳熬、淳母、炮豚、炮牂、捣珍、渍、熬、肝膋也。"两相对比，《礼记·内则》的八珍，比郑玄注少了炮牂、多了糁，炮牂和炮豚的加工方法相同，只是食材有异，所以《礼记·内则》说的八珍，就要比《周礼·膳夫》郑注更丰富一些。这样，我们就按照《礼记·内则》的记载，来看看周之八珍。

1. 淳熬

"煎醢加于陆稻上，沃之以膏，曰淳熬。"醢是肉酱；沃的字义是浇；膏指猪油。所以，淳熬这道珍馔的做法就是，将煎熟、煎热的醢放到米饭上，再将猪油浇到醢上，将饭、醢拌匀后即可食用。这道珍馔的主要烹饪方法，就是我们今天常说的"油泼"。

但烹制淳熬的关键其实在醢，醢是周天子的重要佐餐调味品，周代的官职中，还特设醢人一职，他专门负责周天子所食之醢的制作。醢的制作方法是，先将肉、鱼等食材晒干、剁碎，加入粱曲和盐，用酒浸泡，装进瓮中密闭封存一百天，百天之后食用。

从食材上看，醢人属下做的醢有很多种，有动物肉醢、禽类醢、水产醢、蚂蚁卵醢，水产醢则有大蛤蜊醢、蚌醢等。醢中也可加菜，像菖蒲根、芥、秋葵、水葵等，都是常见的醢中配料。由此可见，周天子吃的拌饭虽都称熬，但饭的口味还是有不小差别的。

2. 淳母

"煎醢加于黍食上，沃之以膏，曰淳母。"母的意思是模仿，这道珍馔模仿淳熬而来，只不过将白米饭换成了黄米饭。这样，周天子拌饭的口味就更多样，这道珍馔就不仅是拌酱的差别了，主食食材也有了新变化。

3. 炮豚

在烹饪的烦琐程度上，这道菜绝对担得上"珍馔"二字。"取豚若将，刲之刳之，实枣于其腹中，编萑以苴之，涂之以谨涂。炮之……"，因文字太多，这里对《礼记·内则》的相关记载，就不做全引了。炮豚的食材是乳猪，炮的意思是裹物烧，但这道菜并不止于烧，它要经过漫长的三道工序。

第一道工序：宰杀乳猪，掏出肝、肠等内脏，将枣填充于猪肚中，再用草席包裹整猪，用黏土涂满草席，然后置于火中煨烤。这道工序后的成品，颇有些类似今天的苏菜名吃"叫化鸡"。

第二道工序：黏土烤干后，剖开草席，用手反复揉搓取出的乳猪，去除肉上的薄膜，再将米糊涂于猪身，将猪放入猪油中煎制。

第三道工序：将煎过的乳猪切块，再将猪块与紫苏等调味品一起放入小鼎，小鼎置于煮开水的大锅中，连煮三天三夜。三天之后，炮豚这道菜就终于完成了，从鼎里拿出乳猪肉，蘸着醋或蘸着酱吃。

这道珍馔的食材换成母山羊，就叫"炮牂"。

4. 捣珍

"取牛、羊、麋、鹿、麕之肉，必脄，每物与牛若一，捶，反侧之，去其饵，孰，出之，去其皽，柔其肉。"麋，俗称四不像；麕，比鹿大的鹿属动物；脄，俗称里脊肉。将等量的牛、羊、麋、鹿、麕的里脊肉放在一起，反复捶打，去筋，捣碎后，去肉表薄膜，最后，再用调味汁浸泡，以使肉更软糯。

可以想象，反复捶打后的里脊肉就成了肉馅吧，那肉馅怎么吃呢？郑玄也不能确定，所以他说："汁和亦醢醢与？"郑玄怀疑这是为做酱吃的。当然，也

117

有人估计，以当时流行的烹饪方法，做成肉饼煎着吃也有可能。

5. 渍

"取牛肉必新杀者，薄切之，必绝其理，湛诸美酒，期朝而食之，以醢若醯、醷。"渍是浸泡；醯，醋；醷，梅酱。这道珍馐的做法是，取刚宰杀的鲜牛肉切成薄片，切时要横切（顶刀切），切成片的牛肉用酒泡起来，次日早上，泡好的牛肉，就可蘸着调好的酱、醋、梅汁吃了。

这是一道牛生菜，它的关键是食材和切法。周王生食牛肉，一定选最佳的牛肉部位，在今天的广东顺德，就有一道生食牛肉的特色菜，它选的是黄牛里脊肉，黄牛这个部位的肉无脂肪包裹，牛肉的口感极嫩滑。当然，一般的牛肉质老、筋多，如不将筋腱切断，就会咀嚼不烂，这样，切肉时，就要顶着肌肉的纹路切，以将牛筋切断、便于食用，俗话说"横切牛羊竖切猪"，说的就是这个道理。

6. 熬

"捶之，去其皽，编萑，布牛肉焉。屑桂与姜，以洒诸上而盐之，干而食之。施羊亦如之。施麋、施鹿、施麕皆如牛羊。欲濡肉，则释而煎之以醢。欲干肉，则捶而食之。"这道珍馐也要取新鲜牛肉，捶打后去肉表薄膜，再撒上桂皮、姜、盐，放入草包中风干。食材也可换成羊、麋、鹿、麕等，做法一样。风干好的牛肉，想吃软的，就拿出来煎了，浇上醢吃；想吃干肉，就把肉打软后食用。

7. 糁

"取牛、羊、豕之肉，三如一，小切之。与稻米，稻米二，肉一，合以为饵，煎之。"取牛、羊、猪肉各三分之一，切碎，与大米混合，肉少米多——米三分之二、肉三分之一，然后做成肉饼，煎熟食之。这是一道煎制的肉米饼。

8. 肝膋

"取狗肝一，幪之以其膋。濡炙之，举燋其膋，不蓼。"膋，肠上脂肪，俗称网油；蓼，周代一种常见的调味品。这道珍馔的食材是狗肝，做法是先将狗肝用狗的网油包起来，在水里泡一下，再置于火上烤至焦熟，烤熟后直接原味进食，不需用蓼叶作调料。

以上就是周代的八珍。从食材上看，八珍用的谷物有大米、黄米，大米用得最多，淳熬、炮豚、糁都用到了大米。大米在周时是稀贵之物，周代的主要统治区在中原以北，但那时的主要稻产地却在南方，身处北方的周天子，以南方的稻为美味，实属正常，物以稀为贵嘛。八珍用的畜肉有牛、羊、猪、鹿、麇、麢、狗等，其中又以牛肉最多，然后是羊、猪，最后是狗，这也正与周代的食肉等级顺序——牛、羊、豕、犬相符。谷物与畜肉相比，畜肉明显更受重视。八珍的烹制方法有烤、熬、煎、炮，再就是生食。

对今人而言，周之八珍并无珍意可言，淳熬、淳母之类的高油高脂食物，更不会受人们的待见。所以，周之八珍，反映的是中国早期的农牧业和饮食发展水平，代表的是公元前14至公元前12世纪，"在黄河流域之中游地区逐渐形成的一组珍肴"①。

随着社会经济的发展，后代的八珍发生了巨大变化。两千多年后的元末八珍，就与周八珍迥然有别，据元朝佚名的《馔史》，元末八珍是这样的："龙肝，凤髓，豹胎，鲤尾，鹗（鸮）炙，猩唇，熊掌，酥酪蝉（羊脂为之）。"在中国历史上，周至唐，八珍是指八种珍贵的食物，而宋元后，八珍则变成了八种稀有而珍贵的烹饪原材料。

无论八珍的食材是什么，天子们吃到嘴里的，都是加工好的。所以，在食生活中，怎么吃是食材之外的又一大事，"从文化史视角来看，一个时代、地区或民族'吃'的特点，不单单甚至主要不是体现在人们'吃什么'，更重要的是

---

① 庄申：《从"八珍"的演变看中国饮食文化的演变》，《史语所辑轩》第61本第2分，1990年，第443页。

他们'如何吃'"^①。海外游子经常说的一句话是，"我的胃还是中国胃"，讲的就是这个道理。西餐的肉、菜、蛋、奶等食材与我们并无二致，但加工成中餐，才是我们的胃、我们的舌尖。

二 谷物加工：从杵臼、碓、碾磨说起

周天子的餐食以肉食为主，谷物相对要少，特别是在他们的八珍中，没有出现面食。以现代人来看，身为北方人的周天子却不吃面食，这的确有些说不过去，但这是有原因的。

五谷种植后，怎么吃就成了问题。大多数农作物，特别是谷类、麦类、豆类，在收割后，都需要去壳净皮。谷物脱皮的技术有杵臼、碓，还有砻和碾。砻也称砻磨，用来为稻脱壳；碾，既是北方用来为小米等脱壳的工具，也用以轧碎谷物。

在古代社会早期，脱壳净皮后的农作物，就直接食用了，像脱壳后的稻、黍可煮粥、可蒸饭，蒸饭拌着醯或酱吃，味道也还行，周天子都视它为珍馔。当然，黍性黏，不利消化，所以要居米之后。粟也能粒食，但小米粥、小米饭的口感，远不如大米粥、大米饭。麦、豆、麻就比较麻烦了，小麦的皮厚、粒硬，早期的面粉加工技术不发达，小麦就只能蒸成麦饭，整粒食用，但麦饭的口感极差，所以"麦饭蔬食""麦饭豆羹"，就成了甘于清苦或真正清苦的代名词。大豆也一样，在没有研磨技术时，吃法也很粗放，叶子做成藿羹，豆子整粒煮着吃，吃多了豆子还要腹胀。

谷物粉碎技术的改进，改变了麦、豆的尴尬，碓、碾，特别是磨，都能使谷物变为面粉来食用，这是中国人食生活史上的一件大事！它不但使食的口感得到了巨大改善，而且面所带有的中西交流、南北差异内涵，更为食生活增添了无尽的文化色彩。

---

① 王利华：《中古华北饮食文化的变迁》，生活·读书·新知三联书店 2018 年版，第 180 页。

在中国历史上，谷物的脱粒和粉碎工具，大约伴随着农业的发生就出现了。谷物的加工工具，历史上也曾出现过几次重要变化，经历了从杵臼到碓、再到碾磨的发展。

（一）高肱举杵，正身而舂：杵臼

杵臼出现之前，有一种集多种用途于一身的工具——石磨盘、石磨棒，在新石器时期的出土器物中，它的数量很大，像在新郑裴李岗新石器时代遗址中，共出土了216件石器，其中石磨盘、石磨棒88件，它占到了石器总数的40%以上。

加工谷物时，石磨盘、石磨棒的使用方法是，将晒干或炒干的黍、稷放在石磨盘上，再用石磨棒碾压，加工后的就是小米和黄米。但石磨盘有明显的缺点，那就是容量小、易外溢，碾磨效果差。

杵臼出现的时间也很早，它在新石器时期就已被广泛使用。杵臼的操作方法是，将谷物放入臼中，"高肱举杵，正身而舂"①，双手握杵，上下舂捣臼内的谷物，这也俗称手碓。至于它的发明者，古史传说中有不同说法，《世本·作篇》说是黄帝之臣雍父发明的，"雍父作舂杵臼"；《桓谭新论·离事》说是伏羲氏发明的，"宓牺之制杵臼，万民以济"。

石磨盘、石磨棒，河南新郑裴李岗出土，中国国家博物馆藏。石磨盘长63.5厘米，高7.3厘米；棒长47.8厘米，直径4.8厘米，时间是距今8 000多年的新石器时代

---

① ［汉］班固：《汉书》卷三六《楚元王刘交传》注引晋灼曰，中华书局1962年版，第1924页。

按《周易·系辞下》，最初的杵臼是就地取材，"断木为杵，掘地为臼"，新石器时代的人们，便开始了使用木杵和石臼。

在加工谷物上，较之石磨盘、石磨棒，杵臼有了不少进步，臼的容量使粮食不易外溢。但杵臼春捣依然是极费体力的繁重劳动，所以秦汉时，从事春捣的不是赤贫之人就是罪犯刑徒，像汉高祖刘邦死后，戚夫人就被吕后虐待而做春米的苦工。

不管效果如何，无论是石磨盘、石磨棒，还是杵臼，都让一些先人吃上了脱壳净皮，甚至碾碎的粮食，所以，它们的出现，都是人类食生活史上的伟大发明。

汉代之后，杵臼慢慢被更节省体力的工具所取代，但直到今天，它们仍未离开我们的生活，只是它们变小了、用途变边缘了，中药的加工、家里的调味品制作，特别是捣蒜，我们用的就都是杵臼。

（二）借身践碓与畜、水而春：碓

石磨盘、石磨棒和杵臼都费力、费工，这也制约了人们对美味主粮的追求，对春碓进行改进势在必行，这样，大大节省体力的踏碓出现了。

踏碓的工作原理与杵臼相似，都是以物体下落来为谷物脱粒和粉碎，但人体操作这些工具的部位发生了变化，踏碓是通过杠杆原理，用脚来踩踏碓，以实现对粮食的加工，这样，就既解放了双手，也大大提高了粮食加工效率，元人王祯的《农书·农具图谱》就说："因借身以践碓，而利十倍。"到两汉时，踏碓已广泛使用。

漆木臼、杵，湖北襄阳九连墩2号墓出土，战国中晚期（距今约2 310年），湖北省博物馆藏。臼：通高18.2厘米，长30厘米，宽29.2厘米，杵：通长117.8厘米，直径4.4厘米

杵臼，[元]王祯《农书》插图。此图再现了杵臼春捣时的"高肱举杵，正身而春"，"高肱"的姿势见图左一的男子，"正身"的姿势见其他三男子

踏碓，[元]王祯《农书》插图

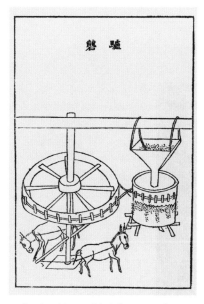

驴磨，[元]王祯《农书》插图。磨也是去谷壳的工具，形似石磨，主要用于磨去稻谷外壳

汉踏碓画像砖，四川彭山县出土。此画像砖完整而精细地刻画出脚踏碓的结构和操作景象

踏碓，莫高窟第61窟壁画，五代。房屋前有两人春米，右侧一人用脚踏碓，左侧一人添加稻谷，杆板放置在支撑石座的中间槽内，旁有簸箕等工具

相较于杵臼春捣，踏碓大大节省了体力，但更大的解放来自畜力碓和水力碓。畜力碓用马、牛、驴拉转春捣，水利碓利用水流推动完成春捣，它们都是具有革命意义的农业技术发明，特别是水利的利用，更展现了人类认识、利用自然的巨大进步。东汉时，畜力碓和水力碓已发明并使用，《桓谭新论·离事》对它称颂道："复设机关，用驴骡牛马及役水而春，其利乃且百倍。"

（三）八珍无面与硙碨生利：碾、磨

中国历史上，碓、碾、磨是谷物加工的主要工具，沿用了一两千年，这三者的形制不同、加工方法有异。磨，本字"䃺"，汉唐时也称"硙""碨""礶"，"碨""硙"二字连用，就既包括了碾也涵盖了磨。史书上说，磨的发明者是鲁班（公输班，前507—前444），考古材料显示，鲁班之后的战国时期，石转磨确实已在使用了。之后，石转磨更是高速传播，到汉代，石转磨就已相当成熟。南北朝隋唐的中古时期，石转磨的动力问题又被很好地解决了，水利成了石转磨的动力，这就使谷物的加工效率和面粉的质量，都得到了大幅提升。

中国古代的面食，早在战国时期就已出现，但它的真正普及则到唐宋了。唐朝时，面食已成了北方人的日常主食，面的需求量、加工量都巨大，面粉加工业也因此成了极赚钱的行业。水利是当时面粉加工的重要动力，水硙谋利的形式之一，就是收取谷物加工费。因能获得巨利，所以，唐朝皇帝便将水碾赏赐给官僚贵族；富商大贾、权势之家，也纷纷在河渠上设置水力碾硙。宋朝时，水利碾硙业进一步发展，这时，官府对它的管理也进一步加强，神宗时，官府就开始对水磨征税。

《水碓磨坊图》，山西繁峙岩山寺壁画，金代（1167）。画上描绘的是一部立式水轮驱动的水磨

现在，再回到周天子珍馔中没有面食的问题，周天子不吃面食，是因为当时还没有磨，舂捣虽也能加工出面粉来，但这样加工出的面粉质次、量少，质次就口感不佳，量少也很难形成流行的特色美味，所以，周天子不吃面食，实际是受限于当时的技术水平。

水磨在唐宋以后的利用，并不仅仅在谷物的加工，唐朝之后，茶也成了大宗商品，茶的加工也同样需要水磨；同时，对油料作物的榨取和利用也在增加。这样，唐宋时期的水磨，就成了社会上下关注的一件要物。

三　主食制作：肉糜馒头和汤饼胡饼

主食和副食是相对的，周天子的八珍肉多饭少，那肉就可称主食了。西餐中，主菜一般也不是粮食，而是牛、羊、猪肉或鱼。世界上，绝大多数国家一般也不分主食（饭）、副食（菜），但我们的认识根深蒂固，所以，下面就还是循着传统思路，去看看中国的主、副食烹饪之路。

我们平时吃的主食品种很多，米饭、馒头、面条、饺子、包子、粥、烙饼、烧饼、米线、窝头……这些都是先民经过千百年摸索后，才走上我们餐桌的。

（一）"何不食肉糜"：粥

古代社会早期，谷物是粒食的，烹饪时除了蒸就是煮。传说中，粥是黄帝发明的，《逸周书》中就有"黄帝始烹谷为粥"的说法。粥，又称饘、糜，粥、饘的区别是一稠一稀，《礼记·檀弓上》孔疏说，"厚曰饘，希（稀）曰粥"；粥、糜的字义相同，同是形容米的样子，按《释名·释饮食》的说法，就是"煮米使糜烂也"。在《晋书·惠帝纪》后，史臣评价晋惠帝"厥体斯昧，其情则昏"，这是在婉转地说他痴呆不能任事。惠帝也确实干过痴呆傻事，他面对"天下荒乱，百姓饿死"的奏言，不解地问道："何不食肉糜？"不要说是稠的肉粥了，就是能吃上稀的白粥，百姓也不至于饿死。

（二）面食总称：饼

由于磨面技术的发展，面食在汉唐时期，逐渐进入了百姓的生活。唐宋之前，凡是用水和面做的食物都叫"饼"，刘熙在《释名·释饮食》中，依饼的形状和烹制方法而列举出了胡饼、蒸饼、汤饼、蝎饼、髓饼、金饼、索饼等；晋人束皙则写了一篇《饼赋》，他是依季节列出了四季时令饼食，他认为，春宜"曼头"，夏宜"薄壮"，秋宜"起溲"，冬宜"汤饼"；至宋人黄朝英的《靖康缃素杂记·汤饼》，最终道明了各种"饼"的真情实况：

> 余谓凡以面为食具者，皆谓之饼，故火烧而食者，呼为烧饼；水瀹而食者，呼为汤饼；笼蒸而食者，呼为蒸饼，而馒头呼之笼饼，宜矣。

"饼"字在历史上出现很早，《墨子·耕柱》就记载了一位有偷窃癖的窃饼之人："子墨子谓鲁阳文君曰：'今有一人于此，羊牛刍豢，维人但割而和之，食之不可胜食也。见人之作饼，则还然窃之。'"这位富有牛羊并有厨子随时给他做美食的人，但见别人的饼就要偷盗，这对墨子来说很不可理解。饼食的相对普及是在汉朝，所以晋人束皙的《饼赋》说："饼之作也，其来近矣。"

（三）武侯祭首：馒头与包子

馒头是今天中国人的重要主食，但南方和北方的馒头，其实是不同的。上海有一家开自 20 世纪初的南翔馒头店，但这个店里的"馒头"，其实是汤包，如果严格按照 GB/T 2118-2007 馒头国家标准执行，恐怕这家馒头店的招牌都是要改掉的。但馒头有南北差异，这在清朝已然，据《清类稗钞·饮食类》的记载，清朝北方的馒头"无馅，食时必以肴佐之"，而"南方之所谓馒头者，亦屑面发酵蒸熟，隆起成圆形，然实为包子"。

从馒头的历史来讲，有馅无馅并不像现在有标准可依，馒头有馅无馅的"混乱"是与生俱来的。关于馒头的来源，宋人高承的《事物纪原·酒醴饮食部》引野史说："诸葛武侯之征孟获，人曰蛮地多邪术，须祷于神，假阴兵以助之。

然蛮俗必杀人，以其首祭之，神则向之，为出兵也。武侯不从，因杂用羊豕之肉，而包之以面，象人头以祠，神亦向焉，而为出兵。后人由此为馒头……则馒头疑自武侯始也。"诸葛亮用面包上羊肉、猪肉代替人祭，所以他发明的馒头就是肉馅的。

唐朝时，馒头又称笼饼，而笼饼也是有馅的。据唐人韩琬《御史台记》，武周时的酷吏侯思止，命厨子做笼饼，嘱其少放肉多放葱，因为他的这一吝啬举动，而获得了"缩葱侍御史"的外号。馒头、包子分途应是在宋朝，在宋人记载中，"包子"一词已屡屡出现，那时的上层人家做包子，分工是很细的，《鹤林玉露》卷六记，某士人在京城买了一个妾，此妾自称是蔡京府的"包子厨中人"，一天，主人让她做包子，她说不会，主人就质问她，她说自己只是包子厨中负责切葱丝的。

青海喇家遗址出土的面条

（四）生日汤饼：面条

面条的历史悠久，一般认为它起源于意大利，但 2002 年青海喇家遗址出土了一只蓝纹红陶碗，"碗底泥土中有线团状物，酷似今天的'面条'。该面条呈米黄色，粗细均匀，直径约 3mm，长度约 500mm。根据对'面条'和其他物品的碳同位素分析考证结果，该'面条'距今已有 3 900年……该面条主要由粟和少量的糜（糜子，黍）制作而成。在这碗'面条'中还发现了动物骨头碎片，说明是一碗荤面条"[1]。这一发现也挑战了面条的意大利起源说。

历史上，面条也有多种叫法，像索饼（《释名》）、水溲饼（《四民月令》）、水引饼（《齐民

---

① 魏益民：《中华面条之起源》，《麦类作物学报》2015 年第 7 期，第 882 页。

要术》)、汤饼，等等。唐朝时，生日吃长寿面的习俗已经出现，宋人朱翌的《猗觉寮杂记》卷上就说，"唐人生日，多具汤饼"。据《新唐书·王皇后传》，唐玄宗的王皇后被废，在王皇后自感后位不保时，曾以长寿面来向玄宗打亲情牌："陛下独不念阿忠脱紫半臂易斗面，为生日汤饼邪？"阿忠就是王皇后的父亲王仁皎。

（五）胡饼和烧饼：沿丝绸之路而来

胡饼和烧饼都来自西域，制作方法也都是烘烤，所以两者时常难分。在《齐民要术·饼法》中，烧饼是发酵的，或有馅或没馅，有馅的是这样的："作烧饼法：面一斗。羊肉二斤，葱白一合，豉汁及盐，熬令熟。炙之。面当令起。"这种烧饼，就是今天的羊肉发面馅饼。而胡饼是无馅、不发酵的。但唐朝时也有加馅的胡饼，像《唐语林》卷六记某豪富家，"起羊肉一斤，层布于巨胡饼，隔中以椒豉，润以酥，入炉迫之，候肉半熟食之，呼为'古楼子'"，这也同样是羊肉馅饼，而被称为了"胡饼"。但不论是羊肉烧饼、还是羊肉胡饼，都使我们看到了中古时羊肉的重要。

古代时，许多由西域传入中原的食物，都在前面被冠上了"胡"字，像胡桃、胡荽、胡蒜、胡豆、胡瓜，等等。胡饼，顾名思义，就是来自胡地的饼，它的做法和饼上的胡麻，都来自胡地，它的原始状态是无馅、不发酵的。撒上

斋僧食品，莫高窟第159窟壁画，中唐。供桌上摆着四种斋僧食品，左上是胡饼，左下是饦饼，右上是馓子，右下是鎚饳，两信徒在桌旁端盏燃灯

芝麻的胡饼，放入炉中炙烤，具有独特的香气与美味，这也引出了白居易的诗作《寄胡饼与杨万州》："胡麻饼样学京都，面脆油香新出炉。寄与饥馋杨大使，尝看得似辅兴无？"赋诗时的白居易，刚刚上任忠州刺史（今重庆市辖区），当他看到忠州不但有做胡饼的，而且滋味还与长安著名的辅兴坊胡饼店差不多时，就立刻买了一些，寄给了正在做万州刺史（今重庆市辖区）的好友杨归厚。由僻居西南的忠州，就可见胡饼在唐朝的风靡。

唐宋时期，胡饼甚是流行；元明之后，胡饼的叫法开始少见，烧饼之称渐行。明末清初人孙承泽著《春明梦余录》，书中记载了明朝宫中的各种烧饼和其他饼食，如沙炉烧饼、芝麻烧饼、酥油烧饼，还有髓饼、糖蒸饼、椒盐饼等，但就是没有胡饼。

四　副食的食用与烹制：五味蔬食与煎炒烹炸

我们吃的副食种类也很多，像肉、蛋、禽、鱼、豆、蔬、奶，等等。中国自古就是农业社会，所以人们的食物以谷物为主，除了基本的菜蔬，其他副食品并不是每个人都能享用到的。对于副食品的加工与烹饪，先民在不断探索中，发明、改进了各种烹调用具，逐渐摸索出了原料、调味品、烹饪方法的有效搭配，最终形成了今天博大精深的中华美食文化。

（一）酸甜苦辣咸：中国古代的调味品

"酸甜苦辣咸"，今人常用它来形容人的境况或感悟，而它的本义，就是自古以来中餐的五种基本食物味道。

"五味"这个词，在《礼记》《周礼》都出现过，《礼记·礼运》说："五味、六和、十二食，还相为质也。"郑玄注"五味"："酸、苦、辛、咸、甘也。"这是纯粹以味道来说五味。《周礼·疾医》云："以五味、五谷、五药养其病。"郑玄又注"五味"："醯、酒、饴蜜、姜、盐之属。"这是用实物来说五味。综合两者，我国古代传统的五味，一般指酸、甜、苦、辣、咸。

咸味是调味品中的主味，特别是盐，它是维持生命的必需品，在没有保鲜技术的时代，盐还是保存食物的重要原料，早在采集渔猎阶段，我们的先人可能就开始认识并利用了盐。周代，盐的产地形成，像山东的海盐、山西的池盐、四川的井盐、甘肃的崖盐。《说文解字》更从产地和加工方式上对"盐"进行了区分："天生曰卤，人生曰盐。盐在东方，卤在西方。"①关于海盐，《世本·作篇》还记载了一个传说，那就是"夙沙氏煮海为盐"，夙沙，也作宿沙，夙沙氏是炎帝的一位诸侯，传说是他首先制成了海盐，所以，各地民众奉他为盐宗。

周时，盐是各产盐国向周王进献的贡品，而周王对盐的使用也非常讲究，据《周礼·盐人》，"祭祀，共其苦盐、散盐；宾客共其形盐、散盐；王之膳羞共饴盐；后及世子亦如之。凡齐事，煮盐以待戒令"。这样，盐就成了身份象征，什么身份的人，吃什么档次的盐。盐重要如此，所以，周代专门设了管理盐务之官盐人，"掌盐之政令，以共百事之盐"。

春秋之后人口增长，一些统治者为了增加税收，就开始打起了盐的主意。齐国的管仲就曾推出"官山海"政策，将盐收归国有，这也开创了中国历史上食盐专卖的先河。此后的两千多年里，盐有官府专卖，也有半官半商或盐商专卖，百姓的吃盐，时不时就会成为难题，像中唐刘晏改革榷盐法时，不法盐商哄抬盐价，致使百姓只能"淡食"；宋人杨时在《论时事劄子》中也说，"榷茶自唐末始有，祖宗盖尝行之矣"，这就导致了"二浙穷荒之民，有经岁不食盐者"；清代贵州的食盐，全由四川运入，运路艰险，故食盐昂贵，再加上清朝的税收，一斤盐落到百姓手里已达一斗米的价钱，所以人说贵州吃酸味的习惯，就与此有关。

世界历史上，盐是最古老的大宗贸易商品之一，也曾对西方政治产生过重要影响，西方有俗语说，"谁控制了盐，谁就将拥有权力"②。历史上的盐不仅

---

① 〔唐〕释慧琳：《一切经音义》卷四六之卷三三引《说文》，上海古籍出版社1986年版，第四六·15页。

② 〔美〕马克·科尔兰斯基：《万用之物：盐的故事》，夏业良译，中信出版社2017年版，第139页。

仅是调味料，它更具有政治效力，举看中外，无不如此。

古人以醢、酱、豉等佐餐下饭，而这些佐餐食品都是咸味的。醢是下饭的肉酱，主要用肉、鱼做成；醢还是处理食品的方法，《周礼·醢人》郑注说："作醢及臡者，必先脯干其肉，乃后莝之，杂以粱曲及盐，渍以美酒，涂置瓶中，百日则成矣。"臡也是肉酱，但它用的是带骨肉；脯干就是晒干，莝是切碎。用粱曲、盐、酒腌过的肉、鱼，就延长了保质期，这样做好的醢和臡，味道是咸的。

最早的酱，大多是与醢相似的肉酱。先秦秦汉时，酱是重要的佐餐之物，据《论语·乡党》，孔子就是"不得其酱，不食"；《急就章》颜注更说："酱之为言将也。食之有酱，如军之须将，取其率领进导之也。"由此而知，酱在早期的烹饪中占有重要地位，古人把它看作是调味的统帅。以大豆为原料的豆酱，最早出现在东汉崔寔的《四民月令》中，其称"末都"。宋代时，豆酱已成了各家的必备之物，曾巩写过一首即兴诗《合酱作》，就是感慨夫人去世后的做酱之难："孺人舍我亡，稚子未堪役。家居拙经营，生理见侵迫。海盐从私求，厨面自官得。拣豆连数晨，汲泉候将夕。调挠遵古书，煎熬需日力。庶以具藜羹，故将供脍食。"做酱要用的盐、面、豆、水，曾巩在这首诗中都提到了。

《四民月令》中还有"清酱"，它就是今天的酱油。而"清酱"的叫法，也一直延续到清朝，像袁枚在《随园食单·须知单》中说："调剂之法，相物而施。……有盐酱并用者，有专用清酱不用盐者，有用盐不用酱者。"今天的一些方言中，也有"清酱"的说法，比如河北的衡水地区。

豆豉一般也是咸的，它也是咸味调料。豆豉，又称大苦、幽菽，战国时已见生产。汉代时，它在饮食中的地位更为重要，在马王堆一号辛追墓中，就在两件陶罐中发现了豆豉，简中称这些豆豉为"枝"，而《说文解字》弟七下对"枝"的解释是："配盐幽尗也。从尗，支声。豉，俗枝从豆。"豉就是枝的俗写，枝就是咸味豆豉。不仅如此，辛追墓中还出土了她生前嗜食的豆豉姜酱，这味酱不仅开胃，还有解表散寒之功。

汉代之后，盐味豆豉一直伴随着人们的生活，南宋时，更出现了一个与此

有关的故事"配盐幽菽"。据宋人周密的《齐东野语》卷九，故事的主人公是南宋大诗人杨万里。一位自恃饱学之士的江西士人求见，几天后，杨万里给他写信说："闻公自江西来，配盐幽菽欲求少许。"这位士人搞不懂意思，便急忙登门致歉并当面请教，杨万里"徐检《礼部韵略》菽字示之，注云：配盐幽菽也"。配盐幽菽就是豆豉。江西盛产黑豆，并且黑豆的质好、粒大饱满，南宋时的江西豆豉，已是那时的名产。自负的士人没听说过"配盐幽菽"，因而无从回答。这个故事道出的是这样的人生哲学，那就是人要戒骄戒躁。

盐、梅、酒可能是比较早出现的三大烹饪调味品，从商代开始，人们就开始用天然梅果做酸味调料。食醋产生在周代之前，它是伴随着制酒出现的，制酒技术不好，就会使酒发生醋酸菌污染而酸败，由此便产生了醋。醋在周代称"醯"，周王室的用醋量很大，为此，它也特设了掌醋与醋渍食品的官员"醯人"，并配置了多名下属。醋在历史上的称谓多有变化，周时称醯；汉晋时，醯、酢混用；北魏以后，酢、醋兼用；隋唐后，酢被醋取代，醋成为常用词。

甜食能使人快乐，还能为人体提供能量，所以嗜甜是人的本能。中国历史上最早的甜味调料是饴，它的原材料为稻、麦。饴可能出现在商代，春秋战国时已常见。魏晋时期，饴的使用量很大，《世说新语·汰侈》记石崇、王恺斗富："王君夫以粘糒澳釜，石季伦用蜡烛作炊。"饴的甜度低，所以王恺能用饴糖水刷锅。

蔗糖的甜度明显高于饴糖。甘蔗在中国的种植历史并不短，先秦时的南方已有种植。魏晋南北朝时，蔗糖出现，但至唐代，熬制砂糖的技术仍有待改进。据《新唐书·西域传上》记，唐太宗曾派人到中天竺属国摩揭它国"取熬糖法"，然后经试验改进，再熬出的糖已是"色味愈西域远甚"。这改进后的糖虽然颜色漂亮了，但它还是黄赤色，真正白砂糖的出现，要到后代了。

还有一种天然的、甜味极高的调料，这就是蜂蜜。古代时，蜂蜜也称石蜜、土蜜、木蜜、岩蜜，它们都因产处而得名。西周、春秋时，天然蜂蜜已用作甜味调料。像《礼记·内则》要求，媳妇侍奉公婆，要"枣、栗、饴、蜜以甘之"，以枣、栗、饴、蜜为甘甜调料来制作食物，以奉养公婆。人工养蜂采蜜，或是汉代以后的事了。

苦味能使食物滋味变得丰厚。苦味调料有来自植物的，如咖啡、茶、可可、橘柚橙皮、苦瓜等；也有来自动物胆汁的，还有就是酒。关于酒的味苦，人们可能都有这样的经验，第一次喝啤酒时，舌上的感觉就是苦。在中国历史的早期，酒的品种主要是米酒和果酒，那时的人们，就把米酒当作苦味调料来用，《周礼·疾医》贾疏解释"五味"："醯则酸也，酒则苦也，饴蜜即甘也，姜即辛也，盐即咸也。"贾疏就说酒是苦味的代表。秦汉时期，茶叶种植扩散后，茶也用来做苦味调料，在马王堆汉简中，就多次提到"苦羹"，"牛苦羹一鼎""狗苦羹一鼎"[①]，它们可能就是用苦茶煮的肉羹。

现在的"麻辣辛香"一词，经常用来形容川菜的美味，辣与辛其实同义，"江南曰辣，中国曰辛"[②]。春秋以前，人们就开始使用一些辛香调料了，如花椒、姜、桂、蓼等，韭、薤、葱、蒜这些后代的辛香调料，在当时是作蔬菜食用的。

辣味还有芥酱，《礼记·内则》郑注记食有"鱼脍，芥酱""脍，春用葱，秋用芥"。周代贵族吃鱼片，已讲究用芥酱为佐食了。汉代之后，芥菜栽培已见于农书，由此也见当时人对它的重视。

吃鱼片时，芥酱很重要，脍法也同样重要，唐代的脍，甚至成了一项值得炫耀的才艺。《旧唐书·李纲传》记："有进生鱼于建成者，将召膳人作鲙。时唐俭、赵元楷在座，各自赞能为鲙。"面对新鲜的生鱼，当太子建成想召厨子脍鱼时，大臣唐俭、赵元楷纷纷夸赞自己的治脍刀工，建成听后，也承认他们能"飞刀鲙鲤，调和鼎食"。唐后期时更有一位诨称南孝廉的，将治脍变成了艺术，《酉阳杂俎·物革》记，南孝廉"善斫鲙，縠薄丝缕，轻可吹起，操刀响捷，若合节奏，因会客衒技"。这里的"縠丝"说明，早期的脍是切细丝的，晚明时，鱼脍才改成了切片。

---

① 马王堆三号汉墓出土简 95、简 96，何介钧主编：《长沙马王堆二、三号汉墓 第一卷 田野考古发掘报告》，文物出版社 2004 年版，第 54 页。

② ［清］永瑢等撰：《四库全书总目》卷四十《经部·续方言》，中华书局 1965 年版，第 343 页。

（二）煎炒烹炸和脍炙人口：副食的烹饪

"煎炒烹炸焖熘熬炖"，这句话概括的是今天副食烹饪的各种方法，但这些烹饪的前提是要有火，还要有相配的锅。

对中餐来说，火是烹饪的根本要件，现代中餐的烹制一般都要过火，很多菜还讲究急火快炒。远古时代的火更重要，《礼记·礼运》说，火使先民摆脱了"食草木之食、鸟兽之肉，饮其血，茹其毛"的原始生活。传说中，钻木取火、教民熟食的是燧人氏。

先民掌握了火后，在处理食物时，最本能的就是将肉挑、串在树枝上，或整或零地烤熟后食用，这种方法古代叫"炙"，现代人常说"脍炙人口"，其中的"炙"，说的就是烤肉。

在周之八珍中，肝膋就是烤狗肝，古代时，羊、牛、猪、鸡、鸭、鹅、獐、鹿、兔及各种水产、各种动物内脏，都能成为炙烤的食材。北魏贾思勰在《齐民要术》中专设"炙法"一章，详列了各种烤肉做法，像炙豚法（烤乳猪）、捣炙（竹筒烤肥鹅）；还有腩炙豚法，腩的意思是"大开膛"并带上"开脑袋"，将乳猪的脑髓和五脏一齐掏出，再进行烹制；捣炙法，做的是肥鹅肉烤串，烤串在汉晋北朝时非常流行。

除了炙烤，火在早期的烹饪中，还有其他的使用方法，魏晋人谯周所著《古史考》说："燧人氏钻火，而人始裹肉而燔之曰炮。""炮"就是裹上泥烤肉，这与现代烹饪的"炮"意不同，现代的"炮"是用旺火热油，原料下锅后快速烹炒、快速出锅的烹调方法。《古史考》还说："神农时，民食谷，释米加烧石上而食之。"这是

斫鲙雕砖，纵34.2厘米、横24厘米、厚2.2厘米，北宋，中国国家博物馆藏。砖雕上，一位妇女正在剖鱼做饭，她腰系宽大的斜格纹围裙，挽着袖子，露出腕上的多圈套镯。面前的高木方桌上，有厨刀、菜墩，菜墩上放着一条大鱼，还有用柳枝串起的三条小鱼也待清洗。妇女脚边放盛满水的水盆，桌旁的方炉，炉火熊熊，炉上放一锅，锅中的水在沸腾，桌上处理的鱼即将入锅

用烧热的石头加工米饭（石炙法），肉也可以用这种方法烹制，现在的蒙古族就还有石头烤肉这道美食。

在火烤石炙的同时，先民们也慢慢开始使用灶具、炊具，他们用树皮、竹子，甚至动物皮、胃做锅，用石头围拢起来做灶，锅后来还发展出了鼎、鬲、釜、甑等不同形制，灶也有了土灶、陶灶、铜铁炉灶、砖灶等。

鼎是早期的一种烹食器，新石器时代就有了，它被视作煮肉良器，《说文解字》弟七上就说："鼎，三足两耳，和五味之宝器也。"商周之后的鼎，身份极重要，这时的它远不只是烹调器具了，而具有了重要文化内涵，"国之大事，在祀与戎"，烹煮、盛放牺牲的鼎，就成了礼之重器；最重要的是，古代传说夏禹铸九鼎，象征九州，三代时奉之为传国之宝，《左传·桓公二年》记，"武王克商，迁九鼎于雒邑"。

鬲是我国最古老的炊具之一，仰韶文化遗址（前5000—前3000）和龙山文化遗址（前2500—前2000）都有出土。鬲似鼎，圆口三足，足中空而曲，便于炊煮加热。鬲用于烧水煮饭做羹，但煮粥做羹时，三足内的食物不易搅拌和清洗，所以战国晚期之后，鬲就逐渐退出了礼器和生活用具行列。

釜的平底使它避免了鬲在使用中的问题，也使它成了中国历史上流传最广的烹饪用具。因为流传广，所以釜也有了传说，谯周的《古史考》说，"黄帝时，始有釜甑，火食之道成矣"，釜是由黄帝发明的。釜口为圆形，这样，它就既可直接用来煮、炖、煎、炒，也可做粥、菜、羹等，如在上面安放甑、笼，又可以蒸制食物。

唐人王建的《新嫁娘词》一诗有句："三日入厨内，洗手作羹汤。未谙姑食性，先遣小姑尝。"唐代的习俗是，新妇嫁入夫家三日，要下厨做饭，而做的头道菜，便是孝敬长辈的羹汤。羹汤或煮或蒸，使用鬲、釜、锅、甑、笼都能做成。老人牙口不好，自然需要进食软烂食物，但古代老人的喝粥、吃羹，还有其他原因。古代五谷的加工水平不高，特别是在面食普及之前，麦、粟更是要粒食，粗加工或粒食的主食不易下咽，老年人唾液减少，吃起来就困难，所以，像东汉明帝在初行养老礼的诏文中，就有"祝哽在前，祝噎在后"的祝词，

烤肉煮肉图，嘉峪关魏晋1号墓出土，甘肃省博物馆藏。右侧男子跪坐几前切肉，案前置一盆，中央上部的四个挂钩上挂着肉，下也有肉盆，左侧火上架釜，旁边一男子在煮肉

灶神图，敦煌文书 S.3326 卷尾《灶经》插图。灶神戴襆头、穿袍服、系腰带，正在张弓欲射。灶神右侧书"灶神"二字，左侧书"其解梦及灶经一卷"。灶代表了火的延续与家的嗣续，是家庭主神；汉代之后，灶神还有司察小过、夺减寿夭的司命神性。所以，灶神一直是民间祭拜的一个重要神灵

河南新郑春秋郑韩故城祭祀遗址出土的成套礼器：九鼎、二壶、八簋、九鬲。成套"列鼎"在西周初见，西周晚期与"列簋"配合成为定制。春秋时期，鼎簋配合的列鼎制度在墓葬中盛行开来。在"礼不下庶人"的时代，这些随葬礼器是贵族墓葬的专利，但贵族的列鼎有等级高低，鼎簋的多少要与贵族的身份对应，不过这种等级制，在春秋战国的礼崩乐坏中被打破，九鼎原是天子使用的礼器，这时就已出现在了诸侯的墓葬中

嵌贝彩绘陶鬲，内蒙古赤峰敖汉旗大甸子村夏家店下层文化（距今4000年左右）墓葬出土，赤峰市博物馆藏。泥质灰陶，表面磨光，红、白两色绘卷云状纹，卷沿，筒腹，下为三锥状足。

青铜鬲，战国·魏，河南辉县赵固村出土，中国国家博物馆藏。通高 20.3 厘米，口径 19 厘米。

东汉铜釜甑，通高 10 厘米，甑口径 9.5 厘米，底径 4.7 厘米。这套铜釜甑上为甑，下为釜，套合在一起

而送上这样的祝福原因是，"老人食多哽噎，故置人于前后祝之，令其不哽噎也"①。这样，古人特别是古代老人吃饭时，就要有羹臛、浆水来辅助下饭。羹臛都是"羹"，《楚辞·招魂》王逸注说，"有菜曰羹，无菜曰臛"；《说文解字》弟四下说，"臛，肉羹也"。羹臛都算常见，穷一些的吃菜羹，富的吃肉臛。后代羹、臛连用之后，指的已是有浓汤、可素可荤的食物了。

甑是用来蒸食物的炊具，演化到现在就是笼屉。新石器时代晚期（约前3500—前2000）陶甑出现，人们将它置于鬲、釜之上，用以蒸熟食物。不起眼的一个甑，却是烹饪史上的新突破，它标志着先人以蒸汽作导热媒介物烹制食物的开始。像现在的笼屉一样，古人也用甑蒸饭、蒸菜、蒸肉，甘肃酒泉魏晋墓中曾出土了一套铜甑釜，考古学者对釜内残留物进行检测后得知，这件铜甑釜的主人，曾用它蒸过牛肉或羊肉。

早期的炊具，不像现在种类繁多、功能精细，那时，一个釜就可以做遍一切。当技术发展、有条件追逐美味时，炊具自然会按功能分途了。蒸、煮主食的炊具好说，沿袭传统并有所改进即可，但烹制副食的炊具就不行了。炒鸡蛋是最简单的一道炒菜，它在北魏贾思勰的《齐民要术》卷六中就出现了："炒鸡子法：打破，著铜铛中；搅令黄白相杂。细擘葱白，下盐米、浑豉、麻油炒之，甚香美。"这道炒鸡蛋带着葱香、豉香、麻油香出锅了。但这个炒鸡蛋用的是"铜铛"，铜锅的导热性比铁锅差，这样，比起现在的炒鸡蛋，味道还是会差的。现代烹饪中，炒是最基础的烹调方法，而炒或在春秋战国时期就出现了，到贾思勰生活的南北朝时期，炒菜已经很流行。贾思勰

---

① ［南朝宋］范晔：《后汉书》卷二《明帝纪》，李贤等注，中华书局1965年版，第102—103页。

在炒鸡蛋、炒菜时，可能也感觉到了铜铛的短板，所以他在《齐民要术》中，也谈到了铁锅的选购，这说明在南北朝时，铁制炊具也正在走向普及。

（三）蔬菜的食用历史：海上的郑和船队吃什么？

1519 年，在西班牙国王查理五世的指令下，麦哲伦率 265 名船员、5 艘帆船出海远航，三年后，只有维多利亚号一艘船返回西班牙，200 多名船员死于航行途中，许多人死于败血症，引发败血症的原因，就是维生素 C 缺乏症。

同是远航，比麦哲伦船队早 100 多年的郑和船队，却没有发生这种情况。郑和每次下西洋的船队人数达 27 000 人，但它的准备也更充足，《西洋番国志·敕书》记载了郑和第六次下西洋时食物、用具的准备情况："下西洋去的内官合用盐、酱、茶、酒、油、烛等件，照人数依例关支。永乐十九年十月十六日。"出发前，调味用的盐、酱，就在必备之列。除此之外，按当时的技术和条件，郑和船队应该还有菜干、果干、鱼干、腌肉、腌鱼、腌菜等储备。至于新鲜蔬菜，航行中的郑和船队船员，很可能会像摩洛哥旅行家伊本·白图泰（1304—1377）在他的游记中记的，在船舱的木槽内种植蔬菜鲜姜；还有就是到了停泊的港口，船员们会上岸补给当地出产的应季蔬果。成年人体内如储备了足够的维生素 C，那它可供三个月的消耗，而预防败血症，每日只需 10 毫克维 C 即可。郑和船队乃至当时的中国船队，都重视蔬果的摄入，这也使他们避免了麦哲伦船队的惨剧发生。当然，这更要归功于中国传统的饮食习惯"麦饭蔬食"。

中国人自古就重蔬果，认为它们是维持身体健康的重要食品，《黄帝内经·太素》就说："五谷为养，五果为助，五畜为益，五菜为充，气味合而服之，以养精益气。"菜，古代也称蔬，那时的菜、蔬二字一般不连用。菜的功能也与现在不同，它不在佐餐下饭，而在饱腹，所以《说文解字》弟五下说，"谷不孰（熟）为饥""蔬不孰（熟）为馑"。

古代历史早期，人们以采集野生蔬菜为主。随着人口增加、土地开垦，蔬菜种植逐渐出现，先秦时，已有了专门用于种植蔬果的"园圃"。和粮食生产逐步向少数几种主谷作物集中不同，古代的蔬菜生产，是沿着栽培种类不断增加的方向发展的。《诗经》中提到过多种蔬菜，人工栽培的有瓜、瓠、芸、韭、荷、葵、姜、葱、蒜等几种；两汉时，人工栽培的蔬菜已有 20 多种；魏晋到唐代，仅华北的蔬菜品种就已达 70 余种。这种变化的出现，既是本土栽培蔬菜品种扩大的结果，也得益于陆上、海上丝绸之路的域外品种引进，像有来自西域的胡瓜（黄瓜）、胡荽（芫荽、香菜）、苜蓿（嫩叶可做羹）、莴苣，还有来自尼泊尔的菠菜。中国古代时，蔬菜的传入一般没有明确记载，只有菠菜的传入，被明确记载在了史书中，对此，《唐会要·泥婆罗国》记，唐太宗贞观二十一年（647），泥婆罗国（今尼泊尔）使者"献波棱菜"。菠菜原产波斯，后传入尼泊尔，至此进入中国。宋元时蔬菜的品种持续增加，明清时期，特别是郑和下西洋之后，海外引入的蔬菜更多，像中亚的甘蓝、花椰菜，美洲的番茄、辣椒、马铃薯、四季豆、南瓜、豆薯等，都是在这一时期被引入的。到清朝结束前，中国的蔬菜品种已达 100 余种。

在中国古代的蔬菜种植史上，除了品种的增加，还有单种蔬菜的分化与完善，大白菜就是其中最好的例证。今天的大白菜是百姓的"看家菜"，"萝卜白菜，各有所爱""白菜价"，从这些话里，就能感受到白菜的家常特点，但大白菜的形成与演变，是有一个漫长过程的。

先秦文献中，"葑"经常被提到，它泛指的是各种十字花科植物。葑后来分化出了多个蔬菜品种，像蔓菁、芥、芦菔等。早期的白菜称"菘"，它也是葑的后代变种，所以早期的白菜外貌，更接近于萝卜。南北朝时，南方已普遍种植菘，据《南齐书·周颙传》记载，南齐时已有了"春初早韭，秋末晚菘"的说法。但这时的"晚菘"，可能还是小白菜，而大白菜则有可能是以后芜菁和小白菜的杂交后代。

宋元时，"菘"逐渐改称"白菜"，在南宋杨万里的《进贤初食白菜，因名之以水精菜》一诗中，白菜这个名字首次使用。对"白菜"代"菘"的原因，宋人戴侗在《六书故》卷二四中做了解释："菘……冬菜也。其茎叶中白，因谓白菜。"宋代的扬州出产一种牛肚菘，从史书的描述看，它有可能就是散叶大白菜。清代时，大白菜和小白菜最终有了明确区分，结球大白菜、也就是今人常

说的大白菜，也有了正式记录，道光《胶州志》说："菘谓之白菜……其品为蔬菜第一，叶卷如纯束，故谓之卷心白。"这时的大白菜，最终从散叶大白菜，进化成了更高级的、也就是我们常吃的结球大白菜。

白菜豆腐是一道烹饪简单的美味佳肴，这道菜有两个主要食材，现在就再说说豆腐。豆腐在宋代时已比较流行，对此，北宋陶谷的《清异录·官志门》有如下记载："时戢为青阳丞，洁己勤民，肉味不给，日市豆腐数个。邑人呼豆腐为'小宰羊'。"北宋人已认识到，豆腐之白嫩、营养价值之丰富堪比羊肉。南宋初，高宗也曾以豆腐代肉，对此，《建炎以来系年要录》卷一〇九记高宗对辅臣说："朕常日不甚御肉，多食疏菜，近日频杂以豆腐为羹。"南宋时的豆腐，也有了各种吃法，像东坡豆腐、煎豆腐，等等。

与其他流行事物一样，豆腐流行后，也开始有人关注它的起源了。南宋大儒朱熹写了一首《豆腐诗》，诗曰："种豆豆苗稀，力竭心已腐。早知淮王术，安坐获泉布。"他在诗序中特别强调："世传豆腐本乃淮南王术。"大儒的影响自然大，元明以后，这一说法就已成了"主流"认识，大医学家李时珍在《本草纲目·谷部》中也说："豆腐之法，始于汉淮南王刘安。"20 世纪 60 年代，在河南密县打虎亭发现了两座东汉晚期墓葬，一号墓中的四幅石刻画，就被一些学者认为是"生产豆腐图"[1]，而这也成了豆腐汉代起源说的又一力证。

但豆腐起源说绝不止这一种。清人汪汲《事物原会》卷三十说，孔子时就有豆腐了，"豆腐名鬼食，孔子不食"。而唐末、五代起源说，可能更近实一些，因为从道理上讲，一种文化的流行需要时间，但不可能长达几百年，设若豆腐已在汉代发明，那为何在汉唐文献中全无记载？因此，有机化学家、化学史家袁翰青先生提出的五代起源说，应是目前最谨慎的说法，他提出："开始制造豆腐和食用自然早于十一世纪，但无法证明其早到唐朝，更无法证明其早到汉朝。"[2] 这样，宋代出现了散叶大白菜，豆腐也在这时流行了，那白菜豆腐的搭

---

① 陈文华：《豆腐起源于何时？》，《农业考古》1991 年第 1 期，第 247 页。

② 袁翰青：《关于豆腐的起源问题》，《中国科技史料》1981 年第 2 期，第 85 页。

配，也就离此不远了。

现在年长的北方人，都记得当年家家冬储大白菜的情景，大白菜是那时漫漫冬季的重要维生素补给，一些人家也会将大白菜积成酸菜，炒酸菜白肉、包酸菜饺子、酸菜包子，这些都是那个年代的美味。在没有保鲜技术的时代，积酸菜是一种重要的蔬菜加工方法，它也是古代菹法的一种现代版。古代时，整棵或大片腌蔬菜称菹，细切后腌制的叫齑。

魏晋隋唐时期，菘（白菜）就是当家菜了，那时的菘也会被"菹"起来，以备冬需。"菹"，《说文解字》弟一下释为"酢菜也"，酢就是醋，酢菜就是酸菜。《释名·释饮食》则从加工方法上解释了菹："菹，阻也，生酿之，遂使阻于寒温之间，不得烂也。"菹法既可腌菜也可腌肉，就菜而言，菹就是经过腌制发酵、易于存放的酸菜。

菹的蔬菜加工方法出现很早，先秦时就已使用，《诗经·信南山》有诗句："中田有庐，疆场有瓜，是剥是菹，献之皇祖。"这里说的就是瓜菹。北魏贾思勰在《齐民要术》中，专设了一卷《作菹、藏生菜法》，详细记载了当时的菹法，举凡葵菜、菘菜、芜菁、蜀芥、蔓菁、菁蒿、薤白、越瓜、冬瓜、苦笋、胡芹、小萝卜、木耳、蕨菜、荇菜、小蒜、韭菜等，都可菹后食用。南北朝隋唐时期，菹的技术已相当成熟，许多菹后的菜，色、香、味俱佳，贾思勰都忍不住夸赞菹菜："菹色仍青；以水洗去咸汁，煮为茹，与生菜不殊"，茹的意思就是菜；"其布菜法：每行必茎叶颠倒安之。旧盐汁，还泻瓮中。菹色黄而味美"。唐代大诗人杜甫的《病后过王倚饮赠歌》也说，"长安冬菹酸且绿"。

除了菹菜，古代存贮蔬菜的方法还有干藏，也就是将瓜、菜晾干贮藏，《齐民要术》和唐人韩鄂的农书《四时纂要》，都记有许多干菜的制作。

先人留下的这些蔬菜保存方法，在郑和的七次远航中都被用上了，菹（腌）、晾的果蔬，也让郑和的船员们远离了败血症。

吃是一项"系统工程"，从种植、加工到烹饪，一样都不能缺。中华美食文化传扬四海，这并非浪得虚名，而是世代先人孜孜求精的结果。有人可以吃不惯中餐，但中华美食的博大精深，是不能否认的。

◎第六章

开门茶与文人茶：茶的历史与性别

茶分男女，这话听起来突兀。作家、好友胡仄佳远嫁澳洲，她的英国后裔公婆，有着老派英国人的嗜茶习惯，他们每天钟点般地喝着茶："早上还没起床就要在床上喝第一杯茶……晚上九点的茶则是最后一杯……而十点的上午茶，四点的下午茶和一日三餐后的茶更是缺一不可。万一遇事耽误一道茶的时间，回家来只要还来得及，他们一定会补上这杯茶。"[①] 今天，可可、咖啡、茶并称世界三大非酒精饮料，茶是英国的国饮，英国人的年均茶消费量巨大，英式下午茶更是很多人的心头好。但谁曾想到，18世纪前的英国，茶饮并不普及，人们的早餐还是喝酒、吃肉，到18世纪初，安妮女王（1702—1714在位）才提议改变早餐饮食习惯，以喝茶代替麦酒，这样，黄油、面包和茶，才逐渐成了英国人早餐的习惯搭配，而这也被称作一次成功的"早餐变革"，喝茶自此逐渐变成了英国的全国性习俗。

茶也是中国的国饮，而我们饮茶的普及，要远早于英国，这从宋人杨时的议论中就可看到。上一章谈到盐时，曾引了杨时的《论时事劄子》的两句话，"二浙穷荒之民，有经岁不食盐者"，而这后面还有一句，"茶则不可一日无也，一日无之则病矣"，对北宋时的两浙百姓来说，盐可以没有，茶是万万不能没有的。

先按下中国的茶普及不表，只提一个问题：茶饮流行前，我们的先人喝什么非酒精饮料？先举一下我们现在喝的非酒精饮料：果汁、蔬菜汁、坚果汁、

---

① 胡仄佳：《风筝飞过伦敦城·公婆七道茶》，花城出版社2000年版，第17页。

谷物汁，还有花饮、植物饮、可可、咖啡、草药、调料等饮品，不一而足。其实，古人和我们一样，也喝这些饮品（可可、咖啡除外）！隋末人谢讽曾担任过尚食直长，此官掌管供奉皇帝膳食，他写了一部《淮南王食经》，书中说，当时有"四时饮"：春有扶芳饮、桂饮、荠苨饮、竹叶饮、桃花饮；夏有酪饮、乌梅饮、加蜜沙糖饮、姜饮、加蜜谷叶饮、皂李饮、麻饮、麦饮等；秋有莲房饮、瓜饮、香茅饮、加沙糖茶饮、麦门冬饮、葛花饮、槟榔饮等；冬有茶饮、白草饮、枸杞饮、人参饮、茗饮、鱼荏饮、苏子饮。这些饮料还可加上米糗（碎米）成为羹饮。这样，在中唐茶饮普及前，我们的先人同样享用着很多非酒精饮料。

茶在英国的流行过程中，有三位女性起了重要作用，葡萄牙凯瑟琳公主被称为"饮茶皇后"，1662年，她嫁为英皇查理二世的皇后，她嗜茶，所以，茶和茶具是她的嫁妆，到英国后，她更将饮茶从英国宫廷传播出去；安妮女王提倡以茶代酒，工人们喝上了热茶，避免了醉酒带来工作中的麻烦，热茶也抵抗了痢疾等疾病，所以，茶直接拉动了一次早餐变革；现在流行的英式下午茶，由贝德福伯爵夫人安娜玛利亚女士所"开创"，"纤纤玉手，拿着瓷质茶壶；烹煮香茗，倒入透明茶杯。加入食糖，口感味道更佳；啤酒花苦，切忌往里乱加"[①]，泡制茶饮成了一项优雅的女性化活动。由于女性的贡献和英式茶饮的特点，都使英国茶带上了女性的特点，"茶是适合女性的饮料"这一观念，也成为早期英国贵族社会的基本共识。

相比之下，中国茶的男性特点更突出，茶的起源、推广，无不带着男性的身影；确定制茶、饮茶规矩，提出茶精神的，也都是男性；主流茶饮人群同样是男性。茶的历史让人着迷，茶史中的人特别是其中的男女，也同样令人关注。

---

① 〔英〕邓肯·坎贝尔：《茶诗》，作于1735年，引自〔英〕马克曼·埃利斯，〔英〕理查德·库尔顿，〔英〕马修·莫格等：《茶叶帝国：征服世界的亚洲树叶》，高领亚、徐波译，中国友谊出版公司2019年版，第184页。

一 茶的争议：称呼和起源

这杯茉莉花茶真香，那杯乌龙茶的茶汤真亮，来我家喝杯下午茶吧。对今天的中国人来说，这些话是脱口而出的，听话的人也心照不宣，无须任何解释。但历史上，单是一个"茶"字的演变，就费尽周折。

古代早期时，"茶"的叫法不一，《茶经·一之源》说："其名，一曰茶，二曰槚，三曰蔎，四曰茗，五曰荈。"《尔雅》郭璞注解释了这几种叫法的区别："槚，苦茶"；"早采者为茶，晚取者为茗，一名荈"。"茶"成为专用名称，大约到中唐时期（8—9世纪）才开始。

茶的起源问题更复杂。古代时，中国人笃定地认为，茶是神农发现的，陆羽《茶经·六之饮》说："茶之为饮，发乎神农氏。"清人陈元龙的《格致镜源·饮食类·茶》做了进一步阐发："神农尝百草，一日而遇七十毒，得茶以解之。"但到19世纪上半叶，中国古人的这一信念，却受到严重挑战。1838年，英国人勃鲁士（R. Bruce）印发了一个小册子，列举了他在印度阿萨姆地区发现的野生茶树，提出了"印度是茶树原产地"的说法。由此，"茶树原产地在何处"之争开始了。

在之后的相当长时间里，中国人无力回应茶界的这一关切。但自20世纪90年代，中国学者行动起来，进行多方论证，特别是对中国的古茶树进行了实地调查，"据不完全统计，现在全国已有十个省、市（区）二百多处发现有野生大茶树。其中云南省树干直径在1米以上的就有十多处……1983年在镇沅县千家寨发现了约350公顷的野生大茶树居群，2002年又在双江县勐库大雪山发现了500公顷野生大茶树居群。这些都可谓是当今世界野生茶树之最了"[①]。这些都有理由使我们相信，中国是茶的起源地！

---

① 陈宗懋、杨亚军主编：《中国茶经》，上海文化出版社2011年版，第8页。

二　茶的推广：北进与南扩

茶起源于中国西南，它的推广也从这里开始。周武王克殷（约前1046），结束了商纣王的暴虐统治。周武王将宗人分封到巴地，据《华阳国志·巴志》的记载，那时西南地区园中的香茗，被视作"果实之珍者"，茶是重要的地方特产和上贡给周王的贡品。周朝定都镐京（今西安），茶从巴地被送到了关中，这样，周朝建立后，茶就传入了中原。所以，从茶史上来讲，周武王灭商无疑是一件大事。

秦惠文王时，诸侯相攻，后九年（前316）时，秦王听取司马错的意见，决意攻取蜀国。但此时，秦国对入蜀之道并不清楚，好在蜀侯性贪，秦惠文王就用"石牛粪金"的手段，诱使蜀侯以"五丁开道"，秦将张仪、司马错顺着这条路，引兵入蜀灭之，打通了西南与中原的通道。对蜀侯的贪财，陆游在《暑中北窗昼卧有作》一诗中，曾感叹道："茫茫九衢中，百祸起一贪。"蜀道一开，茶就开始了向外传播，顾炎武的《日知录·茶》就称，"自秦人取蜀而后始有茗饮之事"。从茶的推进上讲，秦惠文王和司马错，都是有贡献之人。

茶产于西南，所以汉代的巴蜀，茶已是常饮。汉宣帝时，文人王褒游历成都，神爵三年（前59），他从寡妇杨惠处买了一位髯奴名叫便了，并与这位髯奴签了一份《僮约》。《僮约》规定，髯奴的日常活计之一，就是"烹茶尽具""武阳买茶"。武阳（今四川成都市南彭山县附近）为成都的邻县，是当时茶叶的主产区和重要市场。由此可知，王褒喝茶、买茶、嗜茶，茶是他生活中不可缺少的重要内容。

秦汉之后，茶向外推进的步伐加快，从西南向内地的北、南两个方向，茶呈扇形不断传布扩散。向北，它传到了汉代都城长安，并引来了一位重量级的爱茶人汉景帝。20世纪末，考古工作者在汉景帝阳陵的外藏坑中，发现了一些植物遗存，它们是"棕黄色层状集合体，由宽约1毫米，长约4—5毫米的细

长叶组成"[1]，经专家多次鉴定，这些植物遗存是"迄今最古老茶叶"[2]！这些茶叶是小而未开的茶芽，为茶叶中的上品，学者由此推测，汉景帝定是一位爱茶人。

汉景帝的爱茶，并没有像葡萄牙凯瑟琳公主那样，对茶的推广产生显见的影响，北方人的饮茶，依然是前路漫漫。由于气候、地理的适宜，茶在南方的推进更加顺畅。据《三国志·吴志·韦曜传》的记载，东吴末帝孙皓（264—280 在位）在统治的晚期沉溺酒色，终日与臣下饮宴，入席之人无论酒量多少，都要以七升为最低限，"虽不悉入口，皆浇灌取尽"。但他宠幸韦曜，韦曜不擅饮，他就常准他少饮，更在私下里赐茶给他，用来充酒。由此可见，东吴宫廷中已有饮茶习惯。

茶也开始在南方的民间流行，晋元帝（317—323 在位）时的广陵（今扬州）市场上，就出现了一位卖茶饮的老妇，这位老妇从早到晚提着一壶茶，在市场上售卖，人们也竞相购买。而"王肃北奔"事件，更让我们看到了南朝人的嗜茶。公元 493 年，也就是南齐永明十一年、北魏太和十七年，王肃的父亲、南

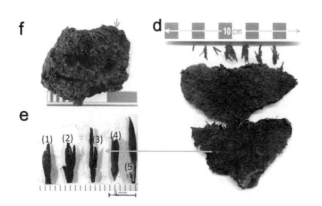
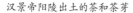

汉景帝阳陵出土的茶和茶芽

玉兽纹卮，明，中国国家博物馆藏。高 8.8 厘米，口径 5.7 厘米，底径 5.4 厘米，直筒形，平底，三兽足

---

① 陈波、李炳武主编：《蔚为壮观的汉家陵阙：汉景帝阳陵博物院》，西安出版社 2018 年版，第 211 页。

② 新华社：《汉景帝墓出土迄今最古老茶叶》，《中国茶叶》2016 年第 2 期，第 1 页。

齐尚书左仆射王奂被杀，王肃因此叛齐归魏，并受到孝武帝的重用，由此，便拉开了北魏"全盘汉化"的序幕。《洛阳伽蓝记·城南》记，刚到北魏时的王肃，完全不习惯北地的饮食，他"不食羊肉及酪浆等物，常饭鲫鱼羹，渴饮茗汁。京师士子道肃一饮一斗，号为漏卮"，因喝茶多，还被人浑称为了"漏卮"。时移世易，几年后的王肃在与孝文帝共食时，已是"食羊肉酪粥甚多"，面对他的这一"巨变"，孝文帝都感到惊奇。王肃的饮食变化，形象地诠释了"入乡随俗"一词的含义。

三　茶的普及：禅宗与陆羽

茶是在唐朝普及的。佛教自汉代传入中国，至唐朝进入鼎盛时期，这时的统治者重视佛教，佛教教义学发达，僧尼人数众多，寺院经济强盛。禅宗是佛教的重要宗派，在唐朝非常流行，它的信徒以坐禅为修持方法，讲究息虑凝心、究明心性，用以达到了悟自心、本来清净的境界。坐禅讲究静坐但不瞌睡，为达此目的，玄宗开元（713—741）年间，一位泰山灵岩寺禅师就开始允准弟子们饮茶提神，饮茶能解困，因此，茶也有个"不夜侯"的美称。

禅宗的信众无数，自从佛弟子们可以喝茶解困后，信众们也开始纷纷自带茶叶，到处煮饮以助修行。寺院的饮茶风也很快传到了俗世，《封氏闻见录·饮茶》记，从山东到京城之间的各个城市，商人们"多开店铺煎茶卖之，不问道俗，投钱取饮。其茶自江、淮而来，舟车相继，所在山积，色额甚多"。人常说，西方文明是宗教文明，它的一切都围绕宗教展开，单从茶的普及看，宗教在中国所起的作用，甚至比西方还要大。

唐文宗、唐武宗时，日僧圆仁（793？—864）入唐求法，他入扬州，巡游天台山、五台山，在长安学习六年，后返回日本，成为日本佛教天台宗山门派的创始人。圆仁回国后，写下了日记体著作《入唐求法巡礼行记》，记载了他的巡礼活动，其中就涉及许多茶事活动，像他接受赠茶，扬州的新罗翻译赠其一行"细茶十斤"；离开长安时，大理卿杨敬之赠他"团茶一串"，职方郎中杨鲁

唐《唐人宫乐图》轴（北宋摹），45.5厘米×70厘米，绢本，设色，台北故宫博物院藏。此画绘的是宫中仕女奏乐、饮茶、赏曲的场面，长桌上置一茶釜，一位仕女正用长柄茶杓舀釜中茶汤，分入茶盏。茶盏为碗状，有圈足

士送"蒙顶茶二斤，团茶一串"。他还在巡游的途中，用赠茶交换食物，在密州（今山东诸城）的村中，"出茶一斤，买得酱菜"。官员也请他一道吃茶，在登州，"赴萧判官请，到宅吃粥。汤药茗茶周足"；行前向张员外道别，"员外唤入衙里，给茶饼食。啜茶"；在郑州，与辛长史"于土店里在，吃茶"；离开长安时，杨敬之与李侍卿"相送到春明门外，吃茶"。他在巡礼途中的城镇寺庙、村野农家吃茶，"到乘夫馆吃茶""到乔村王家吃茶""偶谒寺家，诸僧等卅有余，相看啜茶"。

在唐代的饮茶风中，皇家是绝对的潮流引领者。唐代皇帝在产茶区建茶苑，至迟在代宗大历五年（770），湖州长城县已建了贡茶院；名茶成了各地的土贡，唐人裴汶的《茶述》说："今宇内为土贡实众。而顾渚、蕲阳、蒙山为上。其次则寿阳、义兴、碧涧、澦湖、衡山。最下有鄱阳、浮梁。"进贡明前茶也

成了一项规矩，茶工们紧赶慢赶的明前茶，被驿骑们日夜兼程地送到长安，为的就是赶上皇帝举办的清明宴。茶也成了皇帝的重要赐物，而且有时还是大手笔，像田神玉助代宗讨魏博田承嗣后，受皇帝赐茶，韩翃代他写的《为田神玉谢茶表》说："赐臣茶一千五百串，令臣分给将士以下。"面对皇帝的赐茶，臣子们自然是感激涕零，田神玉受赐大量茶饼后，倍感荣光，"圣慈曲被，戴荷无阶"。宪宗朝宰相武元衡，在获得皇帝赏赐的"新茶二斤"后，赶忙向皇帝奏上了《谢赐新火及新茶表》，表达了他的"无任感戴屏营之至"，并发誓，今后一定"焚灼丹诚，激励愚鲁"。

饮茶流行了，爱茶的人也多了，对茶的总结就开始了，一般来说，总结的出现，是一件事物臻于成熟的标志。唐人顾况在《茶赋》中归纳了茶的"四效"："滋饭蔬之精素，攻肉食之膻腻，发当暑之清吟，涤通宵之昏寐。"顾况认为，佐餐、去腻、解暑、提神，是茶饮的基本功效，唐代上层食肉多，且多食羊肉，喝茶可以除去膻腻，这也是唐代茶饮流行的又一助力。

顾况对茶效的总结，是相对日常生活来说的，而对"茶仙"卢仝来说，顾况说的"四效"都太过现实了，卢仝的《走笔谢孟谏议寄新茶》（又名《七碗茶歌》），主要说茶的精神性："一椀喉吻润，二椀破孤闷。三椀搜枯肠，唯有文字五千卷。四椀发轻汗，平生不平事，尽向毛孔散。五椀肌骨清，六椀通仙灵。七椀吃不得也，唯觉两腋习习清风生。蓬莱山，在何处，玉川子，乘此清风欲归去。"卢仝（795—835），唐代诗人，祖父是初唐四杰之一的卢照邻。他隐居不仕，终日苦读，博览经史，工诗精文，但家贫，以邻僧赠米为活，家中唯有破屋数间和盈室的图书，再有的就是一奴一婢，韩愈《寄卢仝》一诗说，"一奴长须不裹头，一婢赤脚老无齿"。卢仝饮茶，是为促进学问精进，更为忘却人生不平事，得到两袖生风的通灵成仙之感。卢仝的"茶仙"形象、他的老奴老婢，也成了后代茶诗茶画的重要题材。

唐人对茶的总结，最重要的是陆羽的《茶经》。陆羽（733—804），字鸿渐，复州竟陵（今湖北天门）人，自幼养于寺中，为智积师父煮茶，这也是陆羽对茶产生兴趣的开始。后来，陆羽从寺中逃出，玄宗天宝年间，受到了谪守竟陵

[明] 佚名《煮茶图》（局部），全卷
105 厘米 × 48.5 厘米，绢本，设色，故
宫博物院藏。此画表现的是唐代"茶仙"
卢仝饮茶的场景，图中的奴婢，也符合
奴长须、不裹头，婢赤脚、老无齿的记载，
只不过卢仝喝茶的茶具如泥炉、紫砂壶，
都变成了明式的

的河南太守李齐物、礼部郎中崔国辅的赏识，他与崔国辅品茶、较水，初次展现了他在茶上的才赋，自此，陆羽也跻入士流、闻名文坛。陆羽游历各地，随处考察各地的茶事。肃宗时（758—761），初成的陆羽《茶经》一经面世，便广为流传、备受推崇，僧齐己在《咏茶十二韵》中就盛赞此书穷尽了茶事精妙："曾寻修事法，妙尽陆先生。"《茶经》更带动了饮茶的流行，对此，唐人封演的《封氏闻见录·饮茶》记，"于是茶道大行，王公朝士无不饮者"。不但如此，这些饮茶之人，还都照着《茶经》来做，诗人李中的《赠谦明上人》说，"新试茶经煎有兴，旧婴诗病舍终难"；他的另一首诗《晋陵县夏日作》也说，"依经煎绿茗，入竹就清风"。因对茶学、茶艺作出了巨大贡献，陆羽在生前就被奉为了茶神、茶仙，去世后，他更被茶人们视为了行业神，人们将陆羽制成陶像，用来供奉、祭祀，以求得茶事生意兴隆。

《茶经》是我国第一部系统总结唐前茶事的综合性茶著，也是世界上第一部茶书。《茶经》的内容分三卷十节：

白瓷茶具及陆羽像，五代，传河北唐县出土，中国国家博物馆藏。陆羽像高10厘米，汤瓶高9.8厘米，风炉、茶镀通高15.6厘米，茶臼高3.1厘米、口径12.2厘米，渣斗高9.5厘米、口径11.3厘米。出土的白瓷人像，应该是茶神陆羽像，他手中的书卷是《茶经》，茶具符合唐朝流行的煎茶法

唐提梁银茶釜，镇江丁卯桥出土。宽沿，深腹，圜底，沿面设一对护耳及环状提梁。高10厘米，口径25.6厘米。1982年元旦，镇江市丁卯桥发现一处唐代银器窖藏，出土银器950余件，其中一部分为精美的茶器，此为其中的重要一件

唐银茶瓶，镇江丁卯桥出土。通高25.4厘米，口径6.6厘米，底径8.4厘米，它是晚唐兴起的点茶法的重要茶具

　　上卷三节，"一之源"，谈茶的起源、名称、品质、茶树栽培等；"二之具"，叙采制茶叶的用具；"三之造"，说茶叶的种类和采制方法。

　　中卷一节，"四之器"，写煮茶饮茶的器皿。

　　下卷六节，"五之煮"，谈烹茶的方法和各地的水质优劣；"六之饮"，写饮茶风俗；"七之事"，叙古今茶事、茶的产地与药效；"八之出"，品评各地茶叶优劣，并分出区域与等级；"九之略"，谈茶具、茶道的省略方法；"十之图"，提出将《茶经》内容抄于素绢之上，挂在茶座旁边，以备随时观阅。

[五代] 顾闳中《韩熙载夜宴图卷》（局部），全卷 28.7 厘米×335.5 厘米，绢本，设色，故宫博物院藏。这是首段"听乐"部分，韩熙载等人或坐或立，榻前长案上，摆放着执壶、托盘茶盏和各色茶点，表现了茶在五代的流行

陆羽通过《茶经》，从种茶、采茶、煎煮、饮用等各个方面，为饮茶定下了基本框架；此书将饮茶从日常生活提升到了艺术与审美层面；它建立起了中国的传统茶学和茶文化体系。在这部著作的带动下，茶从漫漫不经的一道日常饮料，变为了一门雅学和一种雅嗜。

四 开门七事和文人雅事：宋代饮茶的人群分途

"盖人家每日不可阙者，柴、米、油、盐、酱、醋、茶"，这是宋人吴自牧《梦粱录·鲞铺》中的一句话，它是"开门七事"的最早说法；在元杂剧《玉壶春》《度柳翠》《百花亭》中，也都有"早晨起来七件事，柴米油盐酱醋茶"的说法。自宋代开始，茶已被认为是"开门七事"之一。

宋代的茶已是日常饮品，无论贵贱都嗜茶喝茶，正如宋人李觏在《富国策第十》中说的："君子小人靡不嗜也，富贵贫贱靡不用也。"王安石在《议茶法》

中更说："夫茶之为民用，等于米盐，不可一日以无。"宋代时，待客用茶，人以敬茶为礼；闲居时，也以茶为饮；出门时，茶肆、茶坊甚至市场中，都可买碗茶喝；邻里之间，也是"朔望茶水往来"[1]，茶也起到了睦邻作用；男婚女嫁时，茶更是不可或缺之物。

古代娶妻有"六礼"的程序，六道程序是纳采、问名、纳吉、纳征、请期、亲迎。纳征就是后人常说的下彩礼。周汉时，彩礼用帛和鹿皮，唐代的彩礼一般为钱帛，宋代以后，茶也成了彩礼之一。不但如此，宋代婚礼的其他环节，也要用到茶，比如相亲，男方家人到女方家相亲，相中了，就将钗子插入女方的发冠，此称"插钗子""插钗"。明代之后，"插钗"演变成了"吃茶"，"一家女不吃两家茶"的谚语，也随之出现。在《红楼梦》第二十五回中，凤姐问黛玉："你既吃了我们家的茶，怎么还不给我们家作媳妇儿？"说的就是这个意思。明代之后，相亲时要"吃茶"，定亲时要"下茶""定"，成亲时要"合茶"，这样，"三茶六礼"就成了那时明媒正娶的代名词。

至于饮茶方式，百姓的饮茶是无从讲究的，唐宋时的上层流行饼茶，而百姓能有粗茶、散茶、末茶就不错了。百姓的泡茶也简单，将茶放到瓶碗中，用开水冲灌一下即可，这种冲泡方法被陆羽称为"痷茶"；唐宋时，茶的加工技术不好，加工出的茶苦涩味重，这样，为掩盖茶的苦味，人们就将茶与葱、姜、枣、橘皮、茱萸、薄荷一起煮，这也可说是早期的调饮茶。对痷茶和调饮茶，陆羽都不赞同，在《茶经·六之饮》中，他说这两种茶饮是"沟渠间弃水耳"，因为它们使茶失去了应有的香、色、味。苏轼也不赞同茶中加姜盐，他在《和蒋夔寄茶》一诗中就提到，老友寄来新茶，"老妻稚子不知爱，一半已入姜盐煎"；他还在《东坡志林》卷十中说："唐人煎茶用姜……又有用盐者矣。近世有用此二物者，辄大笑之。"茶中加葱、姜、橘皮烹煮，其实是一种古老的茶饮方法，曹魏人张揖写的《广雅》中，就说荆楚巴蜀有这样的茶饮。

今人也常喝调饮茶，像柠檬茶、生姜红茶、八宝茶等，奶茶就更是许多年

---

① [宋]吴自牧撰，阚海娟校注：《梦粱录新校注》卷十八《民俗》，巴蜀书社2015年版，第303页。

[南宋] 刘松年《茗园赌市图》，绢本，设色，台北故宫博物院藏。画面左中，四位男子正在斗茶，他们提壶、注水、品饮，相互品评着对方的茶味。右侧的男子站在茶担旁，茶担上书"上等江茶"，画面两侧的男、女虽欲离去，但都在回看四人的斗茶

轻人的最爱，但加入葱、姜、茱萸（取其辛辣）的重口味茶，今天还是鲜见，这或许是古今对茶认识不同造成的。中唐之前，很多人是把茶看作菜的，所以，他们用茶煮羹饮、做茶粥，唐代诗人储光羲在《吃茗粥作》一诗中，就谈到了朋友的茗粥款待："淹留膳茶粥，共我饭蕨薇。"这样的茶茗认识，也部分地延续到了今天，杭州的龙井虾仁就是一个绝好的例证，在这道名吃中，茶是被当作一味配料入馔的。宋代时，茶为菜的认识已慢慢退去，茶宜清饮的看法渐趋流行。

宋代的茶一方面是走向日常，另一面又向雅趣大踏步迈进，而雅的重要推动者，就是那位著名的艺术家皇帝宋徽宗。宋徽宗被称为"古代少有的艺术全才"，他精诗文、擅书画，自创"瘦金书"，开创院体画的"宣和体"画风；

他爱茶、嗜茶成癖，常在宫廷以茶宴款待群臣、文人，兴之所至，还会亲手烹茗、斗茶取乐；他精于茶事，著有《大观茶论》，此书包括序和正文二十篇——地产、天时、采摘、蒸压、制造、鉴辨、白茶、罗碾、盏、筅、瓶、杓、水、点、味、香、色、藏焙、品名、外焙，对点茶法从茶叶生产制作到点试的每一步，都做了集大成的总结，"宋代再也没有一部内容相似的茶书出乎其上"①。

当然，宋徽宗并不认为他的嗜茶、著茶书只是雅趣、闲趣，他在《大观茶论·序》中说，茶是治国的手段，它能使政治清明，"茶之为物，擅瓯闽之秀气，钟山川之灵禀，祛襟涤滞，致清导和"，弘扬茶道，就是为了达到这一目的。这些道理牵强、曲折，说服人困难，宋徽宗对此心里也跟明镜似的，所以他先说了，这个道理"非庸人孺子可得而知"，大家不理解也正常，反正他的嗜茶并不是荒于艺的。

宋徽宗的爱茶，也留在了他的画作《文会图》上。画上描绘的是一场宋人雅集，茶案上方的白衣中心人物，或许就是宋徽宗本人。

宋代的上层饮茶成风，大臣、文人们无不嗜茶。宋神宗熙宁六年（1073），苏轼出任杭州通判，在巡行属县时，来到了於潜县的寂照寺，寺内，翠竹点缀着绿筠轩，环境十分清幽，大文人见此，挥笔写下《於潜僧绿筠轩》一诗，诗曰："可使食无肉，不可使居无竹。无肉令人瘦，无竹令人俗。人瘦尚可肥，俗士不可医。"肉和竹，一物质一精神，文人风雅，重精神、轻物质，竹自然占了上风。今人借苏轼的诗典，又有了"宁可居无竹，不可饮无茶"的说法。对宋代文人来说，竹和茶各有其指、其用，取舍两者恐怕并不容易。

宋代的饮茶是文人雅趣之一，无论是雅集、游赏、交友、谈禅，还是闲居、独处，他们都要有茶相伴。司马光任开封府推官时，事繁务巨，平常从不休息，有时甚至连法定节假日都要在班上度过。旬休是唐宋官员的例假，每十天休息一天。按司马光《旬虑十七韵呈同舍》一诗的说法，难得休息一天时，他要做的是，"开轩晒药物，发筒出书册。菊畦亲灌浸，茶器自涓涤"，轻松地

---

① 沈冬梅：《茶与宋代社会生活》，中国社会科学出版社 2015 年版，第 224 页。

[宋]赵佶《文会图》，184.4厘米×123.9厘米，绢本，设色，台北故宫博物院藏。此画描绘了文士雅集的场面，在池水、山石、朱栏、杨柳、翠竹间，一张巨大的茶案上摆着茶饮与茶点，文士们或围席而坐，或旁立对谈。画面上方的花树间，一张小桌上放着香炉和古琴；画面下方，小茶桌旁，几名侍者正忙着点茶、分酙、奉茶，旁边的一个小僮正在用盖喝茶

喝上几杯茶，甚至自己清洗茶杯，都成了惬意生活的内容。

最能反映宋代文人茶特点的，还是他们的雅集。诗、书、茶、画、香、茗，是宋代文人雅集的基本元素，这在赵佶的《文会图》中已可看到。历史上文人有"三大雅集"，它们分别是东晋的兰亭雅集、北宋的西园雅集和元代的玉山雅集。宋哲宗元祐二年（1087），驸马王诜邀请苏轼、苏辙、黄庭坚、米芾、李公麟、张耒、秦观、圆通大师等一众大咖相聚在他的西园，"自东坡而下凡十有六人，以文章议论，博学辨识，英辞妙墨，好古多闻，雄豪绝俗之资，高僧羽流之杰，卓然高致，名动四夷"，大咖们的这次雅集，成了一时盛会，而它也被参会的米芾在《西园雅集图记》一文中记了下来，还被李公麟画了下来："其乌帽黄道服、捉笔而书者，为东坡先生"；"唐巾深衣、昂首而题石者，为米元章"；其下，"激湍潨潨流于大溪之中，水石潺湲，风竹相吞，炉烟方袅，草木自馨"。竹石茗香，伴着文人们的诗琴书画，大雅之气跃于字画之外，连米芾都禁不住感慨："人间清旷之乐不过于此！"

西园雅集这样的文人盛会难遇，但三五文人间的小型雅会，则经常可见。苏轼的个性放达、豪爽，为人率真，乐于与群友相聚，所以，他的日常雅集也多。《侯鲭录》卷四记，他曾与两位文人一同拜访高僧梵英，品茗论琴；他还与司马光讨论茶墨，他认为，茶墨虽有异，但"奇茶妙墨皆香，是其德同也；皆坚，是其性同也"，茶墨就像贤人君子一样，虽美丑黑白不同，但无不深具德操，这样的讨论，恐怕也是发生在一次雅会上的。小型雅会的场景，可从刘松年的《撵茶图》窥见一斑。

唐宋时期，烹制茶饮的方法出现了变化。唐代流行的是煎茶法，禅众带动下的世俗店铺，就是"煎茶卖之"。煎茶强调的是"汤候"（水候）、入茶的时间和茶沫的育成。宋代时，点茶流行，它与煎茶不同，不是把茶末投入茶釜煮，而是先挑出茶末放在茶盏中调膏，然后注入沸水。点茶的技术要点是注汤时"注"的速度和落点，点茶高手不但要点出汤，更要在刹那间点幻出禽兽、虫、鱼、花、草，这种即现即散的点茶技术，宋人称为"茶百戏"，宋人们也喜欢相互斗一下点幻的技术。

[宋] 刘松年《撵茶图》，44.2 厘米 × 61.9 厘米，绢本，设色，台北故宫博物院藏。画面右侧，三位文人正在雅聚，一位僧人正在长桌边挥毫，桌旁的两位文士凝神观看僧人的兴书作画。画面左侧，两茶僮正专心忙于茶事，一人跨坐在条凳上，右手持石磨转柄碾茶，另有人站在方桌边，左手持茶碗、右手执汤瓶，正往茶碗中注汤，方桌的上面、旁边，放着盖托、茶碗、茶盒、水盆、水杓、茶筅、茶炉、水器，等等。此画形象、具体地展示了宋代的点茶茶艺，从碾茶、煮水、注汤点茶到大部分茶具，都有清晰的描绘

　　宋代文人雅集时，除了喝茶、品茶，也斗茶，蔡襄、苏舜元（字才翁）两位书画、文学大家，就有过一次著名的斗茶。蔡襄是当时公认的茶界高手，他做福建转运使时，曾一手改造了北苑御茶园的贡茶品质。他以鲜嫩茶芽做原料，以小龙团代替大龙团，其后的小龙团，也成了价值万金且极为稀缺的茶中极品，欧阳修的《归田录》卷二就说，小龙团"凡二十饼重一斤，其价直金二两。然金可有而茶不可得"。福建的茶名也因小龙团而更盛，北苑御茶园地处建州（旧时又称建溪、建安，今属福建建瓯），自五代闽国时，就有了用于贡茶的御茶园。蔡襄对茶特别是建茶极有研究，他著有《茶录》一书，在《茶录·自序》中，他谈到了写作此书的目的："昔陆羽《茶经》，不第建安之品；丁谓《茶图》，

独论采造之本，至于烹试，曾未有闻。"所以，他要弥补对建茶认识的不足，还要更深探讨它的烹茶方法。《茶录》上篇论茶，下篇论器，对宋代的茶与点茶特别是建安的茶，都做了精到论述。

与蔡襄这位茶界超一流高手过招，苏舜元是需要勇气的。斗茶还没开始，苏舜元就已见识了蔡襄的厉害，对此，《清波杂志》卷四记，"蔡茶精，用惠山泉"，茶无须说，蔡襄用的水也无可挑剔。蔡襄烹茶重水，他在《茶录·论茶》中就强调，"水泉不甘，能损茶味"，他最推崇被陆羽评为天下第二泉的惠山泉，喜用那里的泉水煮茶，他的《即惠山煮茶》说："此泉何以珍？适与真茶遇。"茶、水都不占先，苏舜元只能以奇取胜，他"用竹沥水煎"！竹沥水的身价也不俗，它取自天台山，"断竹梢屈而取之盈瓮"[1]，是用竹取来的山泉。也正因为茶带竹香，苏舜元最后是"侥幸"得胜。

文人们的品茗、斗茶，宋徽宗都大力支持，他认为，这些都是值得提倡的雅趣，最重要的是，这是他统治下的盛世盛景表现，他在《大观茶论·序》中

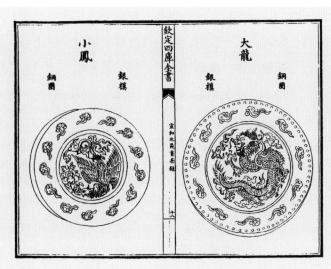

[宋]熊蕃《宣和北苑贡茶录》中的大龙、小凤图。龙团凤饼的得名，是因在茶饼表面印有凹凸的龙或凤的图案。另有茶饼表面还用纯金镂刻金花点缀，极为奢华

---

① [宋]周辉撰，刘永翔校注：《清波杂志校注》卷四《拆洗惠山泉》，中华书局1994年版，第156页。

就说："世既累洽，人恬物熙……天下之士，厉志清白，竞为闲暇修索之玩，莫不碎玉锵金，啜英咀华，较箧笥之精，争鉴裁之妙……可谓盛世之清尚也。"

五　"茗碗自赍持"：明代绝尘的文人茶

明太祖朱元璋，又是一位对中国茶史产生重要影响的人物。说他之前，我们先来谈谈饼茶。

唐宋时，无论是达官贵人的煎茶还是点茶，用的都是饼茶，宋代的贡茶龙团凤饼，更是名冠天下。因为珍贵，所以能尝到的人很少，连宋仁宗都视之如珍宝，他只在祭天的南郊大礼后，才合赐给中书、枢密院二府长官一饼茶，即便这样，"两府八家分割以归，不敢碾试，相家藏以为宝，时有佳客，出而传玩尔"。后来，仁宗亲享明堂后，"始人赐一饼"，这一饼茶，更被大臣们视为至宝，一直作为收藏，不舍饮用。欧阳修就曾受赐过一饼团茶，而这已是他做谏官"供奉仗内"和任于最高机关"二府"后的二十多年，每每拿起这饼茶，他都会激动不已，"每一捧玩，清血交零而已"[①]。

与散茶相比，饼茶的香气不易散发，运输和贮藏也更方便。煎茶或点茶使用茶饼时，要先炙烤、碾研、罗筛，然后再行酌茶，或煎或点。1987年，在东距西安市110公里的法门寺地宫，意外出土了一套唐代宫廷煎茶用具，惊艳了世人，这也使我们看到了唐代皇家对茶具的讲究，其

唐僖宗时期（873—888）的鎏金银茶槽、茶碾（左）、茶罗子（右），法门寺出土。根据法门寺出土的地宫《物帐碑》文，这套茶具包括了茶槽子、茶碾子、茶罗子、匙子一副等七件

---

①　[宋]欧阳修：《欧阳修全集》卷六五《居士外集·龙茶录后序》，李逸安点校，中华书局2001年版，第955页。

中的碾、罗，就是为煎茶做准备的茶具。类似的茶具，还可从辽代的墓室壁画上看到。

饼茶虽优点突出，但用起来非常烦琐，而它的制作就更费工费力。明初，北苑茶苑继续向朝廷进贡着大小龙团，而朱元璋出身草根，习于民间生活，作风俭朴，怜惜民力，所以，洪武二十四年（1391），他以团茶劳民为由，正式废止了北苑的团茶进贡，不仅如此，他还下令以后禁造团茶，贡茶都改为芽茶、散茶。

其实，"重散轻饼"在此之前就在民间流行了，南宋、元时已成趋势，与此相适应的冲泡法，也已在民间普及，明太祖来自民间，饮法自然倾向于民间，所以，"罢造龙团，惟采茶芽以进"，就既是他个人的选择，也是时代使然。明太祖的这道诏令，在中国茶史上留下了重要一笔：它解放了茶加工中的诸多民力；它终结了唐宋以来饼茶、团茶独领风骚的局面；它使点茶法消失，冲泡法流行。对冲泡法，明朝人还给了它雅称"瀹饮法""叶茶法"，我们今天的泡茶法，就是从这时踏上了起点，正如明人沈德符《万历野获编·供御茶》所说："今人惟取初萌之精者汲泉置鼎，一瀹便啜，遂开千古茗饮之宗。"

冲泡法的流行，也捧出了宜兴紫砂壶。明人周高起的《阳羡茗壶系》，是第一部专论紫砂茶具的专著，这部论著指出："茶至明代，不复碾屑和香药制团饼……近百年中，壶黜银锡及闽豫瓷，而尚宜兴陶。"因茶是散泡，所以到明代时，像唐代法门寺那样的煎茶茶具、宋代点茶的建盏、"雨过天青云破处，这般颜色做将来"的汝瓷，就都退出实用历史舞台了。

紫砂胎土中富含石英、赤铁矿、云母等，这就使紫砂具有了特殊颗粒结构，紫砂胎质也因此拥有了良好的透气性。用紫砂壶沏茶，既不失茶色、茶香，茶味还醇厚弥香，并可避免茶水变质。紫砂壶适合冲泡福建产的乌龙、铁观音等半发酵茶，小小的紫砂壶，更与明代二三文人的雅聚相投。

散茶和冲泡，都使饮茶更方便、更自然了，而这也正契合了明中期兴起的王学思想。王学强调"率性而行"，它认为，遵循天赋的本性，就是合乎自然的大道。在王学的影响下，更在经济发展、财富累积的保证下，明代中晚期的一

备茶图,河北宣化辽张文藻墓壁画。画面右下有一茶碾,上方有一茶炉,炉上置一茶壶,炉前地上有一把扇子,红色方桌上摆放着茶盏等物,左侧放一多层茶具柜。此画反映了辽代晚期的点茶用具和日常用法

些文人,舒放性灵,清人伍绍棠的《长物志·跋》说,他们"以儒雅相尚,若评书品画,瀹茗焚香,弹琴选石等事,无一不精。而当时骚人墨客,亦皆工鉴别,善品题",品茗成了明代文人讲求生活情趣、追求灵魂自由的重要方式。

明代文人品茗,强调的是脱俗与闲雅。宋徽宗画笔下的雅集,依然是入世的,那工整的花木,巨大的茶案,一众的茶僮侍者,都彰显着雅集的讲究与排场。明代文人不同,陈继儒在《岩栖幽事》说:"品茶,一人得神,二人得趣,三人得味,七八人是名施茶。"这样做的目的,正如朱权在《臞仙茶谱》中说的,它讲究的是"志绝尘境,栖神物外,不伍于世流,不污于时俗"的境界。陈继儒、朱权等文人眼中的饮茶,都带着出世的绝尘之意。在明人的茶画中,"寒宵兀坐"、独自品茗,也是一个重要主题。

"志绝尘境,栖神物外",那茶室就要建在山林溪畔,品茗也要在自然中进行。关于建茶室,文震亨在《长物志·茶寮》中建议:"构一斗室,相傍山斋,内设茶具,教一童专主茶役,以供长日清谈,寒宵兀坐。幽人首务,不可少废者。"在这样的茶室中,耳听松涛,口啜香茗,一段幽趣自然生成,就像明人屠

[明] 文徵明《品茶图》，88.3 厘米 × 25.2 厘米，绢本，设色，台北故宫博物院藏。左侧草房内，两位文人在交谈、品茗；右侧小草房中，一位茶僮正在烧炉煮水。茶室建在林间山旁，屋前溪水流过，小板桥上，一僮拾柴归来。画中的茶室周边，与文震亨《长物志》对茶室环境的要求非常契合

本畯《茶解叙》说的："山堂夜坐，汲泉烹茗，至水火相战，俨听松涛，倾泻入杯，云光潋滟，此时幽趣，未易与俗人言者。"在山中林间烹茶品茗，是文人们回归自然、与天地为伍的绝妙形式，大画家沈周就在虎丘第三泉的松下煮茶，并赋诗一首《是夕命童子敲僧房汲第三泉煮茶坐松下清啜》："石鼎沸风怜碧绉，磁瓯盛月看金铺。细吟满啜长松下，若使无诗味亦枯。"正德十三年（1518）的清明时节，文徵明与王宠、蔡羽等六位文人，共赴无锡西郊惠山游春，他们在松石间烹茶啜茗、赏景游春，亲历者蔡羽在《惠山茶会序》中说："七人者环亭坐……识水品之高，仰古人之趣，各陶陶然不能去矣。"

剥去一切文化外衣，茶不过是大自然馈赠给人类的一种饮料。儿时的我们，在炎炎夏日的玩耍后，会惦记着家

[明]沈周《拙修庵》，册页，东庄图之一，28.6厘米×33厘米，纸本，设色，南京博物馆藏。画面描绘了一位文人在拙修庵中品茗的场景。拙修庵位于青松翠竹间，桌上摆放的图书，透出这处茶室的文人气象。东庄位于苏州东部，建于五代十国时期，明代时，成为当地人吴孟融、吴宽父子的庄园，江南士人多在此雅集

中桌上的那一大壶凉茶，凉茶穿过舌喉的快意，消散了身上的暑意，这也就是"开门七件事"的茶的基本功用吧。

茶被赋予文化内涵后，喝茶就变得复杂了。《红楼梦》中的贾府是富家巨室，他家的喝茶就更讲究了：黛玉初到贾府，"归了坐位。丫鬟送上茶来"，主仆在奉茶、受茶中，身份已彰明；饭前，贾母与黛玉等一众人闲谈，"说话时，已摆了茶果上来""饭毕，各有丫鬟用小茶盘捧上茶来……又有人捧过漱盂来，黛玉也漱了口，又盥手毕。然后又捧上茶来，这方是吃的茶"。大户人家不仅吃茶程序复杂，对茶的品种同样讲究，贾母去栊翠庵，妙玉奉茶，贾母说："我不吃六安茶。"六安茶在清代极名贵，是为清宫的贡品，清人杨巩编的《农学合编·林类》也称"六安州小岘春"是"茶之极品"。贾母的一句话，透出的是贾家的富贵。贾母最终喝的是妙玉奉上的老君眉："贾母便吃了半盏，笑着递与刘姥姥，说：'你尝尝这个茶。'刘姥姥便一口吃尽，笑道：'好是好，就是淡些，再熬浓些更好了。'贾母众人都笑起来。"喝惯好茶的人，能在柔汤中品出茶香，而习

[明] 唐寅《事茗图》，35.1厘米 ×105.8厘米，纸本，设色，故宫博物院藏。在悬崖、树石、溪瀑间，有茅屋数间，屋中，一位士人在读书，书案上摆着壶盏，旁侧小屋中，一位小僮正在烹茶，茅屋外的小桥上，一位士人拄杖而行，后面的小僮抱琴随行。画面左侧自题："日长何所事，茗碗自赍持，料得南窗下，清风满鬓丝。"此诗、此画，都道出了明代东南士人隐于山林、寄情书茗诗的绝尘生活

[明] 文徵明《惠山茶会图》，21.9厘米 ×67厘米，纸本，设色，故宫博物院藏。明正德十三年（1518）二月十九日，文徵明与好友蔡羽、王守、王宠、汤珍等同游惠山，他们在山间泉边汲泉烹茶、品茗赋诗。惠山位于无锡西北，以泉水著称，陆羽评惠山泉为"天下第二泉"，历史上的许多文人雅客，都推崇惠山泉烹制的茶饮

惯粗茶的人，味觉就常靠"浓"来刺激，茶的一"淡"一"浓"，喝茶者的贫富、高下立见。

讲究归讲究，贾家的喝茶，终究还是日常。而在宋朝的君臣、明代的文人眼中，茶就不仅是物质生活了，它是入世、出世、治国、修身的手段。宋徽宗

[明]仇英《玉洞仙源图》，169厘米×65厘米，绢本，设色，故宫博物院藏。群峰下、浮云间、林树下，有一处虚幻绝尘佳地，一位远离尘世的士人正在弹奏古琴，旁边，几位僮子在煮水、沏茶

视"致清导和"的茶为他的统治手段；文人、大臣们，也用茶彰显着为臣、做人的德操，茶对他们来说，同样是入世、修身的要件。明代时，世外高人、山林隐逸的茶人又别具一格，对他们来说，茶的意义与宋代文人不同，他们喜好林间的幽静茶室，与二三知己品茶论事、吟诗作画，以获取心灵的自由，也正是在文人的书画笔谈中，茶的韵味才会被真正获得，其中的道理，明人李日华在《六研斋笔记》卷一中说得明白："茶以芳冽洗神，非读书谈道，不宜亵用。然非真正契道之士，茶之韵味亦未易评量。"

《尚书·牧誓》说："牝鸡无晨。牝鸡之晨，惟家之索。"这就是儒家男主外、女主内的性别观，从中国的饮茶被上升为茶文化开始，君臣们就都特别强调茶的修身、经世功用，而身处闺中的女子们远离政治，即便用茶修身，也没有经世的机会；妇女们虽然也是日常茶饮的重要消费者，但茶文化的主流认识使她们远离中心，占据中国茶文化史中心的还是男性，这是与英国茶史迥然有异的。

第七章◎

"左祖右社，前朝后市"：中国古代的都城

说起生活得好，如今有些中国人常以房子、车子做标准。中国人勤劳，有奋斗目标，而在城里买一套自己的住房是重要的目标之一。当房子到手时，喜悦之情更是无以言表。这样的房子，已经不仅是住处了，它满载的是人的幸福与期待。

拥有房子的幸福，今人这样，古人也如此。"当时世界上最聪明的脑袋都在长安"①，这是学者对唐代长安城"精神财富"的评价，但就是这群"最聪明的脑袋"，也不是个个都在长安有房。韩愈（768—824）的大名人所共知，当代人称他是文学家、思想家、哲学家、政治家、教育家；明代人推他为唐宋八大家之首；同是八大家之一的苏轼，对他也极仰慕，在《潮州韩文公庙碑》一文中，苏轼对他的评价是："文起八代之衰，而道济天下之溺；忠犯人主之怒，而勇夺三军之帅。"就是这样一位受人景仰、文武双全、忠义兼备的大名人，也是多年在长安没有自己的房子。

韩愈是河南河阳（今河南孟州）人，唐德宗贞元三年（787）来到长安，准备参加科举考试；贞元八年（792），时年二十五岁的韩愈中进士第。来到长安后的三十年，韩愈都是租房居住，直到四十九岁时，他才最终在长安买下了一所宅子。韩愈有房后的喜悦，丝毫不亚于现代人，这位大文人即兴赋诗《示儿》："始我来京师，止携一束书。辛勤三十年，以有此屋庐。"宅子不大，但终是有了自己的所属居所，韩愈的兴奋感与成就感早已溢于诗外。

---

① 荣新江等著：《唐：中国历史的黄金时代》，生活·读书·新知三联书店 2021 年版，第 16 页。

住宅的精神意义，也是在后代慢慢被赋予的，早期的人类寻找、建造居处，只是为远离禽兽、御寒保暖。传说中的有巢氏，教民构巢而被民拥戴，《韩非子·五蠹》说："上古之世，人民少而禽兽众，人民不胜禽兽虫蛇，有圣人作，构木为巢以避群害，而民悦之，使王天下，号曰有巢氏。"阶级社会建立后，住房除基本的实用功能外，又被赋予了很多礼教、政治意涵，杜甫在《茅屋为秋风所破歌》中疾呼，"安得广厦千万间，大庇天下寒士俱欢颜"，不正是在借"广厦"，道出他向往安定生活的愿望吗？

韩愈像，故宫南薰阁藏

如今在买房时，房子的外部环境与内部结构，都是考虑的重点，古代的住房也同样受这些因素影响。古代时，城市文化发达，特别是都城，它是一国、一朝的权力所在地，其他大城市，也有乡村无法比拟的生活便利；而住房的形式、住宅的院落结构及内部家具、陈设，古时也都有一定之规。这样，在这一单元，我们就循着都城、住宅、室内的顺序，从外到内地来看看中国古人的"住生活"。

中国的历史悠久，历史名城众多，1982 年，经国务院批准的首批历史文化名城就有 24 个，像北京，它是离今天最近的古代王朝元、明、清的都城所在地，保留着众多的三朝文化古迹；西安是历史上十三个王朝的建都之地，十三朝中就包括了周、秦、汉、隋、唐等文化最繁荣的朝代；南京号称"六朝古都""十朝都会"，唐末诗人韦庄的《台城》一诗，描述的金陵图是："江雨霏霏江草齐，六朝如梦鸟空啼。无情最是台城柳，依旧烟笼十里堤。"这座江南古城，透

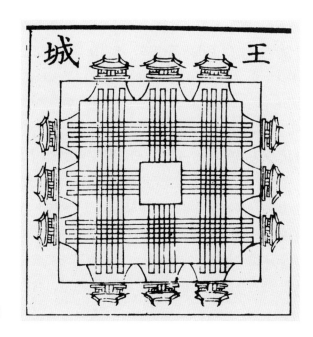

[宋]聂崇义《三礼图》中的王城图

出了与北方古都的不同气质。

都城是一个国家、一个朝代文明发展程度的重要标志，所以，它的建设历来受到高度重视。中国历史上有一个名篇《匠人营国》，说的就是城市规划，它说："匠人营国，方九里，旁三门。国中九经九纬，经涂九轨。左祖右社，面朝后市。"就是这短短的几句话，对中国历史上的都城建设产生了深远影响，汉、唐两代的长安城，明清的北京城，就都受这一规划理念的影响。

一 《匠人营国》的来龙去脉：《考工记》与《周礼》

《匠人营国》出自我国最早的一部手工业著作《考工记》，《考工记》记载的是手工业各工种的规范和制造工艺。"国"，就是都城建设，也是这部书记载的重要内容之一。《考工记》的身份十分显赫，它被纳入了经书《周礼》。

《考工记》和《周礼》的特殊关系是这样的。《周礼》并不是一部传承脉络清晰的著作，它被发现时，已经是汉代了。《周礼》最初称《周官》，原有天官、

地官、春官、夏官、秋官、冬官六篇，汉景帝时发现的《周礼》，《冬官》部分已经佚失，为了将六篇凑齐，汉人便将《考工记》补了上去，于是，《考工记》摇身一变，就成了《周礼》的一部分。儒家经典中有"三礼"之说，这"三礼"就是《周礼》《仪礼》《礼记》，"三礼"中，经学家们最重《周礼》，推它为"三礼"之首。这样，搭上儒家重典顺风车的《考工记》，顿时身价百倍，不但工匠们视它为经典，经学家们也皓首穷经地为它做着解释。

《考工记》大约成书于春秋战国时期，而《周礼》受到重视是到西汉末年了，所以西汉前的很多城市，并未依《匠人营国》所说进行建设。像齐国的都城临淄城，就是大城套小城，大城是平民的住宅区和活动区，小城位于大城的西南部，这里才是齐国的宫殿区。再有鲁国的都城曲阜，它不是方形的，而呈椭圆形；还有郑国、韩国先后建都的郑韩故城，城的中间有一道南北向隔墙，人称

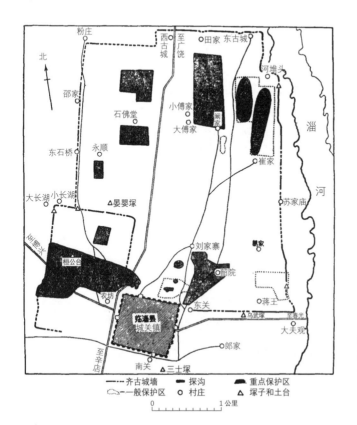

临淄齐故城探测平面图（山东省文物管理处：《山东临淄齐故城试掘简报》，《考古》1961 年第 6 期，第 289 页）

"分金岭""分国岭"，这堵墙将城市分为了东西两城，西城为主城（内城），宫殿建在这里，东城为外城，是百姓居住和进行商业活动的地方。

周代崇奉祖先鬼神，《礼记·哀公问》说，"民之所由生，礼为大"，宗庙祭祖是那时最重要的礼典。周代时，从君王到所有统治集团成员，几乎都有血缘或婚姻关系，通俗地说，这些统治者就是"一大家人"。在这"一大家"中，谁的地位重要，他的权力就大，在祭祀时被安排的位置就突出，所以，祭祀反映的其实是周代的等级秩序。祭祖的功能重要如此，宗庙自然就是最重要的建筑了，它就要建在都城最重要的地方。

进入春秋战国时期，诸侯争霸，"枪杆子里面出政权"，"溥天之下，莫非王土；率土之滨，莫非王臣"的传统政治，受到严重挑战。在这种政治形势下，建立在血缘基础上的周代宗庙礼仪制，也必然随之没落，天下不再为周王所独占，它的宗庙权力象征意义，也不再被人理会。诸侯的权力象征是宫殿，"宫殿在当时已对祖庙原来在都城里的至尊地位发出挑战和超越"[1]。这样，《匠人营国》说的那段话，就好理解了：宫殿要建在城市的中央，祖、社、朝、市要围绕它而建，"左祖右社"的宗庙，退到了宫殿后的次要位置。

二 "壮丽一朝进"：西汉长安城

汉长安城的营建，就显示了宫殿的重要。草根出身的刘邦，偶因乱世而成功业，他对礼是不感兴趣的。《史记·陆贾列传》记载了一个"马上得天下"的故事："陆生时时前说称《诗》《书》。高帝骂之曰：'乃公居马上而得之，安事《诗》《书》!'"刘邦说，天下是老子打出来的，跟《诗》《书》有什么关系。所以，在修建新都长安城时，先建宫殿的做法，恐怕很中刘邦的意。

西汉初建，定都问题提上议程，但以洛阳还是长安为都，大臣们的意见并

---

① 焦泽阳：《周"礼制"与〈考工记·匠人营国〉对早期都城形态的影响》，《城市规划学刊》2012 年第 1 期，第 116 页。

不一致，汉高祖刘邦也举棋不定。在经济不发达的年代，都城不仅是一国的政治中心，还是经济、文化、交通中心，并且还是军事重镇，所以，都城的选址与建设，就必然要与王朝的政治、社会走向联系起来。对于都城的选择，平民出身的娄敬献言刘邦，力主定都长安，留侯张良也向刘邦陈说关中的优越地理位置："金城千里，天府之国。"① 所谓"金城千里"，指长安地处关中平原的核心地带，这里南有秦岭，西有陇山，北为黄土高原，东有黄河，四面皆有天然地形屏障，易守难攻，"古之帝者……必居上游"，打开东面的关隘，又可顺流而扼中原和江南，控制天下。而"天府之国"，是说关中位于"八百里秦川"，水源丰沛，土壤肥沃，经济富饶，就像是上天赐给的一个大府库。"天府之国"现在常用来形容四川，但它最早是形容关中的。张良的这句话，也说出了历代定都关中的原因。公元前 202 年，刘邦采纳娄敬和张良的建议，定都长安。

定都之后，长安城的建设持续了两个多世纪，直到西汉末年，才告一段落。汉长安城位于今西安城西北，居渭河南岸的龙首原北麓，秦始皇统治的晚期，渭河南北两岸，就已是秦都咸阳的统辖范围，秦朝在渭河南岸，还建有一座规模宏大的离宫兴乐宫，它幸免于项羽的大火，这座离宫就是汉长安城最早的建筑。汉高祖七年（前 200），兴乐宫改造完成，更名为长乐宫，群臣迁入长安，并在长乐宫前殿举行了朝仪，就此，长乐宫就成了汉初的正宫所在。

之后，未央宫的修建又提上日程，它的建造由丞相萧何一手操办。未央宫位于长乐宫西，建造得非常宏大，以至于汉高祖刘邦见了都要发怒。《史记·高祖本纪》载，刘邦质问萧何："天下匈匈苦战数岁，成败未可知，是何治宫室过度也？"萧何的回答是："天下方未定，故可因遂就宫室。且夫天子以四海为家，非壮丽无以重威，且无令后世有以加也。"宫殿就是权力的象征，萧何的话毫不掩饰这层意思，宫殿不壮丽，怎么能显示出天子的威仪呢？这一番话，登时让刘邦高兴起来。唐人宋之问有诗《奉和幸长安故城未央宫应制》，诗曰："汉王未息战，萧相乃营宫。壮丽一朝尽，威灵千载空。"说的就是这件事。未央宫居

---

① ［汉］班固：《汉书》卷四十《张良传》，中华书局 1962 年版，第 2033 页。

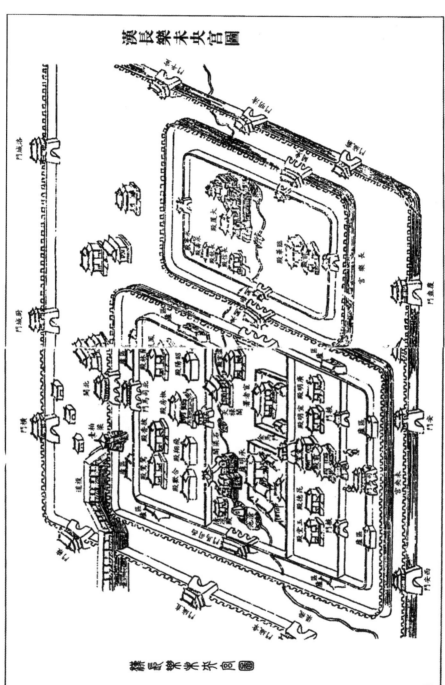

汉长乐宫未央宫图（［清］毕沅撰，张沛校点：《关中胜迹图志》二《图目》，三秦出版社 2004 年版，第 116—117 页）

长安城地势最高的西南角龙首原上，按照传统的说法，西南坤位，五行属（未）土，土属中心。所以，未央宫虽建在长安城的西南隅，但它代表的是地中央，故名"未央宫"，也就是中央宫。自惠帝开始，这所壮丽的宫殿，就成了西汉王朝的正宫。

宫殿建立了，惠帝时，便开始修建城墙，我们今天看到的汉长安城墙遗址，就是惠帝五年（前190）建成的。但就是这城墙，又引出了一个新的争论话题，那就是汉长城是否有"斗城"规划。所谓"斗城"，按《三辅黄图·汉长安故城》的说法是："城南为南斗形，北为北斗形，至今人呼汉京城为斗城是也。"从考古发掘看，汉长安城虽基本呈正方形，但形状并不规整，城墙的东段偏北、西段偏南，西墙南北两段错开，南城墙中部突出而像南斗，北城墙西北部分蜿蜒曲折又像北斗，因此也就有了"斗城"之说。但当初规划长安城时，是否就有过对星象的考虑，人们的看法并不一致。有人认为，这完全是后人的附会，城墙的形状是因地势而形成的；也有人认为，它就是建造长安城时效法天象的结果，用意是强调王城是宇宙的中心，皇帝是天子，他的权力是上天赋予的。

汉武帝时，长安城再次进行扩修。武帝之前，长安城中已有长乐宫、未央宫、北宫三座宫殿，武帝时，又在城里兴建了桂宫、明光宫，在城外修了建章

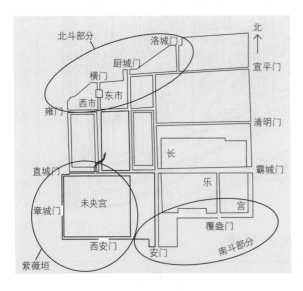

汉长安"斗城"示意图（陈喜波、韩光辉：《汉长安"斗城"规划探析》，《考古与文物》2007年第1期，第70页）

甲第，四川德阳出土汉画像砖拓片。画中是一个高大宽敞的宅门，中间有一大门，两边各一小门，两侧墙垣相连，宅内两旁种树

市井，四川广汉出土汉画像砖拓片。画面左侧有门垣，上题隶书"东市门"，门内侧的灶上有釜炊之具，一人正在灶前操作，并回首与后人呼应；中部和上部的六人正在交易；右侧一楼，上题隶书"市偻（楼）"，楼内有二宾主相对而坐，右侧冠服者或是市场官吏

宫，对未央宫和北宫也加以扩建。至此，汉长安城的规模基本确定下来，长安是那时的一座恢宏无比的大都市，它的城墙内面积约有 36 平方千米，现存的城墙可能只是小城部分，在小城的东北和北部，还有大郭部分，东汉卫宏的《汉旧仪》卷下说，汉长安城有"八街九陌，三宫九府，三庙，十二门，九市，十六桥"；《三辅黄图·长安城中闾里》也说，长安城"闾里一百六十，室居栉比"。这样，在西汉长安城内，宫殿、官府、街市、庙桥、闾里齐全，并且大型住宅小区竟多达 160 个！城里的居民区闾里与商业区也有严格区分。

至此，再回到《考工记·匠人营国》的那段话，我们看到，西汉的长安城大抵就是按它建造的：城市大致呈经纬相同的方形；四面城墙各有三门与城外驿道相连；城内街道为三车道，中间车道为御道；正宫长乐宫、未央宫位于城南，东市、西市位于城北。但到这时，还欠"左祖右社"的城市配置。

东汉以后，王朝的最高祭祀，一般在都城的南郊举行，皇帝亲至南郊，祭祀天地，礼敬百神，而这必须有礼制建筑做配套。南郊修建典礼用的礼制

建筑，起于西汉末年，至王莽当政时，明堂、郊祀、社稷、宗庙、陵园等建筑，已经集中建在了长安南郊一带，"左祖右社"——社稷坛位于皇宫之右、宗庙位于其左的格局，至此初步形成。祖、社的设置，早在夏朝时就已开始，崇奉祖先、讲究孝道，是古来的传统，所以帝王祭拜祖先的祖庙意义重大；社稷指代的是朝廷、国家，商汤灭夏后，要迁夏社，就是要表明商对夏的取代。

"秦中自古帝王州"，西汉之后，一些王朝继续沿用汉长安城作都城，隋朝建立后，另在附近建设了新都，至此，西汉长安城的使命完成。

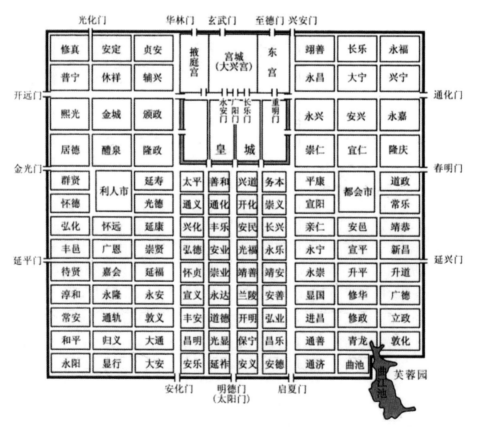

隋大兴城布局示意图（荣新江等：《唐：中国历史的黄金时代》，生活·读书·新知三联书店 2020 年版，第 41 页）

三　"九天阊阖开宫殿"：唐长安城

"九天阊阖开宫殿，万国衣冠拜冕旒"，这是唐人王维《和贾舍人早朝大明宫之作》一诗中的两句，诗中咏颂的巍峨大明宫，象征的是大唐帝国的强盛。唐朝是一个具有广泛世界影响力的帝国，它的都城长安，更是一座世界性大帝都。

但唐朝建立时，还没有大明宫。唐长安城是在隋大兴城的基础上发展起来的。公元 581 年，周静帝禅让，杨坚代北周而建立隋朝。隋朝刚建时，仍以北周的长安城为都城，而北周的长安城，沿承的就是汉长安城。开皇二年（582），考虑到长安城已使用了几百年，狭窄逼仄、供排水不畅，隋文帝于是决定放弃此城，而在汉、晋、北周长安城东南的龙首原另建新都。次年，新都建成，隋朝正式迁都，从动工到迁都，仅用时十个月。隋文帝在北周时被封为大兴公，所以，新都称大兴城，宫城称大兴宫，主殿称大兴殿。

隋文帝即位之初，政权还不稳固，南方尚未统一，所以新都的建设，就既显示了他的谨慎，也表明了他的雄心。隋文帝仍将新都建在汉长安城附近，是要谨守自己的大后方，之后再择机东进，统一全国；同时，大兴城的建设，也彰显了杨坚统一全国的决心，它要建造一座能与未来大一统相匹配的宏大都城，建成后的大兴城面积达 84 平方千米，城市之大，前所未有。

主持建设新都的是元老重臣高颎，而总设计师是时年只有二十八岁的太子左庶子宇文恺。宇文恺设计的这座城市布局规整，都城分宫城、皇城、外郭城三部分，它北枕龙首原、南跨重岗，依次由北向南展开。城市还以中轴线划分为了对称的东西两部分，这条南北中轴线总长约 7.5 千米，跨越了宫城、皇城、外郭城；宫城中的三大殿，就坐落在中轴线上；皇城中的祖、社、官府衙门，也都按照这一轴线对称建造。所以，南北中轴线既是一条建筑轴线，也是一条对称轴线。中轴对称的城市布局，起自曹魏的邺城，城市平衡布局的出现，反映的是中国封建帝王的至高权力，宫殿是城市的中心，帝王是城市的主宰。在隋朝的大兴城中，大兴宫首先控制了东西的东宫和掖庭宫，然后南向辖制皇

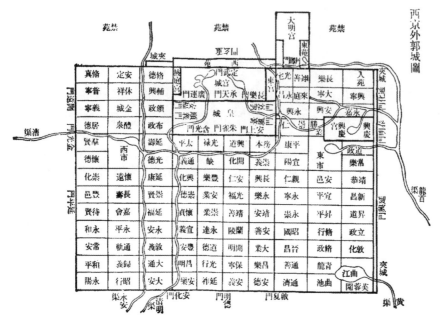

唐西京外郭城图
（［清］徐松撰，［清］
张穆校补：《唐两京
城坊考》，方言点校，
中华书局1985年版）

城，最终将权力的影响辐射到外郭城。

隋代的宫城大兴宫，位于城市的最北部，这与《匠人营国》的建城理念不同。宫城是皇帝、后妃、太子的寝居之处，也是皇帝处理朝政、举行大典之地。宫城分中、东、西三大部分，中间部分供皇帝寝居临朝，东部为东宫，是皇太子及妃嫔的寝所和理政之所，西为掖庭宫，是皇后妃嫔的居处。

汉长安城和隋大兴城分别位于龙首原的北麓和南麓，北麓相对平坦，南麓虽开阔，但起伏不平，这样，在隋大兴城内，就有西南、东北走向的六条冈阜，当时称"六坡"，位于城市中央的南北大街——朱雀大街就要跨过这些冈阜。对此如何做处理呢？《元和郡县图志·关内道·京兆府上》记："隋氏营都，宇文恺以朱雀街南北有六条高坡，为乾卦之象，故以九二置宫殿以当帝王之居，九三立百司以应君子之数，九五贵位，不欲常人居之，故置玄都观及兴善寺以镇之。"按此说法，宇文恺运用了《周易》的乾卦理论，将自然形成的六坡，纳入了大兴城的设计中。当然，就像汉长安城的"斗城"之说一样，这种说法也有说是后人的附会。不管怎样，这样的设计，最终带来了一个要命的问题，那就是大兴宫的地势低且潮湿，这样，唐朝入主长安后不久，大明宫的建设就被提上了议事日程。

公元617年，李渊攻克大兴城，次年，隋恭帝逊位，李渊即位，唐朝建立。唐朝仍以隋大兴城为都城，更名为长安城，作为政治中心的大兴宫、大兴殿，也改为太极宫、太极殿。

武德九年六月初四（626年7月2日），秦王李世民发动玄武门之变，两个月后，高祖李渊传位，李世民即位为帝。帝位的禅继，也带来了二人居处的调换。高祖李渊退位后，仍住在太极宫，李世民则在东宫的显德殿登基，并一直在这里办公、就寝。三年后的贞观三年（629），李渊才提出搬离太极殿，住进宏义宫，并将它改名为太安宫，这之后，太宗李世民才开始在太极殿听政。讽刺的是，这个宏义宫曾是秦王李世民的寝宫，《唐会要·宏义宫》记："初，秦王居宫中承乾殿，高祖以秦王有克定天下功，特降殊礼，别建此宫以居之。"这一进一出，多少有些尴尬。"为尊者讳"是中国古代修史的一个重要原则，为掩盖唐初这两位皇帝的尴事，《唐会要》接着记载说："高祖以宏义宫有山林胜景，雅好之……乃徙居之。"

太安宫位于宫城的西侧，到了夏天，同样也是潮湿闷热。所以，到太上皇晚年时，为了表达孝意，太宗就在宫城东侧的北郭墙外，为太上皇修建了一座离宫永安宫。次年，这所离宫改名大明宫，大明宫就此诞生！大明宫地当龙首原上，清爽宜人，住进去远比太安宫舒服多了。

唐高宗患风疾多年，后来严重到头晕、眼不能视，且百治无效，侍医秦鸣鹤曾提出"刺头微出血"的治疗方案，坐在帷中的天后武则天听后怒不可遏："此可斩，欲刺血于人主首耶！"[①] 因为疾患，住在低下潮湿的太极宫里，高宗就更感到不舒服，于是，他便开始大规模扩建大明宫。扩建后的大明宫，与太极宫分称东内和西内，"内"就是"大内""内廷"的意思，指皇帝寝居之处。从高宗起，

---

① ［后晋］刘昫等：《旧唐书》卷五《高宗纪下》，中华书局1975年版，第111页。

除玄宗之外的唐代皇帝，多以大明宫为主要寝宫和听政场所，只是遇到必须在太极宫举行的典礼时，才会回到太极宫，太庙、太社的建筑是靠近太极宫的。

大明宫在规模上与太极宫不相上下，但建筑的高大宏伟，又远超了太极宫。大明宫坐落在高处，走进大明宫的正门丹凤门，首先映入眼帘的，就是高台上威严耸立的含元殿，这里是元正、冬至等大型朝会及改元、大赦、册封、受贡等各种王朝礼仪举行之处，主殿高约 17 米，面宽 11 间。从这里，还能一眼望尽整个长安城，正如《长安志·宫室·唐上》所说："北据高原，南望爽垲，每天晴日朗，南望终南山如指掌，京城坊市街陌，俯视如在槛内。"除为皇帝的生活，大明宫的建造，还有政治标识作用，"在高敞之地建新宫，使城中某些地段可以远眺宫阙，也有壮都城观瞻、扬唐廷声威的意图"[1]，大明宫成了高宗之后的大唐王朝的国家象征。

唐玄宗不住大明宫和太极宫，而是住在兴庆宫。兴庆宫是在玄宗的"老宅"基础上修建的，玄宗李隆基的父亲李旦是武则天嫡出的小儿子，武周时，李隆基被封为临淄郡王，赐宅于长安城东垣下的隆庆坊（后避玄宗讳改名兴庆坊）。即位后的第二年，也就是开元二年（714），玄宗开始改建兴庆宫。与原来的王府相比，兴庆宫增大了很多，当初的王府只占有隆庆坊一坊之地，到开元十四年（726）时，兴庆宫已扩展到了北面的永嘉坊，并占了永嘉坊的一半，西面的胜业坊也被它占了一部分。玄宗在兴庆宫陆续开凿了龙池，修建了勤政务本楼、花萼相辉楼、沉香亭等殿宇宫室，使它成了一处独具特色的皇家宫苑。兴庆宫位于西内太极宫和东内大明宫的南面，所以又称"南内"。开元十六年（728）之后，玄宗就主要以这里为寝宫和理政场所了。说"主要"，是因为玄宗经常要去华清宫过冬，特别是天宝六载（747）之后，玄宗与杨贵妃更是长时间居住在华清宫，华清宫成了事实上的另一个政治中心。

对待皇家建筑，唐玄宗非常开明，兴庆宫在很多方面，都突破了过去都城

<hr />

① 傅熹年主编：《中国古代建筑史 第 2 卷两晋、南北朝、隋唐、五代建筑》，中国建筑工业出版社 2001 年版，第 313 页。

和宫城营城的理念：它是长安城东的一个政治中心，这就打破了长安城的均衡布局；它的正门不朝南开而朝西开；它的正殿不是三座，而是一座；宫内有若干多层结构建筑，像西南的勤政务本楼、花萼相辉楼；为保证皇帝出行，玄宗还建造了北通大明宫、南到曲江池的夹城。

杨贵妃进入玄宗的生活后，兴庆宫就是他们的主要居处，在这里也就出现过不少他们的佚事，"赏名花，对妃子"就是其中之一。《松窗杂录》记："开元中，禁中初重木芍药，即今牡丹也。得四本，红、紫、浅红、通白者，上因移植于兴庆池东沉香亭前。"人说牡丹是唐朝的国花，唐玄宗自然也喜欢它。天宝的某一天，牡丹花盛开，玄宗一时兴起，邀贵妃乘夜赏花。赏花要有乐，玄宗就"诏特选梨园子弟中尤者，得乐十六色"；有乐，还要有新词，"赏名花，对妃子，焉用旧乐词为？"正在宿醉的李白，接诏后进《清平调》三首，第三首曰："名花倾国两相欢，长得君王带笑看。解释春风无限恨，沉香亭北倚栏杆。"诗中的沉香亭，就位于兴庆宫的龙池东。人们将杨贵妃视为四大美女之一，又将"沉鱼落雁，闭月羞花"，分搭给了四位美女，"羞花"对应的就是杨贵妃，其意就是牡丹花在她面前也要黯然失色。

唐长安城中有不少湖泊泉池，曲江池就是其中最著名的一处园林，它位于长安城东南角。为了到曲江池游玩，唐玄宗特意从兴庆宫修了一个夹城到这里。此前，兴庆宫到大明宫的夹城已经修建，至此，南北两夹城相连，将长安城东部的宫殿与景区串联起来。曲江池是一处公共游赏区，皇帝、权贵、新科进士都会来这里游览。杜甫的《丽人行》有句，"三月三日天气新，长安水边多丽人"，这说的是杨家贵妇的出游曲江；孟郊《登科后》的"春风得意马蹄疾，一日看尽长安花"，写出的则是新科进士从杏园到曲江游览时的志得意满。

宫城的南面是皇城，它是中央衙署所在地，没有民居。皇城由中央的承天门街为主轴，左右对称，各官府的分布既以宫城为坐标，也以功能做准绳。中书、门下、尚书三省，是唐朝最重要的权力机关，中书省负责起草诏书，门下省审核，尚书省执行。作为中枢机构，中书、门下两省无疑要靠近宫城，以便接受皇帝的旨令，所以，这两省就被安排在了皇城最北的中轴两侧；尚书省负

城门与殿堂，莫高窟第197窟壁画，中唐。此画描绘的是"未生怨"故事中的王舍城，它是国王的宫城。宫城正门上有城楼，下有三个门道，门旁有人值守。宫城内有殿堂，宫院之间有城墙和城门，戒备森严。唐代宫城是帝王的所在，城门也是设防的重点

责政令执行，它和治下的六部，经常要与九寺、五监等其他机构打交道，这样，尚书省就处于皇城的中央。十六卫遥领天下折冲府、掌管诸门禁卫、做皇帝的仪仗部队，是最重要的武装部队，所以，它们或近于宫城，或居于中轴主街两侧。太子是皇位的继承人，地位特殊，东宫位于宫城的东侧，相应地，它的隶属机构如左、右春坊等，也设在了皇城的东北，以就近联络。还有鸿胪寺，它掌管的是民族事务和外事接待，这样，它的衙署就被安排在了丝绸之路进入长安的近处，这个问题留待叙述两市时再详说。祖庙和社稷坛也设在皇城中，它们按《匠人营国》的"左祖右社"进行安排，分别设于皇城南垣的东西两侧。

皇城再往南、往外，就是外郭城了，这里分布的是居民区和东、西两市场。外郭城四面开门，东西、南北城门相对，中间以大道相通，形成了

三横三纵的主要干道，统称为"六街"。从皇城南墙居中的朱雀门向南到外郭的明德门，是纵贯南北的朱雀大街，它将长安城分为了东西对称的格局，朱雀大街宽达155米，是皇帝南郊祭天时的必经之路，祭天时的队伍人数可达上万人，所以就是155米宽的道路，也会出现拥堵。

外郭城有14条东西向横街和11条南北向直街，除宫城、皇城、两市外，这些纵贯四方的大街，将外郭城划分为了108坊（唐长安城的坊数前后有变化），这种布局被称作棋盘式布局，也就是白居易《登观音台望城》说的，"百千家似围棋局，十二街如种菜畦"，简称为"畦分棋布"。坊又称"里"，通称"里坊"，是为居住区。坊有坊名，比如平康坊、宣阳坊，等等。各坊的面积大小不同，小的约一里见方，大坊则成倍于小坊。坊的四周有高大围墙，墙上开门，除皇城南的四坊为避免冲了宫阙王气，而只开东西两门外，其他各坊都开四门。坊内有宽约15米的东西横街或十字街，再以十字小巷将全坊分成16个地块。

唐长安城实行宵禁，坊门、市门要按时关闭，以防范、打击犯罪，保障城市安全。宵禁以鼓声为准，每早五更二点（夏时制）或五更三点，宫城正门承天门的晓鼓声起，接着"六街鼓"（"冬冬鼓"）响，各坊、市门打开，鼓响三千下停止；日暮时分，鼓响八百下后，坊、市门关闭。宵禁后，如有"犯夜"，判笞刑二十，如是紧急公务或吉、凶、疾病等事，不算犯禁。

宵禁制度下，唐代长安人的生活就受到了很多限制。像在唐传奇《李娃传》中，情浓意蜜时的郑生和李娃住在平康坊，钱财挥霍尽后，郑生被骗到宣阳坊，当郑生意识到被骗时，便想立刻返回平康坊一探究竟。但此时，时间已晚，即使相邻的两坊，进出坊门也已不可能，所以，郑生只得在宣阳坊租了个床位，混过一晚。另一部唐传奇《任氏传》中，郑六与名系教坊的任氏相遇，并留宿了任氏家。次日凌晨，任氏说要入宫值班，所以晨鼓未响，就催着郑六离开，郑六来到坊门边，等待鼓响门开，恰巧，旁边有一家胡饼店正要张灯烧炉，郑六就在这里暂歇了下来。

前面谈到，古人的观念是西南代表地的中央，但到宇文恺建大兴城时，那些坤位、未土的观念早已模糊，只是以西为贵的思想，还仍然被人看重，所

城与里坊，莫高窟第 85 窟壁画，晚唐。在画面的《华严经变》里，华严城居于莲花中，被城门和城墙所环绕，城内划分成棋格状，每一格为一里坊，这是仿照唐长安城绘出的华严城

以，隋代的大兴城，还是贵人多住街西。像主持营建新都的高颎，他是隋文帝时当之无愧的重臣，据《隋书·高颎传》，"高祖受禅，拜尚书左仆射，兼纳言，进封渤海郡公，朝臣莫与为比""当朝执政将二十年"。这位主持建城又有住宅选择权的重臣，就将他的住宅选在了靠近外郭城西北门开远门的熙光坊内。

唐高宗以后，由于大明宫和兴庆宫的启用，官员的宅邸开始向街东转移，唐朝的长安城，逐渐形成了官员在街东、百姓在街西的布局，一转隋代的布局。从东市周围到大明宫以南各坊，由于生活方便、上朝就近，更成了许多官员建宅的首选之地。宣阳坊就是这个区域中的重要一坊，它位于朱雀街东第二街，皇城南横街向南第二坊。除了生活和上朝的方便，宣阳坊所处的地形也极佳，它居高地之上，避免了低处的潮湿、积涝、闷热。具有诸多优势的宣阳坊，吸引了许多权贵的目光，像杨贵妃的三姐虢国夫人、堂兄杨国忠、大将高仙芝，都在宣阳坊有大宅。宣阳坊离玄宗住的兴庆宫很近，杨国忠住在这里，上朝方便，唐朝的早朝时间早，按杜甫的《奉和贾至舍人早朝大明宫》，就是"五夜漏声催晓箭"，早朝在五更五点就要正式开始；而虢国夫人与玄宗的关系亲近，张祜的《集灵台》说，"虢国夫人承主恩，平明骑马入宫门"，因距离宫城近，所以在黎明时分，虢国夫人已从她的宣阳坊大宅进到了宫中。另外，名将郭子仪的大宅在亲仁坊（位于朱雀街东第二街，皇城南横街向南第三坊）。

韩愈在长安城买的那所宅子位于靖安坊（朱雀街东第二坊、皇城南横街向南第五坊），这所宅子的位置好坏如何呢？人们对长安城内坊的评价，除了"西富东贵"外，还有"南虚北实"，韩愈的宅子位于街东，这一点看似不错，只是它靠近"南虚"的范围。关于"南虚"，《长安志·唐京城》说，"自朱雀门南第六横街以南，率无居人第宅"，城南诸坊"虽时有居者，烟火不接，耕垦种植，阡陌相连"。靖安坊南就是第六横街，韩愈的宅子虽未被划入烟火不接的城南诸坊，但是紧挨人烟稀少之地。白居易几出几进长安，也一直是租房而居。贞元十九年（803），白居易应吏部拔萃科中第，被授从九品上的校书郎，官小禄微，只能在长安租房住，"茅屋四五间，一马二仆夫""窗前有竹玩，门外有酒沽"[1]，这是白居易在长安租住的开始。直到穆宗长庆元年（821），白居易才在新昌坊买下了一处住宅，此宅位于城东墙边、皇城南横街向南第四坊，地理位置也不算太好，但一如韩愈，白居易在终于有了自己的住宅后，也非常兴奋，他的诗歌《卜居》云："游宦京都二十春，贫中无处可安贫。长羡蜗牛犹有舍，不如硕鼠解藏身。且求容立锥头地，免似漂流木偶人。但道吾庐心便足，敢辞湫隘与嚣尘。"晚年的白居易，住在他的洛阳履道里第，那所宅子遍布池竹、花木、石莲、亭舫，在那里遇到经济困难时，白居易还动过卖掉新昌坊宅的念头，这在他的《诏授同州刺史，病不赴任，因咏所怀》中提到过，"卖却新昌宅，聊充送老资"，但最终还是没舍得。

宏大的唐长安城，容纳了众多人口，据估计，唐长安城的总人口数可能达到了百万。城中的东市、西市，是解决居民生活的两个重要商业中心。东市（隋时名都会市）、西市（隋时名利人市）各占两坊之地，它们北临皇城南横街，而这条南横街是连通东、西的城市干道，既便于货物进出，也利于居民购物。当然，长安城的人口众多，仅靠两市是不能满足居民日常需要的，所以，很多坊

---

① ［唐］白居易：《白居易集》卷五《常乐里闲居，偶题十六韵，兼寄刘十五公典、王十一起、吕二炅、吕四颖、崔十八玄亮、元九稹、刘三十二敦质、张十五仲方》，顾学颉校点，中华书局1999年版，第91页。

胡人牵夫俑和载物骆驼，唐郑仁泰墓出土。骆驼被誉为"沙漠之舟"，是丝绸之路的象征符号。"胡人"和"骆驼载货"的组合，反映的是不同国家和地区的商品交流、信仰传播和不同文明的碰撞，它也孕育出了以胡汉交融为特色的唐文化

内都开有酒肆、胡饼店等小商铺，居民日常所需的粮、菜、柴炭等，都可在坊内就近解决，像上面说的郑六一早歇息的胡饼店，就是一个例子。

在唐长安城"西富东贵"的布局下，东市、西市周边的人群和环境也有不同，两市逐渐发展出了各自的特色。东市附近官宦人家多，外地进京的官员、举子也落脚于此，这样，东市的消费档次就相对更高。在西邻东市的平康坊，还出现了大型风月场所北里；平康坊北邻的崇仁坊，有为地方官员和旅人提供留宿的客栈街；东市周围各坊，还聚集着各道或藩镇的驻京办事处。西市的主要服务对象是平民，所以，市场中就多小商小贩，商业业态也更丰富、烟火气更重。西市的异域特色也更明显，长安城西北的开远门是唐代丝绸之路的东方"零地点"，沿丝绸之路东来的胡人进入长安城后，一般都会就近住下来，聚集在西市及周围各坊。西市还是丝路贸易的最大集散地，经此，唐朝向各国输出丝织品、铁器、茶叶、纸等，从外面输入骏马、宝石、香料、药材等。西市胡商的珠宝、酒肆的胡姬，都有着极响的名头，李白赋诗《少年行》咏胡姬："五陵年少金市东，银鞍白马度春风。落花踏尽游何处，笑入胡姬酒肆中。"长安西市酒肆中的胡姬，对京城富家子弟有着巨大吸引力。

西域商旅, 莫高窟第 45 窟壁画, 盛唐。画上的六位商人高鼻深目、留大胡须, 他们身穿各种颜色的汉式圆领大褠衣, 脚穿乌皮靴, 头戴高尖顶白毡帽或布缠头, 这种胡汉搭配的穿着, 显示了西域的民风

吐蕃赞普和各国王子图, 莫高窟第 237 窟壁画, 中唐。左一是身穿左衽素色藏袍的吐蕃赞普, 右侧是各国王子, 其中有罗马王子、阿拉伯王子等。此画反映了丝绸之路上的东西文明交融

在唐代的中央官署中，鸿胪寺主管民族与外事事务，唐朝是世界性大帝国，与周边民族和其他国家联系广泛，鸿胪寺负责接待来访者，如各蕃国的首领和质子，各国求学的留学生、僧侣，各地区各国家的使者等。鸿胪寺有专门的客馆和免费的廪食，按来访者身份的高低，为客人提供食宿。鸿胪寺负责的是外事，它要靠近当时中外来往最多的丝绸之路，要靠近西市和胡人聚集区，这样，鸿胪寺和鸿胪寺客馆，就被设在了皇城的西南，以就近处理相关事务。

唐朝末年，历经战乱，长安城最终毁于朱温之手。《资治通鉴》卷二六四记，天祐元年（904），朱温逼唐昭宗迁都洛阳，"毁长安宫室、百司及民间庐舍，取其材，浮渭沿河而下，长安自此遂丘墟矣"。建城321年的隋唐两代都城，至此寿终正寝。

人说唐长安城是为皇权而设计，布局上的方整划一，体现的是皇权的神圣；管理上的里坊制和宵禁制，保障的是皇家都城的安全。对百姓来说，封闭的里坊限制了自由，制约了商业发展。随着唐后期经济的发展，冲破原有的里坊布局，就成了必然趋势，这一发展的结果就是北宋的开封城，它已没了坊门和坊墙。

四 "内跨中原，外控朔漠"：明北京城

离京到其他地方时，常有人和我聊起北京，没来过北京的人说："这辈子一定要去趟北京。"来过的人则说："到北京旅游真是吃不好、住不好。"北京是首都，各地的人们都希望来北京看看天安门，游览一下故宫、颐和园，但北京太大，人多车多，游个北京的确不易。

北京的建都历史悠久，早在春秋时期，它就是燕国的都城。后来，辽的南京、金的中都，都设在这里，而到大一统后的元大都和明清北京城，更使北京成为历史上的重要都城。天安门、故宫、颐和园、八达岭长城，是北京的著名古迹，也是明清两朝为我们留下的重要历史遗物。明清北京城，由明成祖兴

建，它是另一座典型的封建王朝都城。关于明清的北京城，我们先从此前的元大都说起。

（一）天子居中以控四方：元大都的建立

唐天宝十四载（755），范阳节度使安禄山起兵反唐。范阳节度使又称幽州节度使，治所设在幽州（范阳郡，今北京西城区 [原宣武区]），它是唐玄宗天宝时拱卫边防的十节度使之一，也是唐后期著名的割据势力——河朔三镇之一。唐朝的幽州虽然不是都城，但它与唐王朝的兴衰和之后的中国社会走向，都有密切关系。《元史》的修纂者，早就洞察到了这一点，所以他们在《元史·地理志一》叙述元大都历史时，就从唐幽州开始，"大都路，唐幽州范阳郡。辽改燕京。金迁都，为大兴府"。

历史上，幽州的地理位置极为重要，它地跨游牧、农耕两个经济区。对中原王朝来说，这里是通往东北的门户，也是抵御北方民族南下的前沿阵地之一，唐朝设置幽州节度使，为的就是防范东北奚、契丹的威胁。后晋石敬瑭割燕云十六州给辽国，使后来的宋朝在北方无险可守，因此遭受威胁达 160 多年之久。而从北方民族的角度看，他们进入中原，就要找一个合适的地方做都城，这个地方既要是中原重镇，又不能离故地太远，综合衡量，北京是最符合这些条件的。

辽朝的南京设于幽州。契丹早年居住在潢水（今内蒙古西拉木伦河）南、黄龙（今辽宁朝阳）北，辽朝建立后，实行五京制，上京临潢府（今内蒙古巴林左旗林东镇）为其都城，其他四京为陪都。位于幽州的南京析津府，人称燕京，石敬瑭割幽云十六州后，辽太宗为有效控制这些地方，便升幽州为南京。辽南京的建立，是燕京走向全国政治中心的第一步。

1115 年，金朝在上京会宁府（今黑龙江哈尔滨阿城区）立国。之后，一路向南，尽占辽朝故地，生俘宋徽宗、钦宗父子，灭亡辽和北宋两大王朝。随着军事的向南推进，金朝的政治、经济重心也开始南移，贞元元年（1153），海陵王完颜亮迁都燕京（今北京），改称中都，中都作为金朝都城共计 61 年。

1260 年，忽必烈在开平（今内蒙古多伦县西北）称帝，至元八年（1271），

建国号为元，次年迁都大都（今北京）。忽必烈的迁都背景复杂，1259年，蒙古国大汗蒙哥去世，忽必烈与弟弟阿里不哥争夺汗位，二人分别在开平和哈拉和林（位于今蒙古国中部）先后称汗，双方鏖战，阿里不哥不敌兄长，最终投降。哈拉和林地处蒙古高原中心，是蒙古帝国的第一座都城，也是蒙古游牧贵族集团坚守的政治中心，还是13世纪中叶的世界中心。忽必烈在成为大汗之前，曾做过漠南军政总管，那时的他，就坚持推行汉法，这也使他与那些保守的蒙古贵族产生了不可调和的矛盾，他与阿里不哥争夺汗位的背后，就是这两种势力的较量。最终，忽必烈为躲避草原势力的打击，也为推行汉法、控制中原，决定将都城由开平南迁。据《元史·霸突鲁传》的记载，对于定都幽燕，忽必烈的谋士曾给他做过分析："幽燕之地，龙蟠虎踞，形势雄伟，南控江淮，北连朔漠。且天子必居中以受四方朝觐。大王果欲经营天下，驻跸之所，非燕不可。"在谋士们大一统的眼光下，幽燕最具外控草原、内制江淮的条件，草原是蒙古的根基，江淮则是王朝的经济命脉。

这样，大都就成了元朝的唯一都城，而这也奏响了北京作为大一统王朝都城的序曲。

（二）龙潜之地与天子守边：明朝的定都北京

北京是明朝大半时间里的都城，但明朝定都北京的过程漫长、曲折。

自建国之初，明朝就奉行两京制或三京制。洪武元年（1368），明太祖朱元璋下诏设两京，"以金陵为南京，大梁为北京"[①]。次年，明太祖又将他的老家临濠（今安徽凤阳）列入都城，大建城池宫苑。由此，明代就出现了两京（南京、北京）、一都（中都）的三京制。几年后，明太祖决定罢建中都。至洪武十一年（1378），明太祖下诏改南京为京师。至此，踌躇了十年之久的明朝首都正式确立。不过，南京的地位并不稳固，直到明太祖去世前，一直都有迁都的想法。

---

① ［明］王世贞：《弇山堂别集》卷六十六《巡幸考》，魏连科点校，中华书局1985年版，第1231页。

南京紫金山明太祖孝陵

清初谷应泰的《明史纪事本末》卷十说，明初，"元亡而实未始亡"，北元仍有着强大实力，地处三吴核心的南京虽有财赋、经济优势，但对统驭长江以北的广阔领土来说，却有鞭长莫及之感，明人李日华的《官制备考》卷上就说："天子都金陵，去塞垣远且万里，近且数千里，虏出没塞下难制。"为解决北方边防问题，明太祖"于是酌周、汉，启诸王之封"，四子朱棣被封为燕王，就藩北平。但明太祖试图以封藩弥补定都不利的结果，却是"骨肉相残"。

建文元年（1399），燕王朱棣挥师南下，讨伐皇侄建文帝，三年之后，建文帝下落不明，朱棣登基于南京，是为明成祖永乐皇帝。永乐帝即位伊始，就开始提升他的龙兴之地的地位，他接受礼部尚书李至刚的建议，升北平为都城，改名为北京。这个决定与永乐帝的个人经历有关，但更是历史的选择。北平是朱棣起家之处，是他觊觎皇位的基础，而他在南京发动的靖难之役，则颇有些名不正、言不顺，所以对他来讲，无论是从情感还是从根基上，北京都是最好

的选择；更重要的是，在"元人北归，屡谋兴复"①的现实面前，"天子守边"是大一统的需要，定鼎北京，也将从根本上扭转政治中心与军事重心分离的局面。

永乐四年（1406），营建北京的大幕拉开，永乐帝分派大臣到各地采办木材，建木厂、石厂、砖瓦厂，这一准备就是十年。建都期间，征调工匠 23 万，应召到北京服役的兵民，更达上百万。北京的营建，一切比照都城南京，明代薛应旂的《宪章录》卷一九记，"凡庙社、郊祀、坛场、宫殿、门阙，规制悉如南京，而高敞壮丽过之"。永乐十八年（1420）冬，北京的宫殿告成，外朝以奉天、华盖、谨身三大殿为主②，《明史·舆服志四》记宫中"通为屋八千三百五十楹"；十九年（1421）正月初一，永乐帝在奉天殿举行了隆重的迁都大典，并宣布北京各衙门取消"行在"二字，应天各衙门皆加"南京"二字，这样，北京正式成为明朝的首都，南京降为陪都。

修建北京城的同时，还开通了从南到北的漕运，南方的经济中心与北方的政治、军事中心，得以相连。

明成祖朱棣像轴，杨令茀摹，绢本，设色，347 厘米 ×176 厘米，故宫博物院藏

---

① ［清］张廷玉等撰：《明史》卷九一《兵志三》，中华书局 1974 年版，第 2235 页。

② 明嘉靖四十一年（1562），三殿改称皇极殿、中极殿、建极殿；清顺治二年（1645），再改称太和殿、中和殿、保和殿。

紫禁城三大殿全景图

今天的北京，还留有许多营建北京时的记忆，比如，著名的文化街琉璃厂，就是当时烧制琉璃瓦的地方；崇文门外的台基厂，是为木构件的预制加工而设；西单附近的大木仓胡同，是存放木材之处。

永乐帝的定都北京，也同样存在变数，在他之后，北京和南京的都城与行在位置，也同样出现过互换，直到英宗正统四年（1439），北京的京师位置才最终确定下来，从建国之初至此，都城问题已摇摆了七八十年。即便如此，直到明朝灭亡前，迁都北京的得失，都一直存在争议，但凡北京遇到风吹草动，总会有人提出南返的建议。

从事后的历史看，永乐帝定都北京，使北京在大一统国家中占据了中心地位，明朝最严重的边患来自北方，倾全国之力，保都城平安局面的形成，有利于维护国家统一。清朝继承明朝，仍以北京为都城，这对清朝统一的多民族国家的发展，也有重要意义。

佚名绘《北京宫城图》，绢本，设色，163厘米×93厘米，中国国家博物馆藏。
此图为明初北京城俯瞰图，图的最下方是北京城墙和丽正门（后改名正阳门），
往上依次是大明门（今已不存）、承天门（今天安门）、端门、午门、奉天门（今
太和门）和玄武门（今神武门）。承天门外有金水桥、华表和石狮。金水桥边
站着的红袍官人，可能是紫禁城的主要设计者蒯祥（1398–1481）

[明] 佚名绘《朱瞻基行乐图》卷（局部），绢本，设色，36.7厘米×690厘米，故宫博物院藏。此画描绘的是明宣宗朱瞻基身着便服在御园观赏体育竞技表演的场面。画面自右至左依次为射箭、蹴鞠、马球、捶丸、投壶，生动表现了当时宫中的文娱活动。此段是其中的投壶场景

（三）紫禁城与四九城：明代北京城的布局

明代北京城是在元大都基础上改建的，洪武元年（1368），明军攻入元大都，改大都为北平府；洪武三年，朱棣被封为燕王；次年，徐达修复元大都城，将城北五里空旷处划出城外；永乐十七年（1419），又将北京城向南拓展。明朝中期，鞑靼势力强盛，明朝边患严重，世宗朱厚熜采纳大臣建议，加筑外城，用以增强北京城的防卫，但因工程浩大，在仅完成南城部分后，就宣告结束，所以，北京城自此就有了独特的"吕"字形状。

改建后的北京城，从内到外有宫城、皇城、内城和外城。宫城即紫禁城，它是明清两朝的皇宫。宫城内部建筑分外朝、内廷两部分，以"前朝后寝"做布局。紫禁城有四门，南为午门，它是紫禁城的正门，北为神武门，东为东华门，西是西华门。

宫城外是皇城，它由红墙黄瓦围就，四面各开一门，南是承天门，北为地安门，东是东安门，西为西安门。皇城外是内城，内城开几门，北京有俗语"四九城"，指的就是皇城的四座城门和内城的九座城门。内城之南是外城，外城开七门，与内城相接的东西转角处，又设两小门，东为东便门，西为西便

门。北京方言重儿化音，但儿化音的使用有讲究，在称大门时，不能带儿音，说小门时，则必带儿化音，所以，称北京皇城、内城、外城的大门时，不能带儿化音，而说东便门、西便门等小门时，就要说"东便门儿""西便门儿"，在说北京城门时，这东、西便门是仅有的两个带儿音的城门。

明朝是专制主义中央集权走向高峰的时期，北京城的建设，就要充分体现皇权至上、皇帝至尊的原则。紫禁城是皇帝处理政务、举行大典、颐养寝息之处，在礼制思想下，它是天下的中心，更是北京的核心。北京城有一条纵贯南北、长达 8 千米的中轴线，整个城市依它布局，紫禁城横跨中轴，象征最高权力的主体建筑和标志性建筑，也都被安排在这条线上，特别是奉天殿宝座，更处在这条线的中心位置上，这里也是整座城的中心点。

明代北京城的宫殿（宫城）居中，符合《匠人营国》的设计理念，由它，再延展其他城市功能。像"左祖右社"，太庙、社稷坛设于紫禁城午门前两侧皇城内，太庙居东，社稷坛位西。除此之外，北京的设计者也没有忘记"国之大事，在祀与戎"的古训，又兴建了天坛、地坛、日坛、月坛、先农坛等祭祀场所。中央各衙署居承

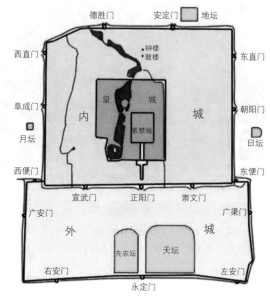

北京内城、外城示意图。内外城共有"内九外七"16 座城门

[清]王翚等:《康熙南巡图》第十二卷, 绢本, 设色, 全卷67.8厘米×2612厘米, 故宫博物院藏。此段描绘了康熙帝回銮京师时的天安门前场景

天门(后称天安门)外, 以符合"前朝"的规制。承天门前是"T"字形广场, 广场向南凸出的部分接大明门(清朝时称大清门, 原址位于正阳门北、人民英雄纪念碑南、毛主席纪念堂一带, 是明清两朝的国门象征), 广场两侧建千步廊, 千步廊后是中央衙署所在地, 各衙署对列于东西两侧。

　　元代的大都是全国最大的消费中心, 它的商业中心区, 位于大内延春阁(今景山)后的斜街鼓楼一带, 这也显示了元大都城"前朝后市"的设计理念。明朝时的北京, 商业区突破了元大都的布局, 呈现了"遍地开花"局面。明朝时, 由于北京运河漕运的改变, 元朝曾盛极一时的积水潭大运河码头转向萧条, 鼓楼前的商业繁荣也开始沉寂, 其他的商业中心则开始崛起。大明门与正阳门之间有一条横街称"棋盘街", 它靠近"国门", 又是东西两城往来的重要通道, 所以, 它在明朝时成了北京城的重要商业街区, 明人蒋一葵的《长安客话·皇都杂记》载: "大明门前棋盘天街……府部对列街之左右, 天下士民工贾各以牒至, 云集于斯, 肩摩毂击, 竟日喧嚣, 此亦见国门丰豫之景。"此外, 在正阳门外和东四牌楼、西四牌楼, 还有外城和东西城的三个主要市场。再者, 北京还有许多集市, 像东安门的内市, 还有庙会、灯市等, 它们都会定期开市。

清末大清门内的宫廷广场、中心御道和东西两侧的千步廊

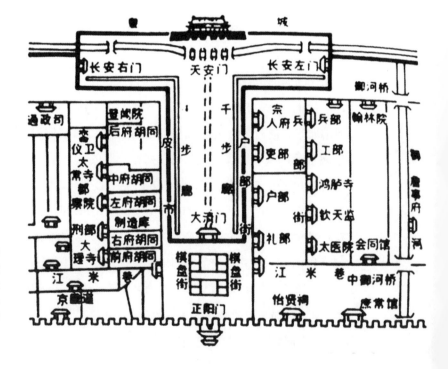

清代天安门图（同济
大学城市规划教研室
编：《中国城市建设
史》，中国建筑工业
出版社1982年版，第
80页）

汉代彩绘木雕博戏俑，武威磨嘴子汉墓出土，甘肃省博物馆藏。两位老者正在玩博戏，战国到汉代博戏盛行，齐临淄城中的百姓就好玩博戏，六博（又称陆博）是城市百姓的日常娱乐之一。春秋战国时，齐都临淄是座大城市，城市中的百姓生活丰富而适意，《史记·苏秦列传》记："临淄之中七万户……临淄甚富而实，其民无不吹竽鼓瑟，弹琴击筑，斗鸡走狗，六博蹴鞠者。"

明北京城的居民区位于内城和外城，达官贵人、富商巨贾住内城，外城主要是平民居住。明北京城依然承袭着唐代里坊制，永乐时，北京城被划为中、东、西、南、北五城，五城下辖37坊，但这时的坊已无城墙，只行使基本的行政职能。市内的主干道和小街道，将城市划分为无数相对独立的空间。小街道、也就是我们常说的胡同（原作"衚衕"，源于蒙语所称小巷道），遍布内外城，据记载，明代北京内城的胡同有900多条，外城300多条。

清朝也以北京为都城，从1644年到1912年，清朝在北京的建都时间长达267年。清朝几乎完全承袭了明朝的北京城，对北京，清初的康雍乾三代，主要做的是在城外营建皇家苑囿，这就是著名的西郊园林风景名胜"三山五园"，也即万寿山清漪园、香山静宜园、玉泉山静明园、圆明园、畅春园（位于今圆明园南、北京大学西）。"三山五园"是清朝皇帝的行宫，是皇帝休养、处理政事之处。康熙帝在畅春园去世；雍正帝多住圆明园，他在这里建宫殿、设重要值房，"避喧听政"，最后逝于圆明园。

都城是皇权的象征，在设计、布局、管理上，都要符合皇权至上的原则，"前朝后市，左祖右社"，都是依帝王的宫殿而定位。但都城也是皇帝的居住地，感到宫殿住着不舒服时，他们也会变换宫殿或到行宫居住、休息；都城还是官、民、商、兵生活的地方，都城的设计从皇帝至尊，到稍微让位于百姓生活——像坊墙的取消，都体现了生活于城市中的人对城市的"改造"，所以，城市是死的，城市中的人是活的，这才叫都市生活史。

第八章

二十亩宅院和百口之家：唐代的住宅

在中国古代，无论是住宅还是家具，从不是单纯物质性的，都被赋予了不同精神内涵。大家都坐过明清硬木椅吧，与现代的沙发、软椅相比，硬木椅坐起来并不舒服，但即便如此，明清时有身份的人们照样端坐其上。这当然不是因为那时的人感觉迟钝、手工技术差，而是他们与现代人对家具的认识不同，说白了，在某种意义上，那时的椅子，就是让人坐着不舒服的，唯有如此，人们才能"正襟危坐""站有站相，坐有坐相"。古代住宅的道理也一样，它不像现在，是工作之后的自在港湾，能躺着绝不坐着。宅是家的物质前提，有了空间上的宅，才会有人伦和家，一所住宅，就是一个家，更是一个微观小社会，古代的住宅从建筑布局到居于其中的人，都遵循着各种礼教，承担着生存、繁衍、教化等各种社会职能。本章就以唐代住宅为例，来看看这一微观小社会的构成及运作情况。

一 居大不易和宽狭之乡：唐代的住宅面积

唐代住宅的大小，取决于主人的身份、财力，住宅是主人等级、地位、权势的物化表现。白居易做太子宾客（正三品）分司东都时，住在洛阳履道里第，据《旧唐书·白居易传》的记载，白居易的这所宅第"地方十七亩，屋室三之一，水五之一，竹九之一，而岛树桥道间之"。这所宅第中有房，还有花园水榭，共占地 17 唐亩，1 唐亩按 522 平方米计算①，白居易的这所住宅总面积是 8 874 平方米。

---

① 见华林甫：《唐亩考》，《农业考古》1991 年第 3 期，第 154 页。

民居院落，莫高窟第 98 窟壁画，五代。这是一富有人家的住宅，院中廊房一周，中间的横廊将院子分为前后两进，横廊中有门楼，前院有门馆，后院有堂屋三间。宅院旁为马厩，马厩夯土围墙，也分作前后两院，前院中部有两扇门板，院中有一草庐，两位仆人正在洒扫，后院有马

以今人的眼光看，这是一座豪宅无疑了！但事实是，唐代中高级官员的住宅占地面积，大致都在 20 唐亩上下，白居易的履道里第只算是中规中矩。要说豪宅，就要说说郭子仪了。作为中唐特殊功臣的郭子仪，他的亲仁坊宅要比白居易的履道里第大出十数倍。按《旧唐书·郭子仪传》"史臣裴垍曰，其宅在亲仁里，居其里四分之一"，据此测算，这所豪宅的面积达 280 唐亩。在这样一座超大豪宅中，郭子仪的"家人三千，相出入者不知其居"，也是太正常不过了。能够拥有这样的超大豪宅，当然是因为郭子仪的功臣身份和位尊禄厚，他"岁入官俸二十四万贯，私利不在焉……前后赐良田美器，名园甲馆，声色珍玩，堆积羡溢，不可胜纪"。相较于郭子仪的豪宅，皇家贵戚的豪宅更大，太平公主的长安兴道坊宅，面积达 19 公顷（285 唐亩）；中宗女长宁公主的崇仁坊宅，更达 21.4 公顷（321 唐亩）。明清紫禁城的面积为 70.6 公顷，唐朝这两位公主的宅第面积，占到它的三至四分之一。

《唐摭言·知己》记，白居易初到长安赴试时，拜谒前辈诗人顾况，顾况以其名戏之："长安百物贵，居大不易。"顾况的戏言，道出了唐长安城生活的不

易。百姓生活不富裕，长安的房价又贵，所以他们的住宅就要小很多，像以占卜为业的寇鄘，在长安买了一所凶宅，这所宅子位于长安城西南延平门附近的永平里，位置偏僻，宅内仅有低矮的堂屋三间和东西厢房五间，占地3亩（合1 566平方米）。

而农村的住宅，按唐前期的均田制规定，良人三口以上给一亩地建房，三口加一亩；贱民五人给一亩，五口加一亩。唐朝的一亩合今天的522平方米，从理论上说，522平方米就是唐代农村三口人的法定"宅基地"。至于"宅基地"上的房屋面积，敦煌文书S.4707及S.6067《马法律卖宅院契》，为我们提供了一个非常好的实例。文书详细记载了马法律的宅院、住房及面积，在马法律的居住园宅上盖有五栋房，分别是堂、东房、小东房、西房和厨舍，将文书记载的面积换算成今天的平方米，这五栋房的面积如下：堂24.3平方米，东房18.35平方米，小东房8.5平方米，西房13.97平方米，厨舍16.86平方米，总计81.98平方米。在五栋房中，堂和厨的面积最大，这也反映了唐人日常生活的重心。马法律的住房总面积是165.17平方米，相较于三人一亩、522平方米的官方宅基地标准，这是要小许多的。

那么，马法律的住房面积，在唐代农村百姓中，算是大还是小呢？吐鲁番出土文书中，有一件《唐焦延隆等居宅间架簿》，它记载了吐鲁番的几个家庭宅院面积，换算成今制分别是：237.85平方米、1 825.9平方米、672.7平方米、403.62平方米、192.2平方米、172.98平方米、211.42平方米、288.3平方米、1 057.1平方米、951.39平方米。从这几家的宅院面积看，他们的住房面积应都比马法律的大。这样，从住宅面积上看，马法律绝对不属于富裕人家；再说，敦煌和吐鲁番虽然都地处西北，但唐时的敦煌是地多人少的宽乡，吐鲁番是地少人多的狭乡，生活在宽乡的马法律，住房面积却要小于狭乡的焦延隆们，从这点上推测，他家的经济条件应该不算好。

对于唐代百姓的宅院和房屋面积，有学者估计："唐代一般民众如果有宅院的话，其宅院面积在150至2 000平方米之间""当时一般民众的住房，如果拥有3—5栋房的话，其面积在30—150平方米之间。……如果仅有1栋住房，则

其面积在 8—30 平方米之间"①。

二 百口之家和唐型家庭：唐代的家庭结构

从汉到唐的千百年间，中国的家庭模式出现了巨大变化。秦汉时期，以父母和子女组成的核心家庭占绝大多数，子女成年后就离开父母，他们较少与父母或其他兄弟姊妹同居，一般的家庭人口在四五人。与此不同，唐代时讲究大家庭，两代、三代甚或四代同堂同居，是很正常的家庭模式，不但是祖父母、父母健在时要同籍共财，就是已婚兄弟同居共财的情况也不鲜见。汉、唐的这两种家庭模式，有人称之为"汉型家庭"和"唐型家庭"②。

在"唐型家庭"下，一家的人口数就会很多，《通典·选举》记唐人沈既济说："凡士人之家……大率一家有养百口者，有养十口者，多少通计，一家不减二十人。"但这一说法被指偏于保守，一些人认为，"百口之家"才是唐代中上家庭的普遍情况。像《旧唐书·刘审礼传》记，做过工部尚书的刘审礼，是"再从同居，家无异爨，合门二百余口"；大诗人杜牧也曾有过百口之家。

在唐人的"百口之家"中，上有曾（高）祖父母、祖父母、父母、兄嫂，下有弟媳、儿子媳妇、孙子孙女等直系亲属，还有出嫁但居于娘家的女儿、女婿，归宗的寡姊妹、孤甥、孤侄、从兄弟姐妹等准旁系或旁系亲属，此外还有投奔来的远亲、寄居的宾客，等等。这些亲戚宾朋之外，还有仆人，在唐代律文中，仆人（奴婢）是被划入家庭人口的。这样，户主、近亲、远亲、宾客、仆人，就共同构成了一个家庭的基本成员。

唐人认为，是家人就要住在同一屋檐下，即使是爱姬宠妾，也不得搬出单住，否则就是违背礼教。像中唐时的名臣李元素，不但因休妻事被朝廷免官，

---

① 黄正建：《唐朝人住房面积小考》，《陕西师范大学学报·哲学社会科学版》1994 年第 3 期，第 123—124 页。

② 杜正胜：《传统家族结构的典型》，《古代社会与国家》，允晨文化实业股份有限公司 1992 年版，第 793、815 页。

还因为在做郑滑节度使时，纳了一位歌女陶芳，并把她安置在了别宅，而受到了人们的批评。类似陶芳这种养在外宅、未登记在户籍簿上的情妇，唐人称为"别宅妇""外妇"。从最直接的住宅空间讲，非法别宅妇就是不与正妻住在同一个宅院里，这样，作为侧室的她，就不能尽到侍奉"女君"的责任，而《仪礼·丧服》要求，"妾之事女君，与妇之事舅姑等"。当然，别宅妇也不会被正妻和家人承认。对于畜养别宅妇，唐玄宗的《禁畜别宅妇人制》明令禁止，"纵是媵妾，亦不得别处安置"。别宅妇这种外妇的存在，既破坏了家庭秩序，使姬妾无尊妻之道，也使生育的子嗣得不到身份，甚至会因此产生财产纠纷。

因此，唐人对"家"的理解，是和住宅的空间紧密联系在一起的，一座住宅就是一个"家"。而住宅的变动，也确实会对家庭成员产生影响。杜牧早年住在长安城的安仁坊旧宅，此宅有屋三十间，后来为了偿还债务，他将此宅出售。自此，杜牧举家便开始了迁居生活，"八年中，凡十徙其居，奴婢寒饿，衰老者死，少壮者当面逃去，不能呵制。……长兄以驴游丐于亲旧，某与弟顒食野蒿藋"，在居无定处的情况下，家庭成员也发生了重大变化。其后，杜牧先后在节度使幕府任职，又担任过睦州刺史，他以一人之俸供养全家，"刺史七年，病弟孀妹，百口之家，经营衣食"，这时，他的家庭也达到了"百口之家"的中上家庭规模。杜牧再回到长安时，弟妹仍寓居淮南，长兄也分居别住，但"某一院家累，亦四十口"[①]，这"四十口"应该是杜牧的小家庭。从"一院家累"的说法可以看出，杜牧眼中的"家"，是与他所住的宅院紧密相连的。

在唐人的住宅中，不同身份的家庭成员、不同的来访者和宾客，都会被安排在不同空间，他们一般不能越雷池一步，这是唐代住宅的礼制，是一家中尊卑、上下、男女、内外的等级秩序。

① ［唐］杜牧撰，吴在庆校注：《杜牧集系年校注·樊川文集》卷十六《上宰相求湖州第二启》《上刑部崔尚书状》《上宰相求杭州启》，中华书局 2008 年版，第 1008–1009、991、1019 页。

三 重门深邃和礼教秩序：唐代的住宅空间

中国传统住宅建筑，以合院的形式著称，至迟在汉代，就已有了四合院式住宅。之后，虽然建筑技术不断发展，但四合院的布局原则被基本沿用下来。四合院被认为是中国建筑的理想典型，人们将它的院落和房屋布局，概括为"中轴对称"和"深进平远"两大原则，多栋建筑一字纵向排列，坐北朝南，构成一条明显的中轴线，中轴线的两旁对称地布置辅助建筑，造成院落深邃的效果。

唐代住宅沿袭着四合院的传统，富贵人家的住宅占地多、建筑宏阔，在中轴线上，一般分布着多个庭院，重门深邃。富家大宅的常见布局是，门屏、大门（门外可能还有乌头门、多重小门）、前庭／门馆、中门、中庭／中堂、北庭（后庭）／北堂、西院，中堂四周有廊和阁，一些人家还有花园，高级住宅的院落更多。

因为有多重院落，所以会有多个门，唐代住宅中，最重要的门是大门、中

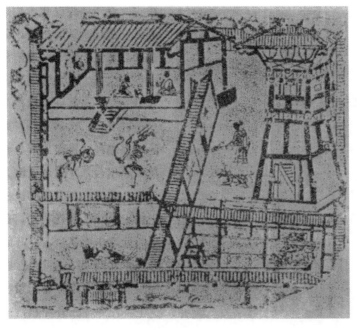

庭院，成都市郊出土画像砖拓片。这是一套较高级的院落，四周廊垣环绕，位于左侧的宅院分为二进，大门之内，有斗鸡两只；二进门内，有鹤两只，有阶、有堂，堂中二人对坐饮酒，堂无南墙，但有东楹、西楹的两柱。墙外右前侧开一厨房小院，安置着炉、灶、井。小院后直立一座很高的望楼，楼下有一猛犬，一位仆役正执帚洒扫

门、后门（寝门），这些不同的门，将家人与外人划分，也将尊卑、长幼、男女、内外区分。下面，我们沿着这些门，循着由外而内的顺序，来看看活动于其间的人与秩序。

（一）宅大门小：大门和门馆

是住宅就有大门，而按法令，唐朝五品以上的官员，还可在大门外立乌头门，因此，乌头门就成了宅主身份的象征。乌头门的形制是，左右立圆门柱，柱顶套黑柱筒，"乌头"也由此而得名。左右圆柱上再安横木，柱底连地栿、门槛，柱内安两扇门，每扇上部为直棂，下部镶板。乌头门左右连接着绕宅的土墙，这也成了大宅的第一道屏障。

唐朝社会经济发展，文化繁荣，是当时世界上最强盛的国家之一，但唐朝人也讲低调，像关于宅门，唐代的《宅经》就强调，住宅要"宅大门小"。但这并不意味着大门就小，很多唐人的住宅是在大门外又修建了一重或多重小门。唐人薛渔思的小说《韦丹》记，占生胡芦先生邀请后任江西观察使的韦丹一同前往元长史的洛阳住宅，"至通利坊，静曲幽巷，见一小门。胡芦先生即扣之，食顷，而有应门者开门延入。数十步，复入一板门，又十余步，乃见大门，制度宏丽，拟于公侯之家"，元长史家的宏丽大门外，就先设了一道小门和一道板门。

对于社会各阶层的住宅大门，《唐会要·舆服上》载唐制：三品以上门屋，不得过五间五架；五品以上，不得过三间两架，"仍通作乌头大门"；六品七品以下，不得过一间两架；庶人门屋，一间两架。所谓"间""架"，以三品以上的大门做解释，就是门屋不得超过面阔三间，进深不得超过五架梁。这些规定内容，在出土的唐代文物中，都是可以看到的。像西安中堡村唐墓出土的住宅明器，大门面阔三间，符合五品以上官员的住宅规格；山西长治王休泰墓，出土的明器大门面阔一间，按照同墓出土的《王休泰墓志》，墓主仅是一位未出仕的庶人，所以这个仅面阔一间的明器大门，是符合庶人宅门要求的。

唐代高官贵戚的住宅大门被涂成朱红色，所以杜甫的《自京赴奉先县咏怀

五百字》有诗句，"朱门酒肉臭"；白居易的《伤宅》
也有句，"谁家起甲第，朱门大道边：丰屋中栉比，
高墙外回环。……主人此中坐，十载为大官"。朱
门之所以尊贵，是因为它代表了至尊，朱门曾是皇
帝的专属，后来作为九锡之一，才赏赐给了殊勋
臣子[①]。

　　住宅的大门外一般会有影壁，古时称"屏"，
像日者寇鄘在长安购买的那所小凶宅，门前就立着
八尺高的"崇屏"。立屏的目的，正如《释名·释
官室》说的："屏，自障屏也。"立屏一为区隔内外，
防止外人窥视、保护隐私，二也为确立家宅界限。

　　从崇屏后就进入了门屏，这已算迈进宅内了。
对于面阔三间的门舍来说，中央的明间是门，"门屏"
指的就是正门中央的明间位置。唐后期的著名大臣
王涯，有一位又老又穷的再从弟王沐，王沐远从江
南来投奔王涯，但三十多个月过去了，王沐还是没
能见到族兄。因他是远亲，所以王沐被允准进入门
屏候着，某天，他终于在这里见到了族兄，并拜求
族兄为自己寻个小官，但王涯见他穷困潦倒，并不
想与他叙兄弟之情。

　　贵人家宅的大门，是有门人看管的，像王沐就
应该是得到了门人的允许，才能蹭进门屏。按《说
文解字注》十二篇上，门的意思是"闻也"，"闻者，
谓外可闻于内、内可闻于外也"，门是沟通内外之

西安中堡村盛唐墓出土住宅模型。这组住宅
模型分布在中轴线上，大门内为前庭，庭中
有亭、中堂和左右廊；后庭有亭、山树、北
庭和东西廊

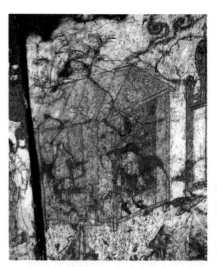

门卫休憩，李邕墓壁画，盛唐。门卫休憩的
黄色木屋位于宅外戟架旁，疲惫的门人在屋
门口抱膝打盹

---

　　① 九锡是古代帝王尊礼殊勋功臣的最高礼遇，一般包括车
马、衣服、乐则、朱户、纳陛、虎贲、弓矢、铁钺、秬鬯。锡的
意思是赐、与。

处，门人负责应答访客。唐代时，门人又称门子、阍人、阍者、阍吏。一些权贵家的门人仗势欺人，权力也大得很。像唐代传奇《管子文》记，李林甫初任宰相时，布衣管子文求见，对此，门人嚣张地直接拒绝说："朝廷新命相国，大僚尚未敢及门，何布衣容易谒之邪？"因此，位卑身低之人求见高官重臣，有时就不得不使出贿赂，先求得门人通报的资格，像一位京兆尹想见唐德宗跟前的红人潘炎，等了几天都不行，只得拿出三百匹缣帛贿赂门人。但门人的这种态度和行事，是一定会败坏主人声望的，所以，潘炎妻劝他赶紧避位。

　　进了大门，就是宅子的第一进院落了，这里也称"前庭"。前庭中有一个重要的建筑，唐人称门馆、宾馆、内厅，它是外舍一类的建筑，进得大门的客人，可以在这里暂歇或过夜。中国古代讲究亲疏远近，到一所住宅，你能进的门、能住的地方，都说明了你与主人关系的远近。如果你到了一户人家，主人只安排你住在门馆，那就说明你与主人既非亲也非故，待你就像借宿的路人。举个例子，户部郎中张滂的儿子张仲殷，被家里安排到山中修习功课。一天，他外出打猎，遇见一位老人，这位老人后来把他带到了自己主人的别业。两人进得大门，仲殷被老人安排在外厅歇息，自己则进中门通报去了。女主人发话，让仲殷就在外厅过夜，明天再请他吃饭，这是因她与仲殷非亲非故，只是老人偶遇之人。再有一个例子，一位西游长安的士人许贞，傍晚饮酒辞别友人，路上因醉酒坠马，此时天已大黑，马走失了，仆人也先他带着行李走远了。许贞在寻马的途中，碰巧路过李外郎的别墅，便叩门求见主人，门僮应着，进门报告主人。李外郎也很客气，允准许贞进宅并在门馆歇息。李外郎的门馆很宽敞，装饰也很雅致，"所设屏障，皆古山水及名画图、经籍、茵榻之类，率洁而不华"[1]。像张仲殷、许贞这样的访客，要跨进大户人家的大门，是必须得到主人允许的，而门馆也是为接待这些访客或远亲而设的。

　　在唐代，跨入大门、进入前庭，只算迈进了宅内，并不算进入家内，真正进入一户人家，要进入中门，最好再在中堂被招待一顿美馔。

---

　　① 　[唐]张读：《宣室志》卷十《许贞狐婚》，张永钦、侯志明点校，中华书局1983年版，第135页。

（二）内外之际：中门和中堂

过了门馆所在的前庭，就来到了第二道门——中门，中门之内是中庭，中庭里建着中堂。在唐代住宅中，中门的位置极重要，它是家内、家外的界限，能否迈进中门，代表的是亲与疏、远与近，更显示了长幼、内外、男女的秩序。

外人来了，虽然被允准进入了前庭，但必须止于中门前，不经主人许可，是绝不能进入中门的。唐人薛调的传奇小说《无双传》，写的是尚书租庸使刘震之女无双与表哥王仙客的生死之恋。就儿女的婚事，刘震曾与嬬姊定下婚约，但嬬姊过世后，这一婚约就被搁置下来，虽然刘震也把外甥接到了身边，但对他并不上心，只将他"置于学舍，弟子为伍"。仙客心里惦记着亲事，又偶然在窗隙间窥见了无双，"姿质明艳，若神仙中人，仙客发狂"。于是，仙客"鬻囊橐，得钱数百万"，用这些钱，将家中的仆人上下贿赂了个遍，这样，才"中门之内，皆得入之矣。诸表同处，悉敬事之"，成了舅父家的"准家人"。

如果不是熟人、亲戚而被请进中堂饮宴，那就是很有面子的高规格待遇了。权臣元载之子元伯和在扬州时，非常赏识旅居淮南的卢婴，所以，特意为他在中堂设宴，并邀请了众多客人，这是元伯和对平民卢婴的礼遇和重视；卢生和李生曾是隐居太白山读书时的同学，两人再次相遇于扬州，卢生（曾号二舅）便邀请李生到宅中做客，并在中堂设宴款待李生，这是卢生对老同学的郑重接待。

到别人家串门时，随从的儿童一般是不被带进中门的。像监察御史张某守丧结束后，想预测一下自己的起复官职，就带着甥儿卢嘉玚去到了相士张冏藏家。这时的卢嘉玚只有七八岁，所以，舅舅便将他留在了中门外，自己则进了张冏藏的中门。在送张某出中门时，张冏藏看到了卢嘉玚，并预测这个孩子有极好的政治前程和极长的寿命。

前庭是家外男子可以进入的空间，这样，为遵守男女有别的礼教，家内的女眷们就被要求不得走出中门，俗话说"大门不出，二门不迈"，讲的就是这个意思。妇女随意走出中门，会被认作不检点。唐后期的名将高骈有弟，此弟纳

妇人启门图，河南禹县白
沙北宋赵大翁墓出土

了一位歌姬，某日早晨，这位歌姬因琐事被嫂子轰出了中门，高骈恰巧此时早衙归家，见到这位歌姬衣裙不整地站在中门外，就怀疑她素来妇道非谨，此时的弟弟又不在家，一怒之下，便责骂她玷污家风，更笞其背二十下。在唐人眼中，妇女不出中门是身份的象征，也是家庭富有的标志，更是应受到称赞的妇德，所以，唐人喜欢咏颂妇女的不出中门，像戎昱的《苦哉行》一诗云："妾家清河边，七叶承貂蝉，身为最小女，偏得浑家怜。亲戚不相识，幽闺十五年，有时最远出，祇到中门前。"诗中累世官宦之家的宝贝千金，长到十五岁，走得最远的地方才是中门前；张潮的《江风行》一诗也称富家妇："妾本富家女，与君为偶匹。惠好一何深，中门不曾出。"妇女不得出中门的礼教，也使外贬的杨凭，在中门外就已无家人相送，张籍的《伤歌行》曰："辞成谪尉南海州，受命不得须臾留。身着青衫骑恶马，中门之外无送者。"

　　一言以蔽之，中门是唐人住宅的内外之限，进入中门，才算真正进入了家内；女子不出中门，遵守的是男女有别的礼教。当然，唐朝的礼教只是提倡、只是要求"无故"不出中门，妇女们遮上脸或坐上车走出家门，并无问题，有身份的女子会在中门内就坐上车厢严密的辎軿车，这也在某种程度上做到了男女有别。

在唐代之后的宋辽金的墓葬中，有一
种特殊设计，那就是在墓室后壁做假门，
而假门处又常会有妇人启门图，对此，有
学者提出，假门代表的就是中门，妇人启
门说的就是妇女无故不出中门①。

对外来说，中堂是接待访客之处，对
内来讲，中堂则是举办重要家事活动的
场所。在中国古代，中庭和中堂是一所
住宅中最重要的建筑，"在四合院住居及
全部汉族的中国民居中，院子和堂的扩
展作为最本质的理念和形态而结集在一
起""院子和堂的扩展成为中国建筑构成
的核心"②。今天，新人举办婚礼要去宾
馆饭店，亡人举行葬礼要到殡仪馆，而在
古代，一个中庭和一个中堂，婚丧冠祭、
宴客待宾、家庭团聚、事佛道、做巫祝，
就都解决了。

唐代的中堂是逝者的临终之处，也是
为他举行丧事之所。初唐名臣魏征就是在
中堂（正寝）去世的。魏征病重，太宗不
断派人探问，而此时的魏征家中，却连个
正寝（中堂）都没有，太宗这时正要造一

妇人启门图，河北宣化 2 号辽墓出土

---

① 参见邓小南：《从考古发掘看唐宋时期女性在门户内外的活动》，李小江等：《历史、史学与
性别》，江苏人民出版社 2002 年版，第 119—125 页。
② 〔日〕茂木计一郎、稻次敏郎、片山和俊：《中国民居研究：中国东南地方居住空间探讨》，
江平、井上聪译，南天书局出版社 1996 年版，第 14 页。

平民出殡，北周，莫高窟第290窟壁画。灵柩由牛车拉着，无人挽送，车上放着乘鹤仙人及引龙等明器，车前一人头顶祭盘，供品是一对鸡

座小殿，为了他的这位股肱大臣，太宗下令立刻停建小殿，而用建殿的材料，为魏征赶建一座中堂，五天之后，这座中堂就建成了，它也成了魏征的停尸之处。再按《旧唐书·温彦博传》，这位初唐大臣的情况也与魏征类似，他家同样"无正寝，及卒之日，殡于别室，太宗命有司为造堂焉"。

唐人去世后，亲人要为他举行一系列的丧事活动，以示追悼和纪念。依照唐礼，六品以下官员在安葬前，要有如下的丧事程序：初终（书遗言、属纩）、复（招魂）、设床（设床停尸）、沐浴、袭（为逝者穿衣加服）、含（为逝者口中置物）、奠（酒食祭奠）、铭（书"某某官之柩"的旗子，挑于西阶上）、重（将暂作神主牌位的木牌，放于堂前庭中）、小敛（死后次日晨，为逝者穿着寿衣）、奠（酒食祭奠）、大敛（亡后第三日，奉尸入棺）等，这些丧事或在中堂或在中庭举行。出殡后，丧事活动才由宅内转向宅外。

中堂、中庭也是举行婚礼的场所。新郎亲迎前，要举行醮子礼，新郎父子要在中庭祭告祖先。新郎到达新娘家时，岳父在门外迎接，然后两位新人在中庭相会，按照唐代的典礼仪注——书仪，"女在中庭东畔，面向西立，女婿正北

婚嫁图，莫高窟第 445 窟壁画，盛唐。这是一场在庭院举办的婚礼，庭中左侧设篷帐、摆喜筵；庭中心是乐舞表演；右侧帐内，两位新人在拜堂行礼；前面屏障外有围观的人群；画面正后方是圆顶青庐，这是新人的洞房

质方行，男女相当"。当新郎一行抵达新娘家门口时，女方亲属还有难夫之仪，其中的"论女婿"，就是女婿入门后要行拜门礼，对女家的大门、中门、堂门、门锁等，都要吟诵五言诗一首。

中堂也是家庭聚会之处，中唐名将李晟的生日宴会就是在中堂举办的，他已出嫁的女儿，也返回娘家为父庆生。李晟曾受封为西平郡王，所以世称为李西平。唐人赵璘的《因话录》记这次生日家宴："崔吏部枢夫人，太尉西平王女也。西平生日，中堂大宴，方食，有小婢附崔氏妇耳语久之，崔氏妇颔之而去。有顷，复至。"李晟女返家为父庆生时，恰巧她的婆母生病，所以就有了小婢的随时探问和与崔氏的耳语。李晟虽是将门出身，但极讲礼法，人称"勋臣之家，特数西平礼法"。在他询问女儿得知实情后大怒："我不幸有此

被襁驱鬼，莫高窟第468窟壁画，中唐。画面上方是坐在榻上的病人，由亲属陪护；中间有两位女巫，左侧那位跪向水中，边做动作边祷祝；右侧女巫怀中揣有一个带柄的拍板类道具。火和灯代表光明，克制邪恶，为被襁常用之物。最下是驱鬼，右侧是头发直竖、赤裸身体的恶鬼，正欲害一童孩，左侧榻上的法师施法术、写符咒，恶鬼感到威慑，转身欲逃。整个画面都展开在一个宅院的中庭里

女。大奇事！汝为人妇，岂有阿家体候不安，不检校汤药，而与父作生日，吾有此女，何用作生日为？！"并即刻遣回女儿，随后，"身亦续至崔氏家问疾，且拜谢教训子女不至"。

像李晟这样的生日宴或其他家宴，一般是不允许近亲以外的人参加的，这主要也是男女有别的缘故。《无双传》中的仙客，花精力、用钱财，最终虽进入了中门，但也未获得与舅父一家在中堂共食的待遇。而唐后期的宰相崔圆在未发达时，却获得了仙客想要却得不到的优待。年轻时的崔圆贫穷落魄，为谋前程，投奔了做刑部尚书的表丈李彦允，表丈当然不会拿他当回事儿。某晚，表丈做了一个梦，解梦时想到，或许此梦指的是崔圆未来的发达。因着这个梦，崔圆在表丈家的待遇迅速提升，不但有了专门的住处，还获得了"会食中堂"的特殊优待。在送别宴上，"李公及夫人因具盛馔，儿女悉坐"，连女儿都不顾男女有别的礼教出席了。崔圆当然是一脸懵圈，李夫人则笑答："亲表侄与子无异，但虑不足，亦何有恩慈之事！"[1] 李家做的姿态是，崔圆就是自己家人，而潜台

---

① ［宋］李昉等：《太平广记》卷一四八引《逸史》，中华书局 1961 年版，第 1069 页。

词则是：你发达了，也别忘了我们这些家人。

中堂还是举行佛事、巫术活动的场所。兵部郎中裴宽妻难产，恰逢其师华严和尚到来，裴宽令仆人在堂门外，为华严和尚净设床席。华严焚香击磬，做了一番佛事后，其妻顺产一女。再有左清道率府府史李思元暴卒二十一天后苏醒，他的父亲为他设馔，在堂前安排了三十个僧人的斋供。

中堂如此重要，它也就成了家的门面和主人身份的象征，一些权贵竞相建造起了超奢华的中堂。《大业杂记》载，隋朝权臣杨素"宅内造沉香堂，甚精丽"；《朝野金载》卷六记，武则天的宠臣张易之用钱数百万，建了一座奢侈中堂，"红粉泥壁，文柏帖柱，琉璃沉香为饰"；中唐名将马璘的豪奢中堂芸辉堂名气最大，它用钱二十万贯；再据《旧唐书·杨贵妃传》，杨家外戚更是奢靡成风，"姊妹昆仲五家……每构一堂，费逾千万计"，郑嵎《津阳门诗》称，虢国夫人的合欢堂"价费万金"。除了造价，合欢堂的内部装修也同样令人瞠目，光是付给圬墁工匠的费用，就达 200 万钱（文），据《通典·食货》记，开元天宝时的两京粮价，"米斗不至二十文，面三十二文"。此外，虢国夫人还奖赏工匠 500 段（匹）绛罗，这又值 150 万钱。

豪贵们的中堂造价昂贵，但关于这些中堂的建筑形制，史书却未记载，那么，我们就以唐人张文成的《游仙窟》来做一想象，书中描述的崔十娘的中堂是："金台银阙，蔽日干云。或似铜雀之新开，乍如灵光之且敞。梅梁桂栋，疑饮涧之长虹；反宇雕甍，若排天之矫凤。水精浮柱，的皪含星；云母饰窗，玲珑映日。长廊四注，争施玳瑁之椽；高阁三重，悉用琉璃之瓦。白银为壁，照耀于鱼鳞；碧玉缘陛，参差于雁齿。入穹崇之室宇，步步心惊；见倪阆之门庭，看看眼碜。"崔十娘的中堂有三层之高，长廊环绕，金银、水精、云母、玳瑁、碧玉、佳木、雕刻，将中堂和长廊装饰得富丽无比。崔十娘的中堂，是作者按想象的神仙宫殿做的描述，但张易之、虢国夫人和马璘中堂的豪奢，应并不逊于此，所以马璘死后，有百十号的士庶都竟称是马璘的故吏，他们打着吊唁的名义进入马璘家，就为亲眼看一下他那出了名的豪奢中堂。

马璘死时，唐德宗还在做太子，他早就听说了马璘中堂的豪奢，待他一登基，就立刻出台了政令，严禁宅第超标，并下令拆毁马璘的中堂。为维护等级秩序，防止僭越，唐文宗大和六年（832），对各级中堂的规模做了如下规定："王公以下，舍屋不得施重栱（拱）藻井；三品已上堂舍，不得过五间九架……五品已上堂舍，不得过五间七架……六品、七品已下堂舍，不得过三间五架……庶人所造堂舍，不得过三间四架。"①

（三）主妇治膳：北庭和北堂

中庭的前门是中门，后门是寝门，从寝门就进入了北庭，这里是家人就寝、休息之处，也是女眷们的主要活动区域。

古代女教书强调，妇女要具备妇德、妇言、妇容、妇功等"四德"。顺应着中国古代男耕女织的小农经济模式，对妇功的要求就是，专心纺织做衣、为全家准备和烹制食饮。遵循着这样的礼法说教，唐代高级住宅中，厨房一般都设在北堂附近，以靠近女眷们的活动区域。韩愈的那所长安靖安坊宅，就是"主妇治北堂，膳服适戚疏"（《示儿》）；名相狄仁杰的卢氏堂姨别墅中，也是"表弟挟弓矢、携雉兔来归，膳味进于北堂"②。厨房一般建在北庭的西厢，厨房的附近，还会安排婢女的下房和仓库，以便就近操持与取拿物品。像鄠县尉刘刺夫去世后，其妻王氏返回洛阳敦化里的娘家生活，某年的大年夜，她召集晚辈们玩藏钩游戏，并在西厢的厨房里准备了煎饼让孩子们吃。

厕所位于西厢的最里处。莫高窟第 290 窟是北周时期的代表洞窟之一，窟顶绘有悉达太子降生后的祥瑞图"臭处更香"，画中的厕所，颇有些类似早年的北方农村旱厕，唐代人家的厕所，可能也是这个样子。厕所需要日常清理，此事交由家中的仆人完成，但自家处理完的厕物，还要由专门的人负责收集、再行处理，唐人称此为"剔粪"，称此一行当为"鸡肆"，它的从业者身份低下，但也有人因此而成了巨富。

① ［宋］王溥撰：《唐会要》卷三一《舆服上》，中华书局 1960 年版，第 575 页。
② ［唐］李濬：《松窗杂录》，罗宁点校，中华书局 2019 年版，第 96—97 页。

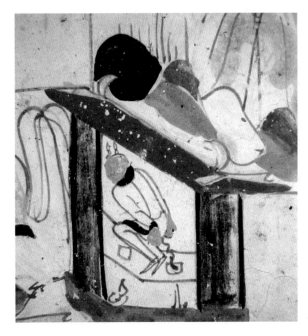

蹲厕图，北周，莫高窟第290窟壁画

北庭是住宅中的内宅，所以一般不允许家外男子进入，除非得到主人的特许。宰相刘晏是尚书左丞李廙的妹夫，他曾造访李廙宅，李廙将他延入内宅的寝室。刘晏得入内宅，一因他与李廙有近亲关系，不做避讳也说得过去；二也可能是因刘晏的重臣身份，这样的特殊对待，会增进郎舅关系，进而在政治上获得提携。

（四）西厢月和北亭酒：西院和亭

蒋防的《霍小玉传》是唐代的一部著名传奇，它讲的是陇西举子李益和长安名歌妓霍小玉的爱情悲剧故事，在这个故事中，包括西院和亭在内的唐代住宅结构，被交代得十分清楚。

故事始于李益科考成功之后，此时，他住在长安的新昌里，新昌里位于长安城的东南门延兴门旁。有一位从前薛驸马家的青衣（青衣是侍婢的另一种称呼）鲍十一娘，她擅长走东家串西家地游走在豪家戚里中，李益请她帮忙找一位称心的女子，并送上了厚礼，得人好处之后的鲍十一娘也就惦记着这件事了。

某天，李益正在宅子的南亭里闲待，鲍十一娘来了，她告诉李益，给他说上了一位"谪在下界，不邀财货，但慕风流"的女子，而这位女子就是已故霍王的庶女霍小玉。一番精心准备后，次日正午，李益来到了霍小玉住的胜业坊，胜业坊位于东市北、兴庆宫西。到了约定地点，青衣迎上，引入大门，这时，鲍十一娘从中门迎出，李益被她引进中门。霍小玉的母亲净持走下中堂台阶，前来迎接，然后将他请入中堂。净持命人摆上酒馔，并招呼正在中堂东阁的霍小玉，"生即拜迎。但觉一室之中，若琼林玉树，互相照曜，转盼精彩射人"。酒席上，李益与霍小玉你情我爱地互诉了一番；酒、曲之后，鲍十一娘便将李益引入西院。由此我们看到，霍小玉住的是一所典型的唐代高级住宅，它有大门、中门、中庭、中堂和西院，霍小玉的寝处在西院。而西院、西厢应是唐代女儿的居住方位，元稹《莺莺传》中的张生"待月西厢下"，就是因为莺莺住在普救寺的西厢。

亭是唐代住宅中的附属建筑，用来休闲散心，所以鲍十一娘去李益住处时，李益就正在亭里闲待。因为亭的休闲而非正式性，它在住宅中的位置就比较随意，东亭、南亭、北亭都有，像白居易就曾租住过宰相关播的东亭，他还与朋友一起到过元稹的北亭喝酒，"元九正独坐，见我笑开口。还指西院花，仍开北亭酒"（《梦与李七、庾三十二同访元九》）；韩愈的长安靖安坊宅中，则是"松果连南亭"（《示儿》）。

既然白居易在亭里租住过，那唐代亭的结构，就不能像明清园林中那种类似穿廊的亭，这种亭无墙、无窗，不适合人居住。后来，白居易自己也建过亭，在《新构亭台，示诸弟侄》一诗中，他描述的亭是："平台高数尺，台上结茅茨。东西疏二牖，南北开两扉。芦帘前后卷，竹簟当中施。"白居易的亭有东西二窗、南北两门，前后阑额处挂芦帘，亭中铺竹席，这就是一间封闭的房屋。在唐代出土明器和敦煌壁画中，都可见到类似的亭，这种封闭的、类似小房的亭，才方便人居于其中。

唐代的亭一般规模不大，但富豪讲究享受，他们设计、建造的亭十分奢

西安中堡村出土八角亭（左）、四角攒尖亭（右）。四角攒尖亭两侧有窗子，以阴线作直棂窗框，前后无门，有门槛；八角亭八面筑墙，每面均开有直棂窗

八角亭，莫高窟第148窟壁画，盛唐。画中的亭子阑额垂帘，里面置榻

华。据《封氏闻见记·第宅》，天宝时的权臣王鉷宅内，建有"自雨亭子"，"檐上飞流四注，当夏处之，凛若高秋"，酷暑盛夏，"王鉷们"在飞流掩映的亭中，享受着秋天的凉爽。亭既满足了权贵追求奇巧、贪图享乐的心理，又不违反《营缮令》的规定，因此，亭对那些权奢之人来说，就是一个重要建筑。

（五）马厩所在：厩仆的空间

马是唐朝人的重要出行工具，官贵和少数上层妇女多骑马出行，所以，富贵人家的住宅，都会建有马厩，它一般建在宅院之外。

马厩有专门的男仆进行打理，这些男仆称厩仆、圉人、驺人，他们负责喂养、照料马匹，清理马厩。厩仆只负责照管马匹、马厩，鲜有机会进入宅中，他们工作在马厩，也生活在马厩，所以，马厩也有灶等日常生活用具。官至玄宗朝宰相、统领文坛的苏颋，小时不受父亲苏瑰待见，经常和仆夫杂处，但他好学不倦，每想读书又无灯烛时，便到马厩的灶旁借光诵读。

住宅是人的栖身之所，也是熟悉与惦念的家。但古代的住宅，除了这些基本功能之外，还是人们从空间接受礼教的最初场所：父母在中堂，接受着晚辈的问安与侍奉，这是对子女孝道的训练；对男孩来说，他可以跟着父兄到中堂甚至到外庭接待客人，但女儿被告知将有客人到来时，就必须赶紧返回内庭，这是对男孩、女孩的男女有别规训；家中负责厨食的婢女们住在内宅的西厢，她们整日围着锅台转，而大门处负责招呼内外的门人，一般不得进入后庭，这

富家宅院，莫高窟第 85 窟壁画，晚唐。这一宅院格局对称，有两进院落，大门、中门位于中轴线上，院子四面由廊子围合。宅院左侧附有马厩，厩仆正在马厩中打理

马厩图，莫高窟第61窟壁画，五代。画上的马厩南侧开一板门，里面有一男仆正在打扫，后面有一黑色草庐，一个男仆在内侧卧，此处可能是厕仆的居所

牲畜饲养栏，莫高窟第61窟壁画，五代。马厩被墙划为不同小圈，各圈分养不同畜群，有马圈、牛圈，各圈之间有小门相通。马和牛是重要的交通工具，牛还用于农耕、提供奶制品

既是上下有别、也是男女有别的礼教体现。这些尊卑、上下、男女、内外之别贯穿在一个空间中，这样，一座宅第就成了一个小社会。

宋代承继着这些家内规矩，并被司马光总结、提炼出来，写在了他的《居家杂仪》中。书中说："凡为宫室，必辨内外。深宫固门，内外不共井，不共浴堂，不共厕。男治外事，女治内事。男子昼无故不处私室，妇人无故不窥中门。有故出中门，必拥蔽其面（如盖头、面帽之类），男子夜行以烛，男仆非有缮修，及有大故（大故，谓水火盗贼之类），亦必以袖遮其面。女仆无故不出中门（盖小婢亦然），有故出中门，亦必拥蔽其面。铃下苍头，

挤奶图，莫高窟第146窟壁画，五代。一位农妇正在挤奶，小牛犊依偎在母牛身旁

问安父母，莫高窟第 321 窟壁画，
初唐。父母坐在堂中的榻上，儿子
作揖请安，左下侧一名女童在嬉戏

但主通内外之言，传致内外之物，毋得辄升堂室、入庖厨。"在司马光看来，宫
室、住宅空间上的男女有别不是小事，而是大节，这针对的既是宅主，也包括
仆人。

四　登堂入室的先秦住宅建筑：唐代住宅的源头

　　唐代的许多住宅理念都源自先秦，像先秦的高等级住宅一般也是庭院深
邃、中轴对称，那时住宅中贯穿的许多礼教，也被唐人所继承。虽然如此，先
秦的住宅还是颇有一些不同特点的。

　　我们先来看晋灵公派人刺杀赵盾。《公羊传·宣公六年》记："（晋灵公）
使勇士某者往杀之。勇士入其大门，则无人门焉者；入其闺，则无人闺焉者；
上其堂，则无人焉。俯而窥其户，方食鱼飧。"按照这个记述，赵盾的宅子有大

门、闺门，还有堂和户，而这些正是春秋时贵族住宅建筑的主要构成。下面，我们还是循着由外而内的顺序，来看看先秦的住宅布局。

唐人门前立屏，以保护隐私、划定家宅界限，而这种设计早在先秦时就出现了。先秦时，屏又称树，也叫萧墙，它也表示的是家宅范围，《论语·季氏》记，孔子在谈到鲁国权臣季氏要讨伐鲁之属国颛臾时说："吾恐季孙之忧，不在颛臾，而在萧墙之内也。"萧墙之内就是住宅之内，也就是家内，孔子的意思是，季氏的家臣阳货已经把持了季氏的家政，这样就很可能出现臣兴主危、家中先出内乱的情况。

树后是大门，周代高级住宅的大门也是三开间，中间是用作出入的大门，左右各有一间称"塾"。大门之后是庭，在多重院落的住宅中，这是外庭。外庭内再设闺门（二门），闺门之内就是中庭了，这里也像唐代一样，会有女眷出现，在这个区域，男女有别的礼教就要时刻挂在心上了，《汉书·谷永传》颜注说，"志在闺门，谓留心于女色也"，闺门与女色的关系，就在这空间的男女交错上。

走进中庭，就来到了住宅的主体建筑——堂，这座建筑可以是前堂后室的，也可能只有堂而无室。堂是主人平时起居、待客之处，它坐落在高台之上，一般是坐北朝南。堂的高台前有三组台阶，《礼记·曲礼上》说，"主人就东阶，客就西阶"，东边的台阶是主人升降之阶，称"阼阶"，周天子行登基大典时就站于阼阶，此称"践阼"；西边的台阶是宾客升降之阶，称"西阶"或"宾阶""客阶"。阶又称除、陛，尊者在场时，卑者不能登阶升堂，古代称天子为陛下，就是引申于此，阶下的臣子们不敢直呼上面的天子，而用与伺于阶下的官员、侍卫谈话的说法，来婉转表达称呼皇帝之意。

和后代的住宅建筑相比较，前堂后室的建筑更具特色，这种住宅建筑形式出现很早，甚至可以追溯到龙山文化和二里头文化。前堂后室的建筑格局是，堂有东墙、西墙，称东序、西序，无南墙，但有两柱，称东楹、西楹；堂后是室，堂与室有户相通，户是由堂入室的房门，一般向内开，《韩诗外传·第七章》说，"暮无闭门""寝无闭户"，这就是门和户的区别。因为是前堂后室、室有户，

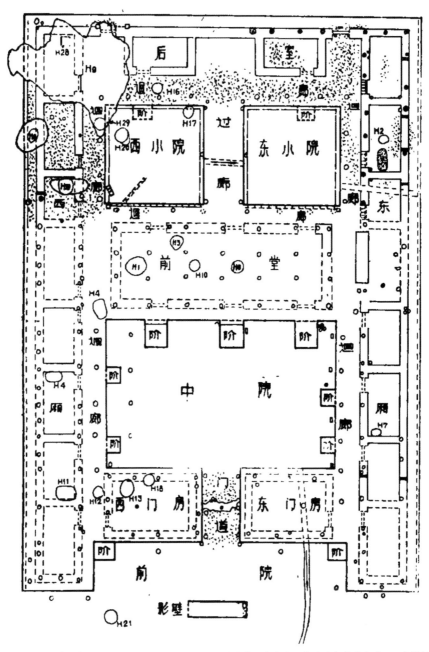

凤雏西周甲组建筑基址平面图。陕西岐山、扶风两县的北部，曾是周灭商时的都城所在地。从建筑规模、形式和出土文物看，凤雏出土的这一建筑，应是周人的宫殿遗址（陕西周原考古队：《陕西岐山凤雏村西周建筑基址发掘简报》，《文物》1979年第10期，第29页）

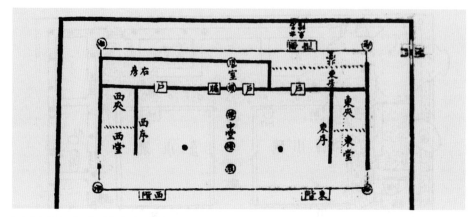

[清] 张惠言《仪礼图》中的士大夫住宅图

所以杀赵盾的刺客在上到堂后，才能"俯而窥其户"。室旁的屋子叫房，《说文解字注》十二篇上说，"房，室在旁也"，"凡堂之内，中为正室，左右为房。所谓东房、西房也"。在空间位置和重要性上，室和房是有差别的。堂室之间有窗子，称牖；室的户与牖之间这块地方，古人也有专名称它，叫扆。

室的四角也有专称，《尔雅·释宫》说："西南隅谓之奥，西北隅谓之屋漏，东北隅谓之宦，东南隅谓之窔。"西南角的奥，也称隩、陬，它在四隅中最尊，因此，这里是室内的主要祭祀之处，也是身份最高者的居处之位，所以《礼记·曲礼上》说，"为人子者，居不主奥"，尊位的奥，必须是父母待的地方。《吕氏春秋·分职》记，春秋时的卫灵公，天寒时要凿池，大臣宛春纳谏说："天寒起役，恐伤民。"卫灵公一脸茫然地问道："天寒乎？"宛春说："公衣狐裘，坐熊席，陬隅有灶，是以不寒。"卫灵公冬天在屋里穿着狐裘、坐着熊皮，待着的室内西南角还有灶生着旺火。

前堂后室的住宅形式，就使入室必先登堂，孔子进而用"登堂入室"，来解释学问的递进。《论语·先进》记，孔子曾批评子路的鼓瑟技术不佳，门人们因此而对子路产生了不敬，孔子又说："由（子路名由）也升堂矣，未入于室也。"入室比喻功夫学到家了，虽未入室，但已升堂，就是说学问造诣也差不多了。

最后，再用一个故事，来回顾一下先秦的住宅布局。《左传·庄公八年》记齐国内乱："（齐襄公）队于车。伤足，丧屦。反，诛屦于徒人费。弗得，鞭之，见血。走出，遇贼于门，劫而束之。费曰：'我奚御哉?'袒而示之背，信之。费请先入。伏公而出，斗，死于门中。石之纷如死于阶下。遂入，杀孟阳于床。曰：'非君也，不类。'见公之足于户下，遂弑之。"这场战斗从大门外开始。费是一位受过刑的奴仆，他因没找到齐襄公田猎时丢失的鞋而受到鞭打，费向大门外逃跑，在大门处巧遇了政变之人，费让政变者相信了自己的被打，并跑进宅中将齐襄公藏好，然后又来到大门进行抵抗，因寡不敌众，费战死在了大门中；政变者由大门进入庭中，小臣石之纷如又在阶前抵抗，最后也不敌对方，死于阶下，堂前失守；政变者于是登堂杀入室内，误杀了床上的小臣孟阳，又看到了藏在室门后的齐襄公的脚，于是将襄公拉出杀了。

第九章

席地而坐和垂足而坐：古代的室内起居

　　今天，一对新人结合时，亲朋好友会送上"幸福美满""白头偕老""举案齐眉"的祝福。"举案齐眉"是一个典故，它来自《后汉书·梁鸿传》，说的是东汉的梁鸿和孟光夫妻。梁鸿是一位贫穷但有节操与学识的隐士，他娶了其貌不扬的孟光。梁鸿受雇为人舂米，孟光在家做饭，孟光仰慕梁鸿，不敢直视他，所以给他上饭时，就是"举案齐眉"。所谓"案"，《急就篇》颜注说："无足曰盘，有足曰案。"孟光把丈夫的那份饭置于案中，再端到齐眉高敬给丈夫。在现代人看来，孟光的做法未免生分，还受人指摘说夫妻、男女不平等，而且夫妻二人分餐，也有损感情。

　　但把这个故事放到梁鸿、孟光所处的时代，就绝不是这么回事了。据案分食是中国早期的就餐习惯，大家席地而坐，每人面前放个案，案上再来份饭，这是那时的常规操作，只有到高足家具出现、围桌而坐后，夫妻再分食，才会显得生分。而孟光将案举至眉高的敬夫举动，也贯彻的是当时着力提倡的"夫

马王堆1号汉墓出土饮食器具（左）和放置复原图（右）。漆案上放盘、卮、耳杯、竹筷，盘内盛着已经碳化的牛排等食物，它再现了汉代贵族的宴饮情况，表现了席地而坐的一人一案的分食形式

为妻纲"礼教观念。

所以，"举案齐眉"的故事让后人看到，在古人的生活中，室内的家具、陈设都不是小事，它关乎着礼教、习俗、人与人之间的感情，等等。

中国的室内起居习俗及家具，经历了从席地而坐到垂足而坐的重大变革。汉代之前，人们以席地而坐为主；汉魏南北朝时，又出现了以床榻为中心的起居格局；唐代时，高足家具逐渐进入人们的生活，席地而坐向垂足而坐转变。

一 席不正不坐与箕踞鼓盆：席地而坐的坐姿

现代汉语中，有许多带"席"的词，如主席、出席、入席、退席、席位、割席、一席之地等，它们其实都是古代席地而坐起居习俗的遗绪。

早期的中国社会，人们是席地而坐的，汉末三国时的管宁割席断交，说的就是这个习俗。《世说新语·德行》记，管宁、华歆为同学，"尝同席读书，有乘轩冕过门者，宁读如故，歆废书出观。宁割席分坐曰：'子非吾友也。'"。管宁追求的是大隐，对华歆的入世表现很不赞同，所以，他将两人同坐的双人席割开，以示绝交。

早期社会的席很重要，从天子诸侯的重大国事活动，到士庶的婚丧、宴请、读书等，凡是在室内举行的，都要在席上进行。席也叫筵，对于两者的区

江陵望山 1 号墓出土战国竹席，47 厘米 ×41 厘米，湖北省博物馆藏

229

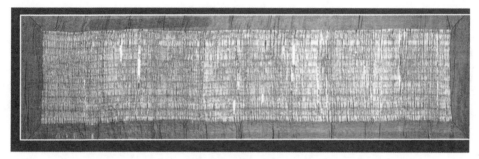

马王堆 1 号汉墓出土莞席，220 厘米 ×82 厘米。莞席以麻线为经，以莞草为纬，周缘包缝素绢

别，《周礼·司几筵》贾疏说："凡敷席之法，初在地者一重，即谓之筵，重在上者，即谓之席。"先铺的、铺在最下面的称筵，后铺的叫席。筵在下，所以面积比席大，筵用竹编成，硬而耐潮湿；席用蒲草、芦苇编成，柔软而适合人坐卧踩踏。举行宴会时，酒食陈于席上，这也就是《礼记·乐记》说的，"铺筵席，陈尊俎"，这样，筵席一词就逐渐由宴饮的坐具，演变为了酒席的专称。

席地而坐时，席的层数、花纹、摆放位置等，都与身份挂钩，它是礼教的组成部分。铺设筵席，筵只铺一层，席则因地位尊卑会有增减。朝廷中设有司几筵一职，专掌设几铺席，负责按不同场合，不同身份、地位，安排几案席筵的铺设。司几筵掌五种席，分别是用莞草编的莞席，用蒲蒻草编、再杂以五色纹的藻席（又称缫席），次席（有两种说法，郑众认为是虎皮为席，郑玄则认为是桃竹枝编的席），以蒲草编的蒲席，以熊皮为席的熊席。礼制规定，天子之席五重，诸侯三重，大夫两重。

布席也有规矩，席的摆放位置，要体现尊卑，《礼记·曲礼上》说："席南乡北乡，以西方为上；东乡西乡，以南方为上。"南北向摆设的席，以西方为上首，东西向摆设的席，以南方为尊。席中，西方的座次最尊贵，宾主、师生相见时，宾客、老师被请入西席，以示敬重，所以西席也称"宾席"，宾客、老师尊称"西宾""西席"。

入席的规矩更多，君臣、父子、男女都有不同。依礼，父子不同席，男女不

宴饮，四川大邑安仁乡出土汉画像砖拓片，四川博物馆藏。七位峨冠博带的贵族席地而坐，他们面前放着案和钵、勺、杯等器皿，有人在碰盘举杯，有人在相互敬酒

宴饮，四川新都出土汉画像砖拓片。宴饮的屋子是两望楼形式，两侧房顶有凤鸟相对，三人席地而坐，面前布几，左二人举觞对酌，几上放食物和箸

同席；尊长、贵宾坐首席，称"席尊""席首"，其他人按身份、等级，依次而坐，不能有错乱；对于侍臣的入席，《礼记·玉藻》说："侍坐则必退席，不退，则必引而去君之党。"臣子陪同君王入席后要退席，即使不退席，也要退到君主的亲党之后的位置。入席时，要从席后进入；空闲的日子入席，离席边一尺就座，以示谦恭；入席吃饭、读书，则要坐在席边，以方便进食和看清文字；如果不是宴请，主席和客席要相距一丈；客人来访，主人要为客人摆正一下席子，以示敬重，客人不但要辞谢地按住席子，还会请主人撤去几重席，以示谦卑，如此客套一番后，宾主才会入席。

孔子信守礼制，《论语·乡党》记，对席，孔子坚持"席不正不坐"。孔子坚持的有几重意思，像摆放的位置、席的多少都要恰当，席还要摆端正，入席的位置也要与身份相符。

席地而坐的习俗退去后，"席"的概念，却长久地留在了中国人的意识中。在清人吴敬梓的《儒林外史》第三十五回中，描写了哲人大儒庄征君的出门。某个寒夜，庄征君因赶路而找不到宿头了，不得已，他来到一个贫家借宿，房主老爹仅破屋一间，庄征君说："不妨，我只须一席

之地，将就过一夜。"庄征君说"一席之地"，是说有个容身之地。但古代早期，"一席之地"是确有其指的。

"一席之地"到底有多大呢？按《周礼·匠人》的记载，"周人明堂，度九尺之筵，东西九筵，南北七筵，堂崇一筵"。筵是周代的长度单位，一筵相当于九尺，一周尺的长度，大约在 20 厘米。由此计算，周代的明堂完全称不上宏阔，甚至是狭小低矮的。

席地而坐时，人的坐卧起居都在席上进行，这样，为保持室内清洁，入室就要脱鞋。下面来看一个故事，鲁宣公十四年（前 595），楚庄王派申舟出使齐国聘问，申舟假道宋国而不打招呼，自感受了羞辱的宋文公将他杀死。楚庄王听到申舟被杀的消息后，冲冠一怒要为申舟报仇，《左传·宣公十四年》记："楚子闻之，投袂而起，屦及于窒皇，剑及于寝门之外，车及于蒲胥之市。"楚庄王冲向门外的速度极快，随从追到寝门门阙，才给他送上了鞋；到了寝门外，才给他佩上了剑；而车追上他，已经到了宫外的蒲胥之市。由"屦及于窒皇"可知，楚庄王在室内是不穿鞋的。再有，《庄子·杂篇·寓言》记杨朱见老子，"至舍，进盥漱巾栉，脱屦户外，膝行而前，曰……"，杨朱也是将屦脱在了门外，并执弟子礼见了老子。还有，《庄子·杂篇·列御寇》记列子到齐国后出名了，"户外之屦满矣"，户外摆满的屦，透露的是室内投依列子的人数之多。

按照礼教，不但不能穿鞋入席，脱鞋、穿鞋还不能在阶上进行，要避在阶侧完成。因为脱鞋是入席的必备礼仪，所以秦汉之后，赐剑履上殿，就成了一种殊宠与恩遇。

脱袜更是重礼，臣下见君主时，登席必须脱鞋解袜。《左传·哀公二十五年》记，卫出公和诸大夫饮酒，褚师声子穿着袜子就登席了，"公怒"，褚师声子连忙说，"臣有疾，异于人"，您看到我的脚要呕吐的，因此不敢脱袜。"公愈怒"，群臣虽从旁劝说，也不起作用，卫出公用手指着褚师声子说："必断而足！"褚师声子因病穿袜登席，就把卫出公气到了这种地步，可见脱袜之礼的重要。

席地而坐的礼数中，还包括坐姿。席上，有坐、跪、踞等，它们都是用来支撑身体的。坐，是双膝屈而接地，臀股贴于双足跟上。跪，是双膝接地，但臀股与双足跟保持一定距离；如果是跪而俯首作揖，就形成了跪拜之礼，再伏首到地，就是稽首。入席后，跪、坐会交互进行，所以也有了"跪坐"之说。跪坐时，如果出现膝步、膝行，就表示的是敬重，就像杨朱见老子那样。还有，《史记·宋微子世家》记，周武王伐纣克殷后，商王帝乙的长子、纣王帝辛的长兄微子，"乃持其祭器造于军门，肉袒面缚，左牵羊，右把茅，膝行而前以告"，微子的膝行以告，表示的也是对武王的尊重。跽，《说文解字》弟二下解释为"长跪"；《释名·释姿容》云："跽，忌也，见所敬忌，不敢自安也。"跽，就是双膝接地、臀股不着于足跟且挺身直腰，它是有所忌惮或防备时的坐姿。在《史记·项羽本纪》记载的鸿门宴上，项庄舞剑，意在沛公，樊哙为保护沛公，闯入宴会，"瞋目视项王，头发上指，目眦尽裂"，看到这一情形，"项王按剑而跽曰：'客何为者？'"樊哙的杀气，让项羽马上变成了挺身直腰的戒备姿势。

殷墟妇好墓出土玉人（上）及正、侧、背视图（下，中国社会科学院考古研究所编著：《殷墟妇好墓》，文物出版社1980年版，彩版22，图79，第152页）。玉人跪坐，双手抚膝

秦陵二号车跪坐御官俑图

长信宫灯（正、背图），河北满城中山靖王刘胜妻窦绾墓出土，通高48厘米，河北博物馆藏。此灯因曾置放于窦太后（刘胜祖母）的长信宫内，因而得名。灯分头、身、右臂、灯座、灯盘、灯罩等部分，可任意拆卸。灯上刻"长信尚浴""阳信家"等铭文9处，因此得名。灯身的女子为跪坐姿势

铜博戏俑，西汉，灵台县出土，甘肃省博物馆藏。俑最高9.2厘米，最宽9.7厘米。四俑相向跪坐，坐姿随意、不同，有屈腿斜身的，也有默然扶膝静待的

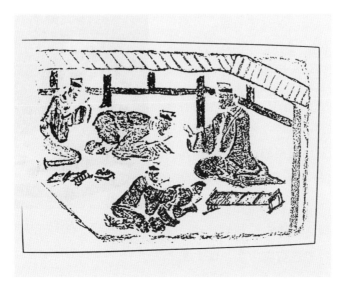

考绩，四川广汉出土汉画像砖拓片。画面反映的是地方官上计的场面，上计是战国以来的一种年终考绩制度。官府里，一位身着冠服、肃穆威严的官员席地而坐，他面前的案上陈放着简册，这些简册就是下级官员呈上的计簿。画面下方，前面一人跪拜于席上，可能因为考核不及格，在被后面的人褫衣行罚；上方一人跪拜呈报，身后一人跪于席上，准备接受考核

秦始皇帝陵 K0007 陪葬坑出土跽俑

宾主，四川德阳出土汉画像砖拓片。主人坐于席上，客人在行跪拜礼　　南京象山 7 号东晋墓出土跽俑

席地而坐时的坐、跪、跽，虽坐姿略异，但都属端坐，箕坐、踞坐则属非礼。《礼记·曲礼上》要求："坐毋箕。"箕，就是以臀部坐地，上身与腿形成直角，两腿向前平伸如箕状，故称"箕坐"或"箕踞"。《汉书·陆贾传》记载，汉初，秦将赵佗建立南越国，汉高祖遣大夫陆贾出使南越，赵佗椎髻箕踞而见陆贾，陆贾责备他说："足下中国人，亲戚昆弟坟墓在真定。今足下反天性，弃冠带，欲以区区之越与天子抗衡为敌国，祸且及身矣。"听到这些，赵佗惊起而向陆贾致歉说："居蛮夷中久，殊失礼义。"可见，当时只有不懂礼教或诚心想得罪对方的人，才会箕踞。当然，刻意的箕踞，也可以表现对礼教的蔑视。《庄子·至乐》记，"庄子妻死，惠子吊之，庄子则方箕踞鼓盆而歌"；《世说新语·任诞》《简傲》载，竹林七贤之一的阮籍，"丧母，裴令公往吊之。阮方醉，散发坐床，箕踞不哭"，晋文王司马昭"功德盛大，坐席严敬，拟于王者。唯阮籍在坐，箕踞啸歌，酣放自若"。

秦始皇陵 K0007 陪葬坑出土箕坐俑

[唐]孙位《七贤图》，绢本，设色，45.2厘米×168.7厘米，上海博物馆藏。四位士人席地而坐在花毡上，据考证，此图是《竹林七贤图》残卷，现存四人从右至左是山涛、王戎、刘伶、阮籍。竹林七贤不拘礼法、旷达自任，画上四贤的坐姿，就非礼教要求的跪坐姿势

持伞女俑，云南昆明晋宁石寨
山 18 号墓出土。女俑踞坐，
跣足

踞坐，是两脚底和臀部着地，两膝上耸，也就是蹲或蹲坐，这也是一种缺少礼教的姿势，古人极为忌讳。西晋经学家王长文，早年以才学知名，但为人放荡不羁，州府多次征召，他都拒而不受。他甚至还改头换面地偷跑出去，后来有人在成都的市中看到他，正蹲着啃胡饼。再有，北周武帝纳突厥木杆可汗女为皇后，自己出面进行亲迎，这在当时是非同一般的大礼，武帝让大臣于翼总管仪制，《周书·于翼传》记："狄人虽蹲踞无节，然咸惮翼之礼法，莫敢违犯。"突厥人不受汉人礼法的约束，汉人则视他们的蹲踞为缺少礼教。

二　悬榻礼贤与载寝之床：床、榻的使用

席地生活时，铺席的目的之一就是为隔潮，床、榻离开地面，隔潮效果更好，所以，它们在席地而坐的年代，也在同时使用。

所谓"床"，它在汉代之前，含义并不像现在那样单一，《释名·释床帐》就说："人所坐卧曰床。床，装也，所以自装载也。"那时的床，既是坐具也是卧具，两者还经常兼而有之。床出现的时间不会太晚，有人说，神农时床就发明了，像《广博物志·器用》就说，"神农作床席、荐蓐、枕被"。后来的纣，也使用过玉床。西周之后，床就比较常见了，《诗经》中就有一些带"床"的诗句，像"乃生男子，载寝之床"（《小雅·斯干》）；"或息偃在床，或不已于行"（《小雅·北山》）；"十月蟋蟀入我床下"（《豳风·七月》）；战国时的孟尝君出巡五国，楚王要送他一张象牙镶嵌的象床。

床有大、有小，坐具床小，卧具床则大，早期的室内面积不大，大床的位置又要相对固定，所以，用于卧具的大床，先

河南信阳 1 号楚墓出土战国彩漆木床，床长 225 厘米、宽 136 厘米、高 42.5 厘米。床呈长方形，设六足支撑床面，四周装围栏，两边各留缺口以便上下，床面铺竹笆，通体髹漆，彩绘朱色连运纹，做工极精制

秦时还不太普及。河南信阳长台关战国楚墓出土的一件彩漆木床，让我们看到了先秦的睡床，这件睡床豪华、宽大，它也说明，至少在战国时，作为睡具的床的形制，已基本定型。

西汉后期，榻出现。榻专用为坐具，它比床矮小，《释名·释床帐》说，"长狭而卑曰榻，言其榻然近地也"，《初学记》引《通俗文》说"床三尺五曰榻……八尺曰床"[1]。榻由床演变而来，也部分地取代了床的功能，但榻的等级比床低，这点可见如下故事。《风俗通义·愆礼》记载，东汉时，邓子敬以兄长之礼对待南阳张伯大，"伯卧床上，敬寝下小榻"，一床一榻，体现的就是尊卑之礼。

榻分单人榻、双人榻，还有多人的连榻，其中，以单人榻的等级最高。单人榻称"独坐""枰"，《释名·释床帐》说，"小者曰独坐，主人无二，独所坐也"，它是尊者的专席，以示敬重。东汉豫章南昌人徐稺学问深厚，公府征辟，他屡辞不就，因此受称为"南州高士"。名臣陈蕃任豫章太守时，从不接待宾客，但为徐稺专设一榻，徐稺离开，就将此榻悬挂起来，不让他人使用。一张榻，展示的是陈蕃对徐稺的礼敬。此事后经演变而成"悬榻"典故，它比喻的就是礼

---

① ［唐］徐坚：《初学记》卷二五《器物部·床》引［汉］服虔《通俗文》，中华书局 2004 年版，第 601 页。

待贤士。再有，刘宋文帝宠待僧人慧琳，每次召见他时，都让他升坐于独榻。

关于两人榻和多人榻，《三国志·吴书·鲁肃传》载，鲁肃投奔东吴，拜见孙权，孙权见鲁肃是不可多得之人，便留他密谈，两人"合榻对饮"，共谋大业；同书《诸葛融传》记，东吴大将诸葛瑾的幼子诸葛融生性宽容，"秋冬则射猎讲武，春夏则延宾高会，休吏假卒，或不远千里而造焉。每会辄历问宾客，各言其能，乃合榻促席"，诸葛融与宾客们一起坐在长榻上聊天。

牛车会友，江苏邳州汉画像石拓片。在帷幔高挂的客厅中，两人坐在双人榻上对弈，气氛紧张，甚至连祥禽异兽都在围观。左边柱旁一童子在逗牛，童子坐在小木凳上。小木凳古称杌、杌子，这说明，杌子在汉代时就出现了

洛阳朱村东汉墓 BM2 夫妇宴饮图。夫妇坐在带帐的双人矮榻上，榻前置几，几上放小案，案几上置碗、酒具等器皿，两旁站立着侍仆、侍女

"独坐"上的官吏，河北望都汉墓壁画

　　榻的大小也有迹可循，东汉服虔的《通俗文》说，"床三尺五曰榻""八尺曰床"，东汉的 1 尺约合 24 厘米，以此计算，榻长 84 厘米，床长 192 厘米。出土实物也证实了榻的这个尺寸，河南郸城出土了一个石榻，榻上写有"汉故博士常山太傅王君坐榻"的铭文，此榻长 87 厘米，与服虔所说的尺寸大体相仿。这样大小的榻方便移动，所以《孔雀东南飞》的女主人公刘兰芝，被迫改嫁、缝制新嫁衣时，就可以"移我琉璃榻，出置前窗下"。

　　坐在榻上、床上，同样有相应的坐姿。刘邦起于草莽，素欠礼教，《史记·高祖本纪》记郦生见刘邦时，"沛公方踞床，使两女子洗足"，刘邦正双腿垂下、双膝上耸地坐在床边。与席地而坐一样，跪坐是榻、床上的正确坐姿，两腿垂坐的跂坐、双膝上耸的踞坐，都属违礼坐法。坐姿是人的身份、教养、心态的外在表现，席地而坐、以床榻为坐具的时代，更是如此，但这一般是对公开场合的要求，卧室内、私人间，要求并不如此严格。

河南郸城出土石榻摹图（上，曹桂岑：《河南郸城发现汉代石坐榻》，《考古》1965年第5期，第258页）及榻铭拓本（下）

加屏风的独坐榻，北魏司马金龙墓屏风漆画《列女古贤图·楚庄樊姬》

[北齐]《北齐校书图》（宋摹本，局部），美国波士顿美术馆藏。一般认为，画卷描绘的是北齐天保七年（556）齐宣帝诏樊逊等校定群书的情景。这一局部画面上绘一大床榻，右侧文士穿黑靴垂足而坐，左侧两人盘坐在榻上

三 头把交椅与团圆年饭：高腿家具的影响

汉代以后，高腿家具逐渐走进中国人的室内，坐在高腿家具上的人们，看周围的视线不同了，高腿家具改变了人们的起居坐卧、吃穿住用，它对之后的日常生活、社会习俗、社会心理，都产生了深远影响。

（一）敛之可挟与可倚可靠：胡床和绳床

东汉末年，潼关发生了一场重要战事，这就是诸葛亮《出师表》中说的"操殆死潼关"。献帝建安十六年（211），张鲁占据汉中，曹操发兵征讨，关中诸将马超、韩遂等心生猜疑、聚众反曹，他们拥众十万屯于潼关，曹操率兵击之，双方在潼关一线展开对峙。对峙中，曹操险遭伏击，"公将过河，前队适渡，超等奄至，公犹坐胡床不起。张郃等见事急，共引公入船"[1]，坐在胡床上的曹操，险些被马超突袭得手。

曹操坐的胡床，是行军中携带的坐具，它一定是轻便的，所以《资治通鉴》卷二四二胡注引《演繁露》说胡床"敛之可挟，放之可坐"；另一位宋人陶谷的《清异录·陈设门》也说，"胡床施转关以交足，穿便绦以容坐，转缩须臾，重不数斤"。从轻便、交足的特点看，胡床就是一种类似今天马扎的坐具。

"胡床"这个名字，已道出它的来历和功能。"胡"，说的是它的胡地"血统"，就像胡萝卜、胡瓜、胡荽来自中亚一样；"床"，就是"人所坐、卧曰床"的意思。"床"前加"胡"，直意就是胡地传入的坐、卧之具。胡床在东汉后期开始流行，这与灵帝的爱好有关，《风俗通义·释忌》载，"灵帝好胡服、胡帐、胡床，京师皆竞为之"。灵帝在位的时间是168—189年；之后，曹操击马超之战在211年；再之后，据《宋书·五行志一》，"晋武帝泰始（265—274）后，中国相尚用胡床、貊盘……贵人富室，必畜其器"。由此可见，在汉末魏晋的百年间，胡

---

[1] ［晋］陈寿撰，［南朝宋］裴松之注：《三国志》卷一《魏书·武帝纪》裴注引《曹瞒传》，中华书局1982年版，第35页。

须摩提女请佛故事之二，莫高窟第 257 窟壁画，北魏。听佛说法的两人，坐在双人胡床上

挟胡床女侍俑，河北磁县东魏墓出土

[北齐]《北齐校书图》（宋摹本，局部），美国波士顿美术馆藏。这一局部画面中间的文士坐交床，双手执卷，正聚精会神地审读

捧胡床侍女，唐李寿墓石椁线雕

床在以很快的速度、很广的范围流传。胡床后来又称交床，这是隋炀帝忌防胡人的结果，《贞观政要·慎好》记："隋炀帝性好猜防，专信邪道，大忌胡人，乃至谓胡床为交床，胡瓜为黄瓜，又筑长城以备胡。"

早期的交床似马扎、无靠背，至迟在北宋时，交床已加上了靠背，这样，交椅就出现了，它是交腿的圈椅，当时称"栲栳样"。南宋时，交椅又加上了首托，成了"太师样"。据宋人张端义的《贵耳集》卷下记载，某次祭祀先帝后，权臣秦桧一时瞌睡，就坐在栲栳样上睡着了，这时的他头一歪、头巾坠落，京兆尹吴渊看到后，赶紧抓住这个巴结机会，"出意撰制荷叶托首四十柄，载赴国忌所，遣匠者顷刻添上，凡宰执侍从皆有之，遂号太师样"。自此，秦桧再小憩时，就有了可靠可依的托首了。

东晋南北朝时，另一种高腿坐具绳床也开始流行。先来看看萧翼赚兰亭的故事。东晋永和九年（353）三月三，王羲之与友人在山阴（今浙江绍兴）兰亭修禊，众友举行诗会，王羲之后为辑成的诗赋作序，这就是名闻遐迩的《兰亭序》，它也被称为"天下第一行书"。唐太宗好翰墨，并独钟情于书圣王羲之，正因为如此，他为"颇工书艺"的女儿临川公主取字孟姜，而这也正是王羲之女儿的字；他还遍寻王羲之的作品，特别是《兰亭序》。《兰亭序》历经辗转，此时藏在僧人辩才手中，但辩才软硬不吃，坚决拒绝交出。无奈，唐太宗只得派

[宋]《春游晚归图》，绢本，设色，24.2厘米×25.3厘米，台北故宫博物院藏。一位官员携侍从春游归来，其中的一位侍从肩扛交椅，交椅腿呈交叉状（见右局部图）

负交椅男侍石刻，宋代，中国国家博物馆藏

梁元帝的曾孙萧翼前往辩才处权取。此事详记在唐人何延之的《兰亭始末记》中。

萧翼赚兰亭的故事，也为唐宋画家所关注，唐代阎立本、五代后梁关仝、南唐顾德谦、北宋李公麟等，都曾以它为题材进行创作。目前，流传下来的最有价值的相关作品，分别收藏于故宫博物院（两幅）、台北故宫博物院和辽宁省博物馆，现藏辽博和台北故宫博物院的两幅，又被认为最有可能是阎立本所画。在台北故宫博物院的那幅藏画上，辩才盘腿坐在绳床上，正与萧翼对谈。

画上辩才坐的绳床，类似有绳编靠背和坐垫的椅子，这是前朝沿袭下来的一种形制，唐宋时，以板为面的绳床已比较流行。绳床与交床的形制不同，按宋人程大昌《演繁露》的说法，"绳床，以板为之，人坐其上，其广前可容膝，后有靠背，左右有托手，可以阁臂，其下四足著地"，它类似于后代的椅子，不能折叠，所以在《纪闻》卷二的记载中，洪昉禅师被四人强请为亡人超度时，就是"四人乘马，人持绳床一足"，四人用绳床抬着洪昉禅师前往亡人家中。

传[唐]阎立本（南宋摹）《萧翼赚兰亭图》（局部），65厘米×28厘米，绢本，设色，台北故宫博物院藏。左侧坐在绳床上的辩才和尚，与对面的萧翼侃侃而谈

[五代] 王齐翰《勘书图》（局部），绢本，设色，全图 28.4 厘米 × 65.7 厘米，南京大学藏。画上描绘了文士勘书之暇挑耳自如的情景，一位文人坐在椅上，旁置书案，案上列笔砚稿笺等，文士所坐之椅，靠背和坐面都似为绳编之物

在流行的早期，绳床一般是僧人使用。《出三藏记集》卷十五载，东晋义熙十二年（416），后来成为刘宋开国皇帝的刘裕带兵西伐长安，在班师凯旋路过山东时，随从的始兴公王恢来到释智严的精舍，"见其同志三僧，各坐绳床，禅思湛然"。再有，《高僧传·神异上》记，佛图澄善诵神咒，能呼风唤雨。割据襄国（今邢台市襄都区）的石勒便命佛图澄寻找水源，佛图澄"坐绳床，烧安息香，呪愿数百言，如此三日，水泫然微流"。绳床就是那时僧人的禅床，对此，权德舆的《信州南岩草衣禅师宴坐记》云，僧人坐禅时，"足不踏地，口不尝味，日无昼夜，时无寒暑，寂然之境，一绳床而已"。绳床虽是高脚的，但僧人坐禅时的坐姿是"足不踏地"。从早期僧人较多使用绳床看，绳床和椅子的流行，可能都与佛教在中国的传播有关。

进入唐朝，绳床的使用已突破佛教界，走进了其他宗教和世俗生活。佛教僧人、信徒使用绳床仍然多见，像李白的《草书歌行》曰："少年上人号怀素，草书天下称独步……吾师醉后倚绳床，须臾扫尽数千张"；《旧唐书·王维传》记王维虔信佛教，"在京师日饭十数名僧，以玄谈为乐。斋中无所有，唯茶铛、药臼、经案、绳床而已"。

唐朝的道教徒也开始使用绳床。据杜光庭《神仙感遇传》卷六，著名道士罗公远与天师叶法善、金刚三藏比试法力，"公远坐绳床，言笑自若"；女仙谢自

禅修，莫高窟第285窟壁画，西魏。一位僧人盘坐在绳床上，椅子的坐面呈斜格网纹，这应是编织物的显示

墓主坐椅像，唐高元珪墓壁画。高元珪坐的椅子用材粗大，椅腿像立柱，在靠背的立柱与横木之间，用栌斗相承托，这可能是椅子的早期形态

然"升天"时，也将所穿旧衣留在了绳床上。

绳床在唐代世俗社会的使用，更引人注意。唐穆宗在紫宸殿坐大绳床见百官，这是论及唐人使用绳床时经常谈到的一件大事。长庆二年（822），穆宗与宦官内臣打马球后出现中风症状，双腿不能行动，无法上朝，为打消群臣的顾虑，病中的穆宗就坐在大绳床上接见了百官。其实，唐朝皇帝身边出现绳床并不始于唐穆宗时，七十多年前的天宝六载（747），唐玄宗就曾赐给安禄山一件白檀香木细绳床。从绳床的名字看，玄宗赐安禄山的绳床应以檀木为座板，它的形制与《萧翼赚兰亭图》中辩才坐的有所不同。这种早期板式绳床的形制，可见高力士兄高元珪墓的壁画和莫高窟壁画。

作为皇帝宠臣的安禄山被赐绳床，与他同时的小官也以绳床为座。在戴孚《召皎》这篇小说中，安禄山起兵后上牒玄宗，表陈杨国忠之罪，大理主簿召皎被遣去长安呈上表文，在受了玄宗和杨国忠的一顿黑脸后，还被"呵使速去。皎还至戏口驿，意甚忙忙，坐厅上绳床，恍然如梦"。

对唐代后期的大臣、文人们来说，坐在绳床上的休闲，是十分惬意的。某天，官至宰相的裴度在舒适的亭中，睡了个安稳的午觉，醒后，倚坐在绳床上，品新

两僧坐椅，莫高窟第 196 窟壁画，晚唐。两位僧侣坐在有弯曲靠背的扶手椅上

（传）[唐]周昉《挥扇仕女图》（局部），绢本，设色，全图 33.7 厘米 ×204.8 厘米，故宫博物院藏。一位妃嫔坐在椅上，旁立一宫女挥扇

茶、听水声，这些无不使他感到满足，他当即赋诗《凉风亭睡觉》："饱食暖行新睡觉，一瓯新茗侍儿煎。脱巾斜倚绳床坐，风送水声来耳边。"在大诗人白居易的生活中，绳床更是不可或缺的坐具。他的《东院》一诗说，"松下轩廊竹下房，暖檐晴日满绳床"；赋闲在洛阳履道里第时，白居易会在池边的绳床上闲坐，他的《秋池》一诗有句，"洗浪清风透水霜，水边闲坐一绳床"；《睡后茶兴·忆杨同州》一诗也说，"信脚绕池行，偶然得幽致。婆娑绿阴树，斑驳青苔地。此处置绳床，傍边洗茶器"；白居易还在绳床上写下了《爱咏诗》："坐倚绳床闲自念，前生应是一诗僧"；他的《三年除夜》一诗，谈到了某年除夕夜的情形："夫妻老相对，各坐一绳床。"

白沙宋墓第 1 号墓墓主人夫妇像。墓主赵大翁是一位地主兼商人，这幅壁画中的夫妻对坐在无扶手的木椅上

靠椅和供桌，江阴北宋瑞昌县君孙四娘子墓出土。宋代的县君是授予中低官员之妻的封号

唐代的民间、百姓也使用绳床。在唐代侠女小说《车中女子》中，一位入京应举的吴郡士人走在长安街头时，被两位少年拦住，并将他带到了东市的一处铺子里，"二人携引升堂，列筵甚盛。二人与客，据绳床坐定于席前"。另一篇唐人传奇《李序》，则说到一位替人做事的王筠，他"赁宅住，更无余物，惟几案绳床而已"。还有《后土夫人传》中，后土夫人拜见公婆时，手下为公婆摆上了两张细绳床，请公婆就座。

绳床可倚可靠，因此，它又被称为"倚床"，倚床是木制的，唐末时，"倚"又演变为了"椅"。之后，椅与交椅慢慢合二为一，交椅的交足变为了四条直足，这样，太师椅就出现了。褪去交腿的太师椅，逐渐成了上得厅堂的家具，历史上，

英雄好汉论资排辈要称坐第几把交椅，这就颇能反映太师椅在人们心中的分量。

（二）深衣淡出与合食出现：垂足而坐与日常的改变

虽然高腿家具有了，但坐在上面的人不一定就是垂足而坐，跪坐或盘腿坐于其上，都是高腿家具的坐姿。前面说了，床榻虽离开了地面，但礼教仍要求跪坐其上，两腿垂下的跂坐、垂脚坐，都属违礼坐姿。在这样的礼教观念下，北魏帝妃"在殿上，亦跂据"①，侯景篡位后殿上"常设胡床及筌蹄，著靴垂脚坐"②，都成了不守礼教的表现。"筌蹄"是一种束腰形的高式坐具，坐于其上时，坐姿至少也是一脚垂下。

在唐代，绳床等高足家具的使用逐渐广泛，"如果说诗人坐绳床还是一种模仿佛教高僧的话，那么，皇帝坐绳床，就以封建最高统治者的身份予以充分肯定，并且把它纳入封建起居礼教（伦理）的范畴内，从而真正动摇了尊者坐床榻的礼教规范"③。伴随着起居的这种变化，唐人对坐姿的要求也不那么严格了，在存世的绘画、壁画上，跂坐、盘坐、趺坐、跪坐、胡跪、垂足而坐，都可见到。陕西西安南郊的南、北里王村，是中宗韦后的家族坟园所在地，韦后（684/705—710在位）曾叱咤一时，韦氏一门更是权倾朝野。在韦氏的墓葬中，有多幅反映他们享乐生活的壁画，其中的一幅饮宴图，更描绘了当时盛行的游宴。画中，九名男子围坐在桌前与宴，随侍人员环于两侧。九名男子的坐姿各异，有盘腿坐的，也有垂两足、垂一足的，还有支膝而坐的。在韦氏墓地的另一幅《六屏仕女》上，一位女子双脚着地坐凳，另一位女子怀抱琵琶正在弹奏，她右腿盘屈、左腿着地地坐在凳上。另外，阎立本所绘《历代帝王图》中，陈废帝和陈文帝盘腿坐在榻上；在唐太宗燕妃（609—671）的墓室壁画上，坐在榻上的夫妻，是传统的跪坐姿势；莫高窟第144窟晚唐索家供养像上，男女主人公礼

① ［梁］萧子显：《南齐书》卷五七《魏虏传》，中华书局1972年版，第986页。
② ［唐］姚思廉：《梁书》卷五六《侯景传》，中华书局1973年版，第862页。
③ 暨志远：《绳床及相关问题考——敦煌壁画家具研究之一》，《考古与文物》2004年第2期，第72页。

五百强盗成佛图像（局部），莫高
窟第 285 窟壁画，西魏。右侧的佛
垂坐于筌蹄之上

婆罗门度人，莫高窟第 303 窟壁画，
隋。婆罗门盘坐在筌蹄上，他的面
前有三人跪地倾听

宴饮，陕西西安南里王村韦氏家族墓出土壁画

佛时，是胡跪在榻上，"佛典中一般的'胡跪'，指的是竖左膝、右膝着地，双膝交错而跪的跪拜礼"①。

唐宋时期是高腿家具流行的早期，那时，对坐椅、坐凳还有一种特别的要求，那就是性别要求。虽然在一些唐宋传世名画如《捣练图》《挥扇仕女图》《调琴啜茗图》《韩熙载夜宴图》中，都有妇女坐椅、坐凳的形象，但据陆游《老学庵笔记》卷四记，直到北宋，仍然流行着这样的看法："士大夫家妇女坐椅子、兀子，则人皆讥笑其无法度。""兀子"，也作"杌子"，它是无靠背的凳子。按照这样的说法，尽管那时妇女的垂足而坐已被接受，但并不被提倡。但这种状况，到南宋时已有改变。

从席地而坐到高足家具，人们的日常生活受到了巨大影响，"坐姿由低向高发展的趋势，引起了很多其他变化。改用椅子以后，窗户的位置及屏风与屋顶的高低也因此改变；饮食习惯与衣着也跟随着家具改变，甚至人的心理状态可能也受到影响"②。高足坐具的使用，一定会带动其

六屏仕女（局部），陕西西安南里王村韦氏家族墓出土壁画

---

① 冯雪冬、黄晓宁：《"胡跪"义正》，《南开语言学刊》2019年第1期，第59页。
② 柯嘉豪：《椅子与佛教流传的关系》，《史语所辑刊》第69本第6分，1998年，第2页。

传［唐］阎立本《历代帝王图》卷中的陈废帝像（左）、陈文帝像（右）。两位皇帝盘坐于榻上

十二连屏之二，陕西礼泉燕妃墓出土壁画。
夫妻双双跪坐在榻上，前有侍女奉酒

贵妇与侍女，莫高窟第 231 窟壁画，中唐。
贵妇胡跪于毯上

索家供养像，莫高窟第 144 窟壁画，晚唐。索家是敦煌的豪族，男女主人礼佛时，相对胡跪于榻上

他室内用具的增高，否则就会出现尴尬。比如祭祀，苏轼和朱熹都讨论过这个问题，他们说，古代受祭对象都是跪坐于席上，那么，笾豆、簠簋也就要放在席上，并且笾豆、簠簋的大小、高下，也都要与祭祀对象的高度相适应；现在，受祭的对象都变成了高高在上的塑像，但祭祀的器皿还放在地上，鬼神要享用，只能俯伏匍匐才能够到，这就是存心不让鬼神得到享用。

坐上高腿家具后，房子的高度、窗户的位置和室内装饰物等，也会发生变化。早期的建筑相对低矮，这是因为人们坐在席上，高度上并不会感到压抑。而人坐得高了，房屋整体就要向高、宽转变，这样，庭、房变得越来越宏大、越讲究，像元载的那个著名的芸辉堂，"以沉香为梁栋，金银为户牖，内设悬黎屏风紫绡帐"[①]，宽大的室内，才好悬设屏风、帷帐。

坐在高腿家具上的人们，衣着也会随之变化。早期深衣流行，原因之一就是为保护隐私，那时内裤少见，长窄的深衣，就为人们提供了下体的遮蔽，古

---

① ［宋］李昉等：《太平广记》卷二三七引《杜阳编》，中华书局 1961 年版，第 1821 页。

（传）[唐]周昉《调琴啜茗图》，绢本，设色，75.26 厘米 ×27.94 厘米，美国纳尔逊·艾金斯艺术博物馆藏。右侧的两位贵妇坐在凳（杌子）上品茗、听琴

[五代]顾闳中《韩熙载夜宴图》（宋摹本，局部），绢本，设色，全图 28.7 厘米 ×335.5 厘米，故宫博物院藏。画中的男子坐椅、坐榻，女子坐凳

人讲坐姿，目的也在此，箕坐就意味着走光。垂足而坐后，这个问题就相对不那么突出了。再有，席地而坐时，人们的脚是置于臀部之下的，而坐在高腿家具上后，脚自然垂落，因此有人推测，五代之后兴起的缠足，可能就是受到了家具变化、坐姿改变的影响。

高足家具最直观的影响是在饮食上。吃饭、饮宴移到高桌上后，就餐更加方便，餐食器皿也更引人注意，所以宋代的碗、盘、杯等食器，就都变得精巧玲珑。而合食的出现，更改变了千百年来中国人的生活方式。中国并非自古就是合食的，早期席地而坐时，人们分餐而食，像孟光举着的，就是丈夫梁鸿的那份饭；即使参加宴会，大家也是一人一份，各吃面前的那一份，这从《陈书·徐孝克传》的记载，就可看到。国子祭酒徐孝克每次参加朝廷宴会，"无所食噉，至席散，当其前膳羞损减"，皇帝感到奇怪，后来得知，他是把一些珍果藏到衣服里，带回家孝敬老母了，"高宗嗟叹良久，乃敕所司，自今宴享，孝克前馔，并遣将还，以饷其母"，这里说的"当其前""孝克前馔"，就都是指徐孝克自己的那份食馔。合食的出现，是高足家具流行后的产物，"虽不能绝对地说是一个小小的食案阻碍了饮食方式的改变，但如果食案没有改变，饮食方式也不可能会有大的改变。历史告诉我们，饮食方式的改变，确实是由高桌大椅的出现而完成的，这是中国古代由分食制向合食－会食制转变的一个重要契机"[1]。唐朝时，高足家具的使用逐渐普遍，随之在图像上，我们就看到了更多的合食场景，像南里王村韦氏家族墓的

[宋]苏汉臣《靓妆仕女图》，绢本，设色，扇面画，26.7厘米×25.2厘米，美国波士顿美术馆藏。一位仕女垂足坐在闺房的坐榻上

礼席图，莫高窟第474窟壁画，中唐。庭中搭帷帐，帷帐内设一长桌，桌上铺帷，摆着食具、食物，男女宾客围桌就席

① 王仁湘编：《饮食与中国文化》，青岛出版社2012年版，第273—274页。

帐篷酒肆，莫高窟第 12 窟壁画，
晚唐。这种酒肆一般是百姓的饮
酒之处

宴饮图；还有敦煌壁画上的酒肆、婚礼中，人们也都是围桌合食。从唐朝兴起
的合食习惯，也影响了之后中国人对生活的认识，合食象征着团圆、美满，除
夕夜那一桌全家围坐的年夜饭，更是饱含了家的温暖与亲情的热度，它是每一
个中国人年年岁岁的热念。

◎第十章

行卜祭神与穷家富路：出行准备

从古到今，行的意义是逐渐加深的。

一项对人行走距离的研究显示，普通人每小时能走 4~5 千米，一天按 12 小时计算，总共能走 48~60 千米。当然，这一行走距离是有前提的，像路途不能是高山、险滩等，还要穿着相对舒适的鞋子，并在相对宜人的气候条件下。远距离的行走就意味着旅行，而旅行就会有人与人之间的交往。中世纪的英国政治家、哲学家托马斯·霍布斯（Thomas Hobbes，1588—1679）说，旧石器时代的生活是"孤寂、贫困、艰辛、残忍和短暂的"，那时英国是以游猎为主的社会，每 500 平方千米土地上的物产，才能满足一个人的生存需要①，因此当时的人口极少，也不需要与外界来往。中国原始社会的情况也类似，那时的人们生活范围狭小，行也是为猎取食物。

随着社会的进步，古人开始修路，慢慢走向外界。考古发掘显示，道路在中国出现得很早，在 5 000 年前的江苏吴江龙南聚落遗址中，一处住宅外，就有一条碎陶片铺成的 15 米小道。黄帝之后，道路的修建更多。据《史记·五帝本纪》记载，黄帝强大后，为进行征讨，曾大修道路，"披山通道，未尝宁居"；《夏本纪》则记夏禹治水的同时，也组织人力、物力修路，最终是"开九州，通九道，陂九泽，度九山"；殷商时，都城及各地的道路规模都很可观，《尚书·洪范》对此赞美说，"王道荡荡""王道平平""王道正直"；周灭商后，《考工记》说它是"国中九经九纬"，两京与四方的道路得以连接，交通更加方便。《韩非

---

① 见钱乘旦、许洁明：《英国通史》，上海社会科学院出版社 2019 年版，第 4 页。

子·外储说右上》记载一事，就说明了周时的道路交通。周初，受封于齐地营丘（今山东淄博市临淄区）的姜尚，听说当地有一位贤士狂矞，就请他出山，但狂矞"不臣天子，不友诸侯"，坚拒不出，因此被姜尚杀了，"当是时也，周公旦在鲁，驰往止之，比至，已诛之矣"，由此可以看到鲁至齐的道路畅通。

道路四通八达了，但新的问题又来了。新石器时代之后，中国进入了农耕阶段，伴随着小农经济成为主导经济模式，西周时就出现了安土重迁观念，两汉时，这一观念更已普遍存在，《汉书·元帝纪》载，汉元帝在诏书中就说："安土重迁，黎民之性；骨肉相附，人情所愿也。"在安土重迁观念影响下，行就成了很多人眼中的畏途。

小农可以安土重迁，但出行是帝王的重要工作，《晋书·礼志下》说："古者帝王莫不巡狩。"巡狩，指古时帝王到各地的巡视，它是帝王治理天下的手段，用以加强对疆土的控制。《史记·五帝本纪》就记载了五帝时期的巡狩，其中，对黄帝的巡狩是这样描述的："东至于海，登丸山，及岱宗。西至于空桐，登鸡头。南至于江，登熊、湘。北逐荤粥，合符釜山，而邑于涿鹿之阿。"黄帝不惮辛劳，游历四方，足迹所至的范围很广。舜的"接班"，也是因为他有超强的远行能力："尧使舜入山林川泽，暴风雷雨，舜行不迷。尧以为圣。"这些部族首领巡狩，为的是考察所属部族的典制和民风，也用以进行军事征伐。

进入早期国家夏商周后，巡狩是君主巡视王畿内外地方统治、劝导农业、体察民情的手段，对此，《孟子·梁惠王下》说："天子适诸侯曰巡狩，巡狩者，巡所守也。"西周时，诸王巡狩东方、致祭泰山，是其定制；周穆王"周行天下"的事迹，也广被传颂，根据《穆天子传》的记载，周穆王乘八骏之车游历西极，车辙很可能已达中亚。

随着疆域的拓展，人际交往也开始频繁起来，西周之后，行的意义已不限于帝王，对政客、文人来说，行也是必不可少的。像孔子就曾周游列国，以宣传他的思想主张；西汉大史学家司马迁更是游历全国，《史记·太史公自序》曰："二十而南游江、淮，上会稽，探禹穴，窥九疑，浮于沅、湘；北涉汶、泗，讲业齐、鲁之都，观孔子之遗风，乡射邹、峄；厄困鄱、薛、彭城，过梁、楚以

归。"太史公走南访北、搜讨古人遗迹，这才写下了伟大史著《史记》。

行具有重要的现实意义，诸子各家嗅觉灵敏，他们也早看到了这一点，所以《荀子·修身》说："食饮、衣服、居处、动静，由礼则和节，不由礼则触陷生疾。"在荀子的眼中，行——"动静"已赫然与衣、食、住并列，而被纳入了礼教范围；《孟子·梁惠王上》中，更将行旅视为王政的体现："今王发政施仁，使天下仕者皆欲立于王之朝，耕者皆欲耕于王之野，商贾皆欲藏于王之市，行旅皆欲出于王之途。"

张骞凿空，开拓了中西交通；陆上、海上丝绸之路更将唐朝与世界相连。唐朝时，四方之人纷至沓来，他们中有沿丝绸之路骑马驼而来的胡人，也有舟船跨海而来的日本遣唐使和僧人，还有被远途跨国贩卖的昆仑奴。在唐朝境内，跨地区的流动更是大规模地进行，煊赫一时的大宦官高力士出身潘州（今广东高州市），圣历元年（698），他被岭南讨击使李千里不远千里地从岭南送进了长安宫中，这让他在之后的盛唐政治史上，留下了浓墨重彩的一笔。

虽然各方交往频繁，但唐朝的行路难也不能被忽视。像 7 世纪中期出台的《唐律疏议》规定，犯人发配远地时，每天骑马要走 70 里，骑驴或步行走 50 里、坐车 30 里，这样，2 000 里外的发配，就至少要走一个月。今天，北京到广州的距离是 2 000 多千米，飞机三小时就可到达，一个周末，开会、公务、会友都能搞定，这与一千多年前的唐朝，是不可同日而语的。

世界性的现代货物流通，更使我们能够以最快的速度，体验到世界各地的优选之物，无论是技术产品，还是衣物、美食，等等；便捷的交通、方便的出游，还使我们放松了身心、领略到了世界各地的风情；出行更为我们的学习、工作提供了诸多方便。行拓展了今人生活的宽度与广度，使我们拥有了前所未有的生活质量。今天的人们在介绍自己时，常会说"我爱好旅游"，每每听到这话，我总会莞尔一笑："谁不爱玩儿呀。"这就是行带给我们的精神意义。

行是我们生活中必不可少的一部分，但古人的远行与现代不同，很多时候，它意味的是困苦与艰难，所以，他们出行前就要做足准备，无论是精神的还是物质的，准备都不能马虎。

张骞出使西域图，莫高窟第323窟壁画，初唐。此画描绘了张骞拜别汉武帝，穿过崇山峻岭，到达西域大夏国等内容。张骞是中西交通的开拓者，他的名字与丝绸之路紧密相连，他也受到了敦煌人民的敬仰，莫高窟壁画就是这一敬仰的具体呈现

三彩载伎骆驼，陕西历史博物馆藏。骆驼驮一平台，铺色彩斑斓的毛毯，毯上有八名乐手，其中七名男乐手身着汉服，手持笙、琵琶、排箫、拍板、箜篌、笛、箫正在演奏，中立一位体态丰腴的载歌载舞女子，这显然是一个以驼代步、表演歌舞的巡回乐团。唐朝社会开放，世界各地之人纷至沓来，并带来了他们的异域乐舞，琵琶、箜篌等都由西域传来

在安土重迁观念影响下，行就意味着不安定，《易·序卦》说，"穷大者必失其居"，深意就是安居比颠沛强。《论语·里仁》也教导："父母在，不远游，游必有方。"朱熹对孔子的这番话，做了如下阐释："远游，则去亲远而为日久，定省旷而音问疏；不惟己之思亲不置，亦恐亲之念我不忘也。"远游既让父母担心，自己还无法奉养父母。清人宦懋庸的《论语稽》更引申说："一自高堂之别，遂抱终天之恨。不孝之罪，百身何赎。"父母年高老迈，远游还可能耽误送终。但很多时候，行又是必不可少的，所以迫不得已必须远行时，就一定要有去处，不能让父母挂念。

远行不易，不但路难行、花费多，还有人身风险，"在家千日好，出门一时难"，这就是古人的切身感受。但现实中，男子要追求功名、打理生计、长途戍边，远行势在必行；女子也要省亲、随夫子宦游。如此，就迫使着人们走出家门，奔向各自的目的地。

一 道路关津与盗匪野兽：古人的行路难

古人出趟远门不容易，交通不便、盗匪出没、野兽威胁、贫病交加，都可能造成旅途不顺。

（一）沙堤到门与鸡鸣狗盗：古代的道路和通行

"车同轨"是古人大一统理想的重要内容，《中庸》第二十八章记孔子谈西周时盛况："车同轨，书同文，行同伦。""车同轨"的直意是统一车轨，在孔子的认识中，便利的交通网，是国家统一的前提要素。

"车同轨"的理想，在秦始皇统一中国后变成了现实。秦朝推行的是中央集权统治，中央的政令必须及时上通下达，基层郡县的情况也要随时上报，这样，高速、有效的交通网，就成了保证制度正常运转的前提。为此，秦朝修建了自京畿辐射四周的全国交通网，范围东到今辽东半岛及朝鲜半岛西北一部，北到阴山，西到甘肃临洮，南达两广和越南东北角；自京畿中央四射的驰道，通向下辖的四十多个郡，郡下之县也有道路相通。

　　驰道是天子专用之道，秦统一后曾大加修建，据《汉书·贾山传》，秦汉的驰道"道广五十步，三丈而树，厚筑其外，隐以金椎，树以青松"，驰道上划三车道，中道为天子专用道；驰道两侧每三丈植树一株，既为遮阴，也为测距；"隐以金椎"，"隐"即"稳"的意思。《汉书补注》引周寿昌曰说："以金椎筑之，使坚稳也。"使用金属工具夯击，使路基坚实稳固。对照近年来秦汉驰道的考古发现，《贾山传》中的描述是属实的。据考古工作者对命名为"1 号大道"的秦驰道的调查，该驰道"现存最宽处 54.4 米，一般在 40—50 米之间，路面中间高于两侧 10—15 厘米，呈鱼脊状，路土层厚 5—15 厘米，大道南北两旁均为淤泥，似为路面泄水之阳沟"①。秦始皇统一后，"治驰道、兴游观"②，曾有过五次出巡，凭借的就是这四通八达的驰道。

　　虽然秦汉之后的道路建设有了长足发展，但对官民来讲，出行依然艰难。暂且不说两汉时期，就说唐宋时的道路实况。唐两京的道路虽宽阔，但都是土路，晴天时有飞尘扬沙，遇雨时又会泥泞不堪。唐中宗时的某一年，洛阳连雨一百多天，以牛车出行的百姓都苦于道路难行，纷纷口出怨言。长安的情况也不比这好，因雨雪泥泞，皇帝都会将百官的朝参取消，据《唐会要·朔望朝参》记载，德宗就曾下诏，说今后遇到"雨雪泥潦"，就会"量放朝参"。为解决长安城的道路泥泞，玄宗时的京兆尹萧炅曾提议，在通向皇宫的要道上，修建用沙填实的特殊甬道。此后，这种沙路还成了一种礼遇，《唐国史补》卷下记载了相关的唐制规定："凡拜相礼，绝班行，府县载沙填路，自私第至子城东街，名曰'沙堤'。"之后，"沙堤欲到门"一词，就演变成了唐代官员即将拜相的同义语。

　　都城大道如此，其他干道的路况更不容乐观。再据《唐国史补》卷上记载，唐后期时，在渑池道上，发生过一次严重拥堵："有车载瓦瓮，塞于隘路。属天寒，冰雪峻滑，进退不得。日向暮，官私客旅群队，铃铎数千，罗拥在后，无

　　① 陕西省考古研究所编著：《秦都咸阳考古报告》，科学出版社 2004 年版，第 212 页。
　　② ［汉］司马迁：《史记》卷八七《李斯列传》，中华书局 1982 年版，第 2561 页。

可奈何。"最后，豪侠刘颇挺身而出，才化解了
这次严重拥堵。渑池道是中原的交通要道，它
是连接唐两京长安与洛阳之间的驿道，唐高宗
还曾在渑池修建过行宫紫桂宫。

行于偏地、小道的艰辛，更是常常出现在
唐宋人笔下。且不说李白的"蜀道之难，难于
上青天"，就来看看北宋曾巩《道山亭记》中描
述的闽地道路："其路在闽者，陆出则陁于两山
之间，山相属无间断，累数驿乃一得平地。"南
宋范成大的《骖鸾录》，也写出了江西的道路
惨状："自离宜春，连日大雨，道上淖泥之浆
如油。不知何人治道，乃乱置块石，皆刓面坚
滑。舆夫行泥中，则浆深汩没；行石上，则不
可著脚。跬步艰棘，不胜其劳。"

陆路难行，水路更危险，它受到了更多超
乎人力因素的影响，所以，汉代时就有了"乘
船危"的说法。白居易写的《开龙门八节石滩
诗序》，就让人看到了龙门潭的水路凶险："东
都龙门潭之南有八节滩、九峭石，船筏过此，
例反破伤。舟人楫师，推挽束缚，大寒之月，
裸跣水中，饥冻有声，闻于终夜。"宋人杨万里
的《瓜州遇风》也有"涛头抛船入半空，船从
空中落水中"的诗句。

除了道路问题，古人出门还要有通行证。
控制人口流动，是中国古代一以贯之的政策，
以农为本，就必须将人束缚在土地上，以保
证粮米的征收和人员的征用；分裂或面对敌人

难于上青天的蜀道，莫高窟第12窟壁画，晚唐。
几位旅人战战兢兢地走在蜀地峭壁边的栈道上

"鄂君启"错金青铜节，安徽寿县出土，战国·楚，中国国家博物馆藏。这是楚怀王发给鄂君启的水陆通行凭证，左为舟节，右为车节，用于通行道路并作免征税收之用，持此节者，沿途各驿站还可免费食宿。节上有错金铭文，内容包括持节者所拥有的车船、通行路线等事项

战国错金杜虎符，铜质，西安市南郊山门口出土，高4.4厘米、长9.5厘米、厚0.7厘米，陕西历史博物馆藏。秦汉时的符有多种，如出入关津的竹木符券、调兵遣将的金属兵符（以铜质为主）、派遣使者的竹使符等，符的用途主要是政治、军事的凭证信物。节是一般用于通行的身份凭证，用途广泛。杜虎符用于发兵作战，全符由左右两半合成，此为左半符。符面有错金铭文九行四十字，意思是：调兵之符，右半存于国君手中，左半在杜地军事长官手里，凡调动五十人以上的带甲兵士，左符须与右符契合且勘验无误；如遇点燃烽火报警的紧急情况，则不必合符

时，关隘是有效的屏障；统一后，关津同样是重要防御系统，它保证着疆域内的社会稳定与治安正常。据《初学记·关》，春秋时，"秦地西有陇关，东有函谷关、临晋关，南有峣关、武关，为关中"，"关中"的名字，就是这么得来的；《史记·秦始皇本纪》载，"秦并兼诸侯山东三十余郡，缮津关，据险塞，修甲兵而守之"，此时的关津，是维护统一的重要手段。明朝初建时，北方蒙古军队曾试图卷土重来，这时的关津，就成了前线的重要防御体系，明太祖时，曾大建边关，《明史·兵志三》记，洪武二年（1369），"自永平、蓟州、密云迤西二千余里，关隘百二十有九，皆置戍守。……又诏山西都卫于雁门关、太和岭并武、朔诸山谷间，凡七十三隘，俱设戍兵"。

为限制流动、维护治安，古时的城门、路口、隘口、津渡，都有机构进行守卫，盘查过往行人。先秦时，有司门、司关的设置，行人须持节、持传方能通过。"节"，《周礼·掌节》的解释是："门关用符节，货贿用玺节，道路用旌节，皆有期以反节。"不同身份的人，持不同的节过关；节有期限，过期作废。《周礼·大司徒》说，"无节者不行于天下"，无节而出入关门，就是私度，要处以徒刑。即使强行上路，手中无节时，住宿都会成问题，《史记·商君列传》记，商鞅变法时定制，"舍人无验者坐之"，而后来他被反变法派追捕逃亡时，就被客舍主人以这一制度为由，拒绝其入住。许多时候，符、节常连用，但两者

秦阳陵虎符，传山东枣庄临城出土，长8.9厘米、宽2.1厘米、高3.4厘米，中国国家博物馆藏。虎符呈卧虎状，可中分为二，虎的左、右颈背各有相同的错金篆书铭文12字："甲兵之符，右在皇帝，左在阳陵。"意思是此兵符右存皇帝处，左在驻阳陵（今陕西咸阳市东）的统兵将领处。调动军队，须由使臣持右符勘验相合，方能生效

的侧重不同。秦汉时的符有多种，如出入关津的竹木符券、调兵遣将的金属兵符（以铜质为主）、派遣使者的竹使符等，符的用途主要是政治、军事的凭证信物，节是一般用于通行的身份凭证。

先秦时，很多时候是单有节还不行，要佐以"传"，《周礼·掌节》就说："凡通达于天下者必有节，以传辅之。"传是身份证明文书，上面写着持传人的年龄、容貌、籍贯及携带的马匹、物品等。官、民都需要持传通行，只不过官吏使用公务传，百姓用私事传。秦统一六国前，传的重要性上升，取代节而成了主要的通行凭证。孟尝君的"鸡鸣狗盗"故事脍炙人口，而"鸡鸣"中，就有"传"的出场，对此，《史记·孟尝君列传》记："昭王释孟尝君。孟尝君得出，即驰去，更封传，变名姓以出关。""更封传"，就是更改之前传上的名姓，以快速出关。

汉唐时期，又出现了过所，并且它最终取代传，成了唐代的民用过关凭证。"过所"一词，最早出现在汉武帝时期，西汉末期时已比较多见，像居延汉简第一七〇·三号记："元延二年十月乙酉，居延令尚，丞忠，移过所县道河津关。遣亭长王丰，以诏书买骑马酒泉，敦煌，张掖郡，当舍传舍从者如律命。守令史诩，佐褒。十月丁亥出。"元延是汉成帝年号，共四年（前12—前9）。这就是一份随身携带的路证——过所，它是亭长王丰接诏令后去买马的通行、住宿凭证，它属于因公过所。西汉百姓陈请因私过所时，要由所在地乡啬夫代请，由县丞发放。东汉时的过所，已基本取代了传。

唐代时，百姓只要离开本县本州，就必须持有过所，这样才能出入关津，否则就要面临私度的惩罚。《唐律疏议·卫禁律》规定："诸私度关者，徒一年。越度者，加一等""不由门为越"。唐朝的过所制度完善，有严格的申请条件和审批程序，另外还规定了未持过所通行的刑事责任。过所的申请，京城由刑部的司门郎中员外郎掌管，京外则由州官审批。过所的申请步骤是：1）向本县呈牒申请，2）须有保人，3）州县审查行人是否为兵募逃户等，4）县尉或令丞核实资料，5）州属户曹收属县申牒，核实情况，拟过所两份，印州府印信，一份给申请者，另一份备案。刑部司门的审批步骤，与此大体相仿。过所的有效期为30日，过期须以旧申新。

　　唐朝设关禁，一为限制本朝人流动，二也为隔绝华夷，正如《唐六典》卷六所说："（关）所以限中外，隔华夷，设险作固，闲邪正暴者也。"但唐朝是中国历史上对外交往最发达的时代之一，各国往来贸易、留学之人众多，而这些外来人同样需要申领过所。从中亚进入唐境的粟特商人，在西部边陲重镇西州等地申领过所；过海的日僧，则在上岸后的扬州、明州、台州等地申领，日僧圆仁在《入唐求法巡礼行纪》中，详细记录了他为获得公验（过所）做出的各种努力。

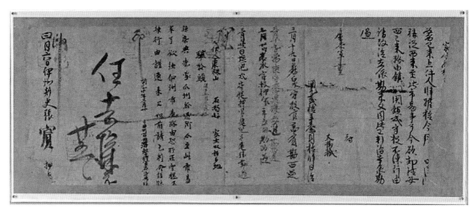

石染典过所，唐开元二十年（732），新疆维吾尔自治区博物馆藏。唐朝居民石染典从安西到瓜州往返经商，为通关而向官府申领了过所。他的过所由三张纸粘连而成，前后残缺，存文24行。文书中有朱印五处，首印为"瓜州都督府之印"，中间三印为"沙州之印"，结尾处为"伊州之印"

石岭关镇，莫高窟第61窟壁画，五代。石岭关镇位于今天太原以北约70公里处，唐朝在这里设石岭关，它是太原的北大门、历史上的战略要塞。中部榜题下的单檐歇山顶建筑，就应是石岭关为过往行旅设立的通道，几位肩担、骑乘、拉畜的行人，正在过关

唐朝时，玄奘是未获得过所而越度的最知名的一位人物。在小说《西游记》中，唐僧西天取经是得到太宗钦准的，但事实是，唐僧玄奘的出境既未经过皇帝的钦准，更是连过所都未获得，他是偷渡出境的，西出玉门关时，他甚至都没能从关门出境，而是让熟悉地形的胡人作向导，绕过了重兵把守的关门。这样，"越度"的玄奘在学成后，就要在返回唐境之前，先上书唐太宗，以获得皇帝的赦免。

元明清时期，过关凭证称路引、文引。明代的路引为纸质，采用半印勘合，也就是半印钤于路引上，半印存在发印的官府中，外出之人回来后，要进行勘合，勘合通过，路引撤销。路引的申请步骤同样烦琐，没有路引的惩处也依然严厉，《国榷》卷五记，明太祖洪武六年（1373），有人因祖母犯病急出求医，匆忙间忘带路引，"常州吕城巡检司执途人无引者送法司论罪"，吕城巡检司以无路引要对此人论罪，按《大明律·关津》的规定："凡无文引私度关津者，杖

八十。若关不由门、津不由渡而越度者，杖九十。"明律的量刑虽已较唐律减轻不少，但因孝顺祖母而被打得皮开肉绽，这于情于礼都说不过去，所以，"上矜而释之"，结果是有惊无险。

（二）夺釜于途和武松打虎：出行中的人身意外

古代的人们在远行途中，可能会遭遇许多意外，比如车辆损坏、驴马病死、盗匪劫掠、野兽侵袭、突发疾病等，盗匪和野兽更是防之不及的意外。

我们现在出门，一部手机、一张银行卡，路上所需费用大致搞定。古代的情况不同，出远门时，一定要带上不菲的旅资，所以，这些行旅就成了劫匪特别关照的对象。旅途遭劫，在《左传·襄公二十一年》就有记载："栾盈过于周，周西鄙掠之。"对"掠"，杜预的解释是"劫掠财物"。所以，"留下买路钱"并非后代才有，它从先秦到明清的各个时代都不鲜见。《战国策·秦策》记，游学四方的燕人蔡泽，在被赵国驱逐后，到达韩、魏边境，"遇夺釜鬲于涂（途）"，盗贼甚至连炊具都抢。所以，当大商人陶朱公派他的少子带着大量黄金去楚国时，为安全起见，就将黄金藏在粗陶器中，再用牛车拉着，以缩小目标。东汉时，彭脩"年十五时，父为郡吏，得休，与脩俱归，道为盗所劫"[1]，东汉时像彭脩父子般的被盗，并不罕见，那时甚至住官营旅舍——亭传中，都会有风险。像一位来自苍梧郡广信县的女子苏娥，行宿至高安鹊巢亭时，就被亭长杀害，亭长占有了她的财物，因此致富。

承平的日子，劫掠相对要少，以唐朝为例，《资治通鉴》卷一九三记唐太宗贞观之治的情况是："东至于海，南极五岭，皆外户不闭，行旅不赍粮，取给于道路焉"；卷二一四记玄宗开元之治时也是："行者虽万里，不持寸兵。"安史之乱后，战争频起，道路上的安全系数迅速降低，有人甚至因劫掠而发家。《宣室志》卷三记，河朔人李生早年时，就曾干过一票劫盗事："一日遇一年少，鞭骏骡，负二巨囊，吾利其资，顾左右皆岩崖万仞，而日渐曛黑，遂力排之，堕于

商人遇盗图，莫高窟第 45 窟壁画，盛唐。六位高鼻、深目、长须的胡商，将货物从两乘驴驮上卸下，站在手持刀剑的汉装劫匪面前

崖下。即疾驱其骡逆旅氏，解其囊，得缯绮百余端。"李生因此富有后，开始专心读书，后来还到州里做了个小官。

"水路行旅由于舟船与外界相对隔绝，以及舟航技术性较强以及行旅者不能主宰航向航程等原因，安全更难以得到保障。"[1] 元朝时，水上群盗甚至都出现在了朝廷的法令文书中，《元典章新集·刑部》记，朝廷接江淮地方呈报，江淮地区"濒江靠海，水面阔达，内有船户十万余户，其间逃役结党成群，以揽载为由，中途将客杀死，劫夺财物"。

古人远行时，还有野兽的侵袭。小说《水浒传》中，梁山好汉武松徒手打虎、为民除害，已成了人们传诵的佳话，小说源于生活，它是对古代虎患猖獗的现实提炼。古代的蜀地就一直是虎患严重，《华阳国志·巴志》记，秦昭襄王（前 306—前 251 在位）时有白虎为害，危及秦、蜀、巴、汉之间的人员往来，秦王不得不用重金、封地为筹，招募杀虎壮士。另据《北梦琐言》记载，唐末

---

① 王子今：《中国古代行旅生活》，商务印书馆国际有限公司 1996 年版，第 138 页。

时，"蜀路剑、利之间，白卫岭石筒溪虎暴尤甚，号'税人场'。商旅结伴而行，军人带甲列队而过，亦遭攫搏"。鉴于蜀地虎患严重，唐朝曾出台规定，特许从骆谷、金牛、子午三道入蜀的行客自带防卫武器。除了蜀地，中原也同样有虎患存在，《后汉书·刘昆传》记，"崤、黾驿道多虎灾，行旅不通"，崤、黾驿道，就是今天河南三门峡、渑池之间的道路，这是当时重要的交通线；唐玄宗也曾颁《命李全确往淮南授捕虎法诏》："如闻江淮南诸州大虫杀人，村野百姓，颇废生业，行路之人，常遭死失。"唐朝的淮南地区，也是虎患严重。

除了虎，其他猛兽也会给行人造成威胁。《抱朴子·登涉》记民间有谚说，"太华之下，白骨狼藉"，原因之一就是"遭虎狼毒虫犯人"；杜甫的《水宿遣兴奉呈群公》一诗，也讲到了他漂泊路上的情形："风号闻虎豹，水宿伴凫鹥。"

曹操有《苦寒行》一诗，这首诗从路到车、从虎豹到迷路、再到饥寒，为我们呈现了一幅古人出行难的全景："北上太行山，艰哉何巍巍！羊肠坂诘屈，车轮为之摧。树木何萧瑟，北风声正悲！熊罴对我蹲，虎豹夹路啼。溪谷少人民，雪落何霏霏！延颈长叹息，远行多所怀。我心何怫郁？思欲一东归。水深桥梁绝，中路正徘徊。迷惑失故路，薄暮无宿栖。行行日已远，人马同时饥。担囊行取薪，斧冰持作糜。悲彼《东山》诗，悠悠令我哀。"古人的出行不但要面对自然条件的恶劣，还要操心出行的食用，担心出行的安全。

五台山图，莫高窟第61窟壁画，五代。左：曳赶卧驴，一头不堪重负的毛驴，因困乏而就地躺在了途中，两人前面紧拉、后面猛抽卧驴。右：上山的行旅

二　占卜祭祀与拜佛祈福：出行前的精神准备

行路不易，还有风险，所以古人对远行分外重视，他们认为如不谨慎，旅途就会出现劫难或魔妖威胁。人们畏惧远行，如必远行，就要提前行卜择吉、祭祀行神、拜佛祈福。

（一）卜筮蓍龟与时日宜忌：占卜吉凶

《史记·龟策列传》："太史公曰：自古圣王将建国受命，兴动事业，何尝不宝卜筮以助善！……王者决定诸疑，参以卜筮，断以蓍龟，不易之道也。"古代时，无论是帝王巡游、征伐，还是百姓出行、经商，都要先做心理准备，他们占卜吉凶，逢吉则行，遇凶而止。

商王征伐、畋猎前，烧龟甲、兽骨以测吉凶，这为人所共知。甲骨文中，"贞，勿行出？贞，行出？""往来亡灾？"等字句，就是占卜出行的结果。秦汉时，出行前进行占卜，依然是一个重要习俗。《史记·龟策列传》是一篇专门论述占卜的文章，文中就有"卜求当行不行""卜追亡人当得不得""卜行遇盗不遇"等内容。《汉书·梁丘贺传》还记载了这样一件事，汉宣帝准备去昭帝庙举行祭祀，但临行前，仪仗先导的一把佩剑坠落，头插泥中，剑刃正对着皇帝的乘车，驾马也因此受到惊吓。对此，梁丘贺受召以蓍草占问，问筮的结果是"不吉"，汉宣帝因此回宫，改由主管官员主持祭祀。

秦汉时的民间，人们以《日书》做选择时日吉凶宜忌的参考，在睡虎地出土的秦简《日书》中，就多有某日"行吉""凡此日不可以行，不吉"的内容。吉日启程，是中国古人一直遵守的习俗与原则，元朝人在生活小百科全书《居家必用事类全集·丙集》中说，按照传统说法，出行须避开初四、初七、十六、十九、二十八的"五不详日"，而初一、初九、十七、二十五则是吉日；择日还有"四顺日"，"建宜行，成宜离，寅宜往，卯宜归"。

唐宋时期，占卜日益通俗化、平民化，操作十分简单。像流行的数卜，使用的工具就是算子、骰子等。孔子马头卜法就是一种简单的抽法，将9枚刻着数字的算签放入竹筒，占卜时晃动竹筒，直至一枚算签摇出，再根据签上的数字（1—9），到卦书中寻找对应的卜辞来判断吉凶。按照敦煌文书 S.1339 的《孔子马头卜法》，用此法，可以"卜欲行及出在外欲归安稳否""卜行人何时日来""卜被贼抄将为死为在""卜远人好否在死"等。

　　古代的城市都有卜肆，北宋王安石的《汴说》云，卜者"抵今为尤蕃，举天下而籍之，以是自名者，盖数万不啻，而汴不与焉。举汴而籍之，盖亦以万计"。北宋时的开封人口有百万，其中的卜者竟"以万计"，比例之高超乎想象。远行时做占卜、算卦，是既卜日子，也卜人、卜马。唐朝岐阳人许栖岩要入蜀，买的一匹瘦马更瘦了，他担心这马不中用，就到卜肆为马做占卜；商人逐利走四方，商妇在家苦守牵挂，《云溪友议》卷下记，商妇们为排解忧念，她们的金钗也会用来做卜资，"莫作商人妇，金钗当卜钱"。另据元末明初高丽汉语教材《原本老乞大》，元朝时的一位高丽商人准备回国，想择一吉日出发，于是就去卦铺算卦："俺拣个好日头回去。我一就待算一卦去。这里有五虎先生，最算的好有。咱每那里算去来。"这位高丽商人问卦人："我待近日回程，几日好？"五虎先生回答说："我与你选个好日头。甲乙丙丁戊己庚辛壬癸是天干，子丑寅卯辰巳午未申酉戌亥是地支。建除满平、定执破危、成收开闭。你则这二十五日起去，寅时往东迎喜神去，大吉利。二两半卦钱留下者。"这位算卦的五虎先生，选日子时也用的是通行的择日标准，但因为名气大，收费也不菲。

　　古人认为，行的吉凶要占卜，但它更在日常的德行积累。上面说过，古帝王有巡狩的习俗，据说这后来还发展成了制度，帝王要五年一巡狩。而行前，就要先卜问吉凶，五

商代甲骨，西北大学历史博物馆藏。这是一件卜骨，背面残存三个圆形凿孔，正面刻辞三条，第一条是："戊申卜，贞：王田于盂，往来亡灾？"

[北宋] 张择端《清明上河图》卷（局部），全卷 24.8 厘米 ×528 厘米，绢本，淡设色，故宫博物院藏。
此画描绘了清明时节北宋都城汴京东东角子门内外和汴河两岸的繁华热闹景象。在这个局部中，右侧有
一算命铺子，就设在左侧的官衙旁，铺子中坐一算卦先生，正在为左侧男子算卦

年五卜，五卜皆吉，方可启程；占卜不吉，则是因为德行有欠，需推行德政后
再行问卜，这就是《左传·襄公十三年》说的："先王卜征五年，而岁习其祥，
祥习则行，不习则增修德而改卜。"

古人出行禁忌多，要占卜，还要选择吉日，更要修身养德，有人也确实都
依着做了。南北朝人颜之推的《颜氏家训·杂艺》中，说到了两个典故"反支
不行，竟以遇害"和"归忌寄宿"，前一个讲的是西汉末年的张竦，后一个说的
是东汉桓帝时的陈伯敬。《汉书·陈遵传》记，张竦"博学通达，以廉俭自守"，
王莽败亡时，"竦为贼兵所杀"。其实，张竦是知道兵祸将临的，"会反支日，不
去，因为贼所杀"，那天恰逢是星命数术中说的禁忌凶日，张竦便执意不去，因
此被杀。关于陈伯敬，《后汉书·郭镇传》记，汉桓帝时人陈伯敬，平生谨小慎
微，恪守各项禁忌与礼俗，"行必矩步，坐必端膝，呵叱狗马，终不言死，目有

所见，不食其肉，行路闻凶，便解驾留止，还触归忌，则寄宿乡亭"，但凡旅途中出现凶兆，一定马歇人止；出行遇到忌日，也必寄宿在外、绝不返家，但他最后也同样未得善终。因有这些事情发生，颜之推就对出行禁忌产生了怀疑，他说："凡阴阳之术，与天地俱生，其吉凶德刑，不可不信；但去圣既远，世传术书，皆出流俗，言辞鄙浅，验少妄多。"① 当然，相信吉凶宜忌，一直是社会的主流，直到今天的《皇历》（或称《黄历》）上，都有"宜出行""忌出行"的内容。

（二）"风萧萧兮易水寒"：行神祭祀

中国古代社会的早期，盛行祖道。祖道，也称祖饯，它是人们为即将远行的旅人举行的祭祀行神和饯饮的送别仪式。

除占卜择吉外，行前的祭祀行神也同样重要。行神专管出行事宜，但行神为谁、何时出现，到现在都没有定论。行神被人格化而依附于传说人物，已是汉代之后的事情了。有说是共工之子修，《白虎通》云："共工之子曰修，好远游，舟车所至，足迹所达，靡不穷览，故祀以为祖神。"还有说是黄帝之子累祖，《宋史·律历志中》曰："黄帝之子曰累祖，好远游，死道路，故祀以为道神。"不管是谁，人们尊奉这些神灵的心理，都是希望得到具有超强能力的先人的庇护。

行神崇拜由来已久，周代时，就有常规的行神祭祀和行前的路神祭祀，两者都有严格的礼制程序。周王在冬天举办行神祭祀，祭祀时，神主设于軷壤之上，軷壤就是高两寸、东西宽五尺、南北长四尺的神坛（一周尺大约长20厘米）。使者出使前则举行祖祭，祭祀路神，《仪礼·聘礼》郑注云："行出国门，止陈车骑，释酒脯之奠于軷，为行始也。"神坛用土堆成小山状，这象征的是道路的险阻。祭祀时，在祭坛之侧饮酒，以犬羊为牺牲。祭祀行神，既是希望保佑上路的人、畜平安，也祝祷路途顺利，没有险阻。

汉魏之后，举行祖道已不限于贵族，西晋嵇含的《祖赋序》就说："祖之在，

---

① ［北齐］颜之推，王利器撰：《颜氏家训集解》卷七《杂艺》，中华书局1993年版，第583页。

于俗尚矣，自天子至于庶人，莫不咸用。"关于上层的祖道，《史记·五宗世家》记，临江王刘荣受汉景帝召而回长安，行前，他在江陵北门举行"祖"，仪式结束后上车，突然"轴折车废"，这不祥的预兆，让江陵的父老们怆然泪下，他们预感到："吾王不反（返）矣！"居延汉简104.9则记载了基层军事组织中的祖道敛钱，"候史襃予万岁候长祖道钱，□道钱，□道钱，出钱十付第十八候长祖道钱，出钱十付第廿三候长祖道钱，出钱十，出钱□"。

上层的祖道仪式无疑会更隆重、更气派。据《诗经·烝民》，周宣王的辅弼大臣仲山甫远出时，就行祖道，"仲山甫出祖，四牡业业，征夫捷捷，每怀靡及"。《史记·刺客列传》记燕太子丹的送别荆轲，其实是一场慷慨激越的为壮士送行的祖道：

> 太子及宾客知其事者，皆白衣冠以送之。至易水之上，既祖，取道，高渐离击筑，荆轲和而歌，为变征之声，士皆垂泪涕泣。又前而为歌曰："风萧萧兮易水寒，壮士一去兮不复还！"复为羽声忼慨，士皆瞋目，发尽上指冠。于是荆轲就车而去，终已不顾。

"既祖，取道"，道出了祖道之义。再有《汉书·疏广疏受传》记，汉宣帝时，太傅疏广和兄子少傅疏受以功成名就，要求告老还乡，行前，"公卿大夫故人邑子设祖道，供张东都门外，送者车数百两"。

祖道还称祖饯，据《仪礼·聘礼》郑注，饯原是在祭祀行神后，旅人与送行之人"饮酒于其侧"的礼仪。《诗经·韩奕》说的是韩侯去朝周王，举行了祖饯，"韩侯出祖，出宿于屠，显父饯之，清酒百壶。其肴维何？炰鳖鲜鱼。其蔌维何？维笋及蒲。其赠维何？乘马路车。笾豆有且，侯氏燕胥"。诗的大意是：韩侯出行祖道，到了屠地停宿。显父为他饯别，备上了清酒百壶。以裹上泥烤的鳖和鲜鱼为看馔，以竹笋和青蒲为菜蔬，以乘马和路车为赠礼，盛满食物的食器众多，诸侯们也纷纷加入了饯饮之宴。魏晋之后，祖道中行神祭祀的地位下降，这类饯饮逐渐成了主要内容。

山东嘉祥武氏祠东汉画像石《荆轲刺秦王》。战国时，秦灭赵，兵指燕国，太子丹震惧，便计划派荆轲入刺秦王。荆轲献计，以秦国叛将樊於期的首级和燕督亢（今河北涿县、易县、固安一带）地图献秦王，借机行刺。公元前227年，太子丹等在易水边为荆轲送行，荆轲奔赴秦国。此画展现的就是荆轲刺秦王的情景：樊於期的头颅在交验，督亢的地图被呈进，图穷的一刹那匕首见，荆轲手中的匕首投向头戴通天冠的秦王

晋人张华写有《祖道赵王应诏诗》，诗曰："发轫上京，出自天邑。百寮饯行，缙绅具集。轩冕峨峨，冠盖习习。恋德惟怀，永叹弗及。"虽然诗题是"祖道"，但行神祭祀以祷出行平安的早期动机，已经向着抒发离情转变了。祖道时饯饮与离情分量的加重，预示着平民化的送别仪式即将到来。

（三）诵经不辍与烧香呪愿：佛教祈福

佛教在两汉之际传入中国，魏晋南北朝时广为传播；隋唐时期，佛教的发展达到鼎盛，并全面融入中国社会文化。佛教成为中国民众的又一重要信仰。

佛教在中国传播的早期——魏晋南北朝时期，为争夺信众，僧侣们声称佛教的神灵具有魔力、高僧们也有预言的功力，他们以佛教的因果报应思想作宣传宗旨，利用人们趋利避害的心理，以神异故事的形式，宣扬神佛灵验，诱导民众信奉佛教；他们还将佛教灵异应验故事记录下来，用具体实例吸引信众。佛教灵异应验故事称灵验记，也称功德记、应验记、冥报记，像梁释慧皎的《高僧传·神异上》就记载，佛图澄常派弟子去西域买香，某次弟子出发前，佛图澄告知弟子路上会有杀头的大劫难，为此，佛图澄"烧香呪愿，遥救护之"，果然挽弟子于被杀。

佛教在中国传播后，教徒们做功德、祈福报的形式多样，像诵经、行香、

抄经、绣像、施舍、斋会、造像、建窟、立寺等，而出行的祈福一般是诵经，当事人自诵经求福，家人也诵经为远行亲人祈福，灵验故事也大肆宣扬诵经对行人的佑护。唐释道世所撰《法苑珠林·救厄篇·感应缘》记，晋人徐荣乘舟返家，遭遇湍流、浪大失航等危险，但最后都平安度过，原因就是徐荣"唯至心呼观世音""诵经不辍口"；南齐王琰《冥祥记》载，潘道秀随军北伐被俘，他伺机南逃，数日惊心后，终还故地，这是因为他"少信佛法，恒至心念观世音，每梦寐，辄见像"。传说中的观世音菩萨，是一位大慈大悲、救苦救难的善良菩萨，其灵验本事出《妙法莲华经·观世音菩萨普门品》，在观世音菩萨的神力灵验内容中，就有"若为大水所漂，称其名号，即得浅处""云雷鼓掣电，降雹澍大雨，念彼观音力，应时得消散"等，徐荣、潘道秀自诵《观音经》，因得化险为夷。唐朝的苏长就任巴州刺史，途经嘉陵江时浪大船翻，家人六十多人溺亡，"唯有一妾常读《法华经》，船中水入，妾头戴经函，誓与俱溺。妾独不沈，随波泛滥，顷之着岸"[①]；虢州（治所在今河南灵宝）朱阳尉白仁哲受遣押粮到辽东，"入海遇风，四望昏黑，仁哲忧惧，即念《金刚经》三百遍……须臾风定，八十余人俱济"[②]。苏长妾和白仁哲是念《法华经》（《妙法莲华经》的简称）《金刚经》得救的。

就像佛图澄为弟子"烧香呪愿"一样，家人们也诵经以护佑远行的亲人。南朝宋刘义庆《宣验记》载，车某遭战事被俘，"其母先来奉佛，即燃七灯于佛前，夜精心念观世音，愿子得脱"，最终，车某历经七昼夜，在佛光的指引下得以返家。《酉阳杂俎·续集》卷七也记，一位丰州（位于今内蒙古五原县南）守卫烽火台的兵士被北蕃掳去，并令他在部内养马，后来赞普听他说家中有老母，便私下给了他两匹马，这位烽子辗转数日，最终回到了丰州家中，老母悲喜交加地告诉儿子："自失尔，我唯念《金刚经》，寝食不废，以祈见尔，今果其誓。"以《金刚经》佑护出行，在宋元明清时的民间依然流行，佛家因果应验

---

① ［唐］道世撰，周叔迦、苏晋仁校注：《法苑珠林校注》卷十八《敬法篇·感应缘》，中华书局 2003 年版，第 607 页。

② ［宋］钱易：《南部新书·庚》，黄寿成点校，中华书局 2002 年版，第 104 页。

海船遇难图,莫高窟第 45 窟壁画,盛唐。一艘大船上,一群撑篙、摇橹的船夫,正在与妖魔鬼怪、狂风恶浪奋力搏斗

观音救海难图,莫高窟第 288 窟壁画,五代。这是《法华经》观音普门品变中的故事,一群过海求宝的人遭遇黑风,岸边一群罗刹鬼迎面而来,海上诸龙大张其口,船上四名船夫紧张地摇桨、撑竿、掌舵,求宝人双手合十念诵观世音求救,果然观世音现身于前

故事同样层出不穷。由此可见，以诵经祈求出行平安，已成了魏晋之后民众信奉的又一重要祈福方式。

三　行李盘缠与穷家富路：出行前的物质准备

古人出趟远门不易，少则一年半载，多则数年，路上的风险大，途中所需的行李，也要在出发前仔细准备。

行李，古代也称行装、行囊。行李的内容依个人需要而定，但基本的生活用品如粮食、干粮、衣物、洗漱用品、铺盖、雨具等，还有钱、帛等开销用度，都是必不可少的。《后汉书·杜林传》记，西汉末年遭遇动乱的杜林，率领郡人由关中远去河西避难，"道逢贼数千人，遂掠取财装，裸夺衣服"，杜林们逃难时携带的行装，就有财物和衣服。因为要带的东西很多，所以行李笨重，在《西游记》第二十三回中，猪八戒就抱怨师徒四人的行李太重："八戒道：'哥哥，你看这担行李多重？'……'哥呵，你看数儿么：四片黄藤篾，长短八条绳。又要防阴雨，毡包三四层。匾担还愁滑，两头钉上钉。铜镶铁打九环杖，篾丝藤缠大斗篷。似这般许多行李，难为老猪一个逐日家担着走。'"早期时，食宿条件差，远行时更要带上釜锅、灯具等。《孔子家语·在厄》就记，当年孔子一行受困于陈、蔡之间，七天未食，子贡想办法弄到了米，"颜回、仲由炊之于坏屋之下"，这说明孔子一行是带着炊具的。

行李中的珠宝、钱粮、帛绢都属于行资，因为这些货物是古代货币体系中的等价物，这从北魏杨衒之《洛阳伽蓝记·城北》的如下记载，就可看到："宋云与惠生割舍行资，于山顶造浮图一所。"清代文人袁枚的《随园诗话》

鼎形铜行灯，战国，平凉庙庄战国秦墓出土，甘肃省博物馆藏。行灯开启高 30.2 厘米（下），收合高 16.7 厘米（上），口径 11.3 厘米。收合时为三足圆鼎，内盛燃灯时所用的油料；用灯时，将双键支起，鼎盖即成灯盖。行灯使用方便，封口严密不溢油，是贵族出行时的用灯

卷五记，他赏识落魄才子宋维屏，就代他向两淮盐运使卢雅雨写了一首诗做推荐，"卢喜，赠以行资"。

以铜钱、米粮做行资不但重，而且体积大，所以只能适量携带。魏晋南北朝时，"无论是贵为天子、官吏，抑或身为平民、术士，在旅费的数量上均相差不多，说明数千钱、数斛米是当时通行的大致标准"[1]。钱、粮不便携带，中古之前的有钱人，便选择以较轻的珠宝和绢帛做行资，像《史记·越王勾践世家》记，范蠡助勾践灭吴后远走，"装其轻宝珠玉，自与其私徒属乘舟浮海以行"。绢帛虽轻，但带多了同样招眼，上文说的河朔李生盗劫时，看中的就是那位少年装着大量缯绮的"二巨囊"。

大约在宋元时，盘缠的叫法开始出现。在元人王实甫的杂剧《西厢记》第五本《张君瑞庆团圞》第一折中，就有"红娘取银十两来，就与他盘缠"的内容；明人洪楩辑编了宋元明三代的短篇话本小说集《清平山堂话本》，在卷三《杨温拦路虎传》中，也有"要归京去，又无盘缠"的描述。盘缠也称盘川、盘程、行费、盘费、路费、裹费，刘鹗在《老残游记》第一回记述老残身世时写道："其先，他的父亲原也是个三四品的官，因性情迂拙，不会要钱，所以做了二十年的实缺，回家仍是卖了袍褂做的盘川。"《儒林外史》第三十三回《杜少卿夫妇游山　迟衡山朋友议礼》，杜家先祖门生李巡抚荐举杜少卿入京做官，杜少卿先给差官"几两银子作盘程"，又筹措路费去见李大人，他"在家收拾，没有盘缠，把那一只金杯当了三十两银子，带一个小厮，上船往安庆去了"，出门后发现，"这番盘程带少了，又多住了几天……叫了一只船回南京，船钱三两银子也欠着"。

出门在外万事难，因此古人讲"穷家富路"，在家可以省着，出门的花销就要打出富裕。清人石玉昆的《三侠五义》第二十三回讲到，饱学之士、贫儒范仲禹没有路费进京赶考，他的知己老友刘洪义听说后，就帮他筹钱一百两银子，并跟范仲禹说："银子虽多，贤弟只管拿去。俗话说得好：'穷家富路。'"

---

[1]　张承宗、魏向东：《中国风俗通史 魏晋南北朝卷》，上海文艺出版社 2001 年版，第 150 页。

"花银"银锭，明洪武十六年（1383），长 7.7 厘米，宽 5.6 厘米，重 368 克，中国国家博物馆藏。"花银"是元末至清初民间普遍使用的银色称谓

古人深知，出门在外会遇到意外，财物充足多少能化解难处。北宋梅尧臣有诗《行路难》，说的就是远行时钱财的重要："途路无不通，行贫足如缚。轻裘谁家子，百金负六博。蜀道不为难，太行不为恶。平地乏一钱，寸步邻沟壑。"囊中羞涩，只会寸步难行。然而，古代许多旅人在筹措行资时，就已是捉襟见肘，更别说"穷家富路"的宽裕了。宋人洪迈的《夷坚志·甲志》卷十一记，北宋左丞相何执中，"在布衣时贫甚，预乡贡，将入京师，无以为资，往谒大姓假贷"；《支丁》卷七也记，举人丁湜"假贷族党，得旅费，径入京师，补试太学，预贡籍"。何执中和丁湜都是靠借贷，才得以进京成就功业的。

汉人崔寔的《政论·阙题九》说："小人之情，安土重迁，宁就饥馁，无适乐土之虑。"这一安土重迁观念影响深远，不要说古代了，就是改革开放前，也还有许多中国人没有或鲜少离开过家乡。古代的出行，更是一件大事，它不但是物质上的一次"破费"，还是精神上的一次"洗涤"，旅人要把"安土重迁"的观念暂时放下，正面直视一直视若畏途的旅程，他们和亲朋们用各种仪式完成了这一"洗涤"，而又用"穷家富路"的行资，为旅人添上了足够的底气，旅人们在精心做了准备后，即将开始他们的旅程。

第十一章

官民有异与宾至如归：途中旅宿

出门在外，住好、吃好是完成旅行的基本前提。古代的交通不发达，出行的日子愈加漫长，旅途的住宿也就更重要。但那时的旅宿又受很多限制，除落后导致的旅宿稀少、丰俭由人导致的贫富差距外，官民有别也让官办旅舍带上了等级歧视色彩，它们一般只接待带"官"字的旅人，无论他是官员还是持官方证明之人。《史记·货殖列传》说："天下熙熙，皆为利来；天下壤壤，皆为利往。"商业的发展，促进了私营旅舍的繁荣，西晋时，潘岳写了一篇《上客舍议》，总结了私营旅舍的历史与利弊，而总结性论著的出现，就是一件事物发展到一定阶段的必然结果。

在"行生活"中，旅宿是不得不重点说到的，官方旅舍为出差的官吏提供住宿，保证了帝国的正常运转；私营旅舍向商人、百姓敞开，既活跃了社会经济，也使亲情得以联络。

一 传亭与旅馆：官办旅舍

中国古代是等级社会，就住而言，不但官员的私宅有严格的等级，就是出行时的旅宿，也有官民、上下的差别。在旅宿的等级中，官民之别最显著，而官办旅舍中的官员住宿标准，也同样分三六九等。

江村大墓外藏坑出土文物。陕西西安白鹿原有一处墓葬，一直被称作"江村大墓"，2021年12月14日，国家文物局正式公布，此墓就是汉文帝霸陵所在地。霸陵是一座超大型墓葬，面积5 256平方米，深达30多米，墓葬形制是秦汉时期顶级贵族使用的"亚"形，墓室四周发现了110多座外藏坑。目前，从已发掘的8座外藏坑中，出土陶俑、铜印、铜车马器及铁器、陶器等1 500余件

（一）"年年柳色，灞陵伤别"：灞亭相送

折柳赠别是古人送别的一个重要习俗，它起于汉而盛于唐。"秦楼月，年年柳色，灞陵伤别"，这是李白《忆秦娥》中的诗句。秦娥从梦中惊醒，眼前是照着楼台的月色，借着月色向楼下望去，只见杨柳依旧青青，不禁勾起当年灞陵折柳、送别爱人的心伤回忆。"人有悲欢离合，月有阴晴圆缺""自古多情伤离别"，古人重情，离别是他们生活中的重要情愁。唐代，东出长安城有著名的灞亭，它是一个驿站，也是饯别东行亲朋之处。

在古诗词中，灞水是表达离别的重要意象，因它得名的霸陵、灞岸、灞桥等，都与折柳赠别有着解不断的联系。灞水是长安城东的一条南北走向河流，它源出秦岭蓝田，北入渭河，与渭、泾、沣、涝、潏、滈、浐同称"长安八水"。灞水，也称霸水，"古曰兹水，秦穆公更名以章霸功"①。汉文帝葬在灞水上游，是为霸陵，汉因此设霸陵县，而它原本是秦朝的芷阳县。古代时，"灞"通作"霸"。

《三辅黄图·桥》记灞水上建灞桥，"在长安东，跨水作桥"。"灞桥"，也作"霸桥"，至迟在西汉末年就已修建，但那时的桥是木构的，所以《汉书·王莽传》记，"火烧霸桥""桥尽火灭"，灾后重建，改称"长存桥"。可能正是在这次大

---

① ［汉］班固：《汉书》卷二八上《地理志上》颜师古注，中华书局1962年版，第1544页。兹水，同书卷一《高帝纪上》引应劭曰"滋水"，第23页。

火之后，灞桥由木构改为了石梁，所以《初学记·桥》说："汉又作霸桥，以石为梁。"唐朝时，灞桥又增扩为南北双桥。

灞桥是霸陵地区的重要标志，霸上（也作灞上）就是指灞桥及其附近地方，但汉、唐两朝的霸上，地点又有所不同。隋废汉长安城，在其东南营建新都大兴城，唐改称长安城，长安周边的交通线，也随着城址的变动而出现变化，"秦汉时的霸上主要指汉霸桥及其附近。到隋唐时期，南移了十里左右，即今灞桥附近"①。

汉唐时，霸上是东西交通的要地，极具战略意义，宋人程大昌的《雍录·霸水杂名》就说："此地最为长安冲要，凡自西东两方而入出峣、潼两关者，路必由之。"汉唐时，往来于长安和潼关以东的军队、旅人，必跨灞水。《汉书·高祖纪》载，西汉初年，刘邦兴兵讨英布，令太子率士卒三万"军霸上"；《周书·文帝纪上》云，东、西魏分裂，东魏高欢率兵"袭陷潼关，侵华阴"，西魏宇文泰"率诸军屯霸上以待之"，因未能取得霸上，高欢只得退兵，而留大将薛瑾把守潼关。

重要如此的霸上，在历史记载中却是被叫得五花八门，对此，《雍录·霸水杂名》做了如下总结："凡霸城、芷阳、霸上、霸头、霸西、霸北、霸陵县，相去皆不逾三二十里，地皆在白鹿原上，以其霸水自原而来，故皆系霸为名也。别而言之，则霸上云者，为其正岸霸水也，故既名上霸，亦名霸头也。"

霸上是离开长安之处，汉末王粲的《七哀诗》云，"南登霸陵岸，回首望长安"，走过灞桥、去到灞水彼岸的旅人，已开始回首怅望了，胸中也升腾起了思乡之情。灞桥因此又被唐人称为"销魂桥"，对此，五代王仁裕的《开元天宝遗事》卷下记："长安东灞陵有桥，来迎去送，皆至此桥，为离别之地，故人呼之为'销魂桥'。"这一别名来自一个典故，它就是南朝江淹的《别赋》："黯然销魂者，唯别而已矣。"

灞桥是东出长安的要冲，所以它是重要的邮驿所在，汉代就在此设灞亭。

---

① 李健超：《霸上与长安》，《西北大学学报（社科版）》1984年第1期，第102页。

位于甘肃敦煌的汉悬泉驿
遗址

亭是秦统一后的一种基层行政建置，十里设亭，亭有亭长，以掌治安，兼理民事，也管传送文书的邮驿。《汉官仪》说，汉代的邮驿也是"十里一亭"，亭大略就是乡级邮站，是汉代邮传系统的最基层单位。亭的分布广泛，城内有都亭，各地有乡亭。为接待往来的官员和信使，亭就修建了房舍，逐步具备了旅舍的功能，这种低级的官营旅舍称"亭传"。对亭的食宿功能，东汉应劭《风俗通义》解释说："汉家因秦，大率十里一亭。亭，留也。今语有亭待，盖行旅宿食之所馆也。"《史记·李将军列传》记有"霸陵尉止广宿亭下"一事，李广与前颍阴侯之孙一起隐居在蓝田南山射猎，一天夜里他带一名骑从出去，与人在乡下饮酒，"还至霸陵亭，霸陵尉醉，呵止广。广骑曰：'故李将军。'尉曰：'今将军尚不得夜行，何乃故也！'止广宿亭下"。李广被止的灞陵亭，就有住宿功能。再有《汉武故事》记，汉武帝曾微服行至柏谷，"夜投亭长宿，亭长不纳，乃宿于逆旅"，想住官办的亭，是要有身份证明的。

作为驿站，亭既提供住宿也有食物供应，因此灞桥送别时，人们会到灞亭设筵钱别。以酒相送是中国的一个古老习俗，祝祷行神后，就要"饮酒于其侧"。魏晋之后，祭祀行神仪式中的奉酒话别，更开始喧宾夺主。关于唐人的灞亭话别，卢藏用诗《饯许州宋司马赴任》有句，"山川襄野隔，朋酒灞亭暧"；刘长卿的《送友人东归》也说，"对酒灞亭暮，相看愁自深"；岑参的《送祁乐归河东》也云，"置酒灞亭别，高歌披心胸"。

把盏作别后来到桥边灞岸，折一枝垂柳送给离人，以此祝福旅人一路平安。唐人的折柳诗很多，描述的就是这一习俗。杨炯的《折杨柳》，"望断流星驿，心驰明月关。藁砧何处在，杨柳自堪攀"；张九龄的《折杨柳》，"纤纤折杨柳，持此寄情人。一枝何足贵，怜是故园春"；施肩吾的《杨柳枝》，"伤见路边杨柳春，一重折尽一重新。今年还折去年处，不送去年离别人"。唐代灞桥两边河岸宽广，岸上广植柳树，"杨柳含烟灞岸春，年年攀折为行人"[1]。

折柳赠别的习俗起源很早，成书于汉末魏初的《三辅黄图·灞桥》已记："汉人送客至此桥，折柳赠别。"以柳寓意离别，最早见于《诗经·采薇》："昔我往矣，杨柳依依；今我来思，雨雪霏霏。"之后的《古诗十九首·青青河畔草》，也以"郁郁园中柳"和"荡子行不归，空床难独守"，抒发了闺妇的离愁别恨。

柳，也称杨柳，这二者是一种植物、还是一类二种？古人有不同说法。唐人说，"柳"成为"杨柳"，是因为柳受赐了隋朝国姓。按《隋炀帝开河记》，大运河修通后，炀帝采纳了虞世基两岸种柳的建议，并亲种一株，"栽毕，帝御笔写赐垂杨柳姓杨，曰杨柳也"。明朝人俞宗本在《种树书·木》中，也以柳和杨是一种植物，只不过是"顺插为柳，倒插为杨"。而李时珍《本草纲目·柳》的看法不同，他说："杨枝硬而扬起，故谓之杨；柳枝弱而垂流，故谓之柳。盖一类二种也。"不管对柳的物种认识如何，"有意栽花花不发，无心插柳柳成荫"，柳树适应性强、有旺盛的生命力这一特点，则是世人共知的，白居易的《东涧种柳》就说："野性爱栽植，植柳水中坻。乘春持斧斤，裁截而树之。长短既不一，高下随所宜。倚岸埋大干，临流插小枝。松柏不可待，梗楠固难移；不如种此树，此树易荣滋。无根亦可活，成阴况非迟。三年未离郡，可以见依依。"柳的这一特性，正暗合了亲朋希望游子生命力顽强的愿望。

---

① 　《全唐诗》卷二八三，李益《途中寄李二（一作戎昱诗）》，中华书局1960年版，第3231页。

唐长安城民送别游子、柳寄离情，并不限于城东的灞桥；城西的渭城，也是送别西出故人之处。渭城居渭水北岸，原是秦都咸阳，《元和郡县图志·京兆府上》云，"秦自孝公、惠文、悼武、昭襄、庄襄王、始皇、胡亥并都之"；汉朝建立，改称渭城，隶右扶风；唐朝称咸阳县，属京兆府管辖。王维有《渭城曲》（一作《送元二使安西》）一诗："渭城朝雨浥轻尘，客舍青青柳色新。劝君更尽一杯酒，西出阳关无故人。"渭城地处西去的丝绸之路上，"西出阳关"就意味着长久的离别，渭城客舍的新鲜柳色，正是离情别恨的象征；路途遥远的万里跋涉，艰辛寂寞在所难免，所以，要劝朋友再酌一杯，以此壮行。李白的《送别》一诗，也说到了渭城的送别朋友："斗酒渭城边，垆头醉不眠。梨花千树雪，杨叶万条烟。惜别倾壶醑，临分赠马鞭。看君颍上去，新月到应圆。""西出阳关""临分赠马鞭"，较之灞桥离别的多情，渭城的送别带上了一分豪迈，多了一层建功立业的雄心。

折柳赠别也不限于长安城人，雍陶在做阳安（今四川简阳）地方官时，"送客至情尽桥，问其故，左右曰：'送迎之地止此。'陶命笔题其柱曰'折柳桥'"。折柳相赠，情意绵绵，雍陶赋诗《题情断桥》，言其改桥之故："从来只有情难尽，何事名为情尽桥？自此改名为折柳，任他离恨一条条。"

送往迎来的折柳多了，加之树木老化，到盛唐时，隋堤柳已是衰残稀疏，对此，王泠然《汴堤柳》云："今日摧残何用道，数里曾无一枝好。驿骑征帆损更多，山精野魅藏应老。"姚合《杨柳枝词》也说："江亭杨柳折还垂，月照深黄几树丝。见说隋堤枯已尽，年年行客怪春迟。"

折柳、灞亭，最终演变成了重要的离别意象，但它们曾是实实在在的物与事，特别是灞亭，它是亭这种低级官营旅舍的缩影。

（二）人所止息与身份特权：传舍与驿馆

"一骑红尘妃子笑，无人知是荔枝来"，杜牧《过华清宫绝句》的这两句诗流脍人口，它以杨贵妃和荔枝，象征了唐玄宗天宝政局的腐败。对于杨贵妃的嗜荔枝，唐人李肇的《唐国史补》卷上记："杨贵妃生于蜀，好食荔枝。南海所生，尤胜蜀者，故每岁飞驰以进。"荔枝产于南国，为满足当朝宠妃的嗜好，驿卒们千里奔波、急递快送，这也是生逢其时的杜甫在《病橘》中说的："忆昔南海使，奔腾进荔支。""南海"就是南海郡，最早设于秦朝，唐初改称广州，天宝元年（742），再改为南海郡，今天广东省的大部地区都属南海郡。南海郡进贡荔枝，至迟在东汉时就开始了，《后汉书·和帝纪》载："旧南海献龙眼、荔支，十里一置，五里一候，奔腾阻险，死者继路。"那时的南海郡，已经在以急递的形式，向京师洛阳进贡荔枝。当然，对杨贵妃所食荔枝的产地，历来争论不休，除岭南（南海郡）之说外，还有川蜀、福建等说法，但这两说是宋人提出的，南海郡则是唐人记载的。

南海郡的"飞驰""奔腾"进荔枝，动用的是国家的驿传资源。中国古代的驿传地位重要，它是政府的邮政通信系统，由分布各地的驿站连接而成，它也融通信、交通、馆舍于一体，自周代时就已较完善，具备了相当规模。秦汉实现国家一统，疆域空前辽阔，驿传制度更在全国范围内建立起来。对于驿站，历代有不同叫法，周时称"邮""置"，春秋、战国时叫"遽""传""驲"，秦称"邮"，汉称"邮""置""驿""传"，魏晋称"邮""驿"，唐称"驿""馆"，宋有"急递铺"，元称"站赤"，明清曰"邮驿"。驿站设于交通要道，汉唐时，基本的设驿距离是三十里，《续汉志·舆服上》说"驿马三十里一置"，《大唐六典》卷五也说"凡三十里一驿"①。

驿站要为官员、人夫、马匹提供食宿，因此就兼具了旅舍功能，在中国历史上，驿站是承担旅舍功能最悠久的官办机构。中国古代特别是秦汉大一统国家建立后，信息往来、官员巡视、监察、军队调动等，都需要有相应的食宿保证，这样，附于驿站的官办旅舍，就迅猛发展起来。

驿站下的官办旅舍，汉时叫"传舍""传"，唐时称"驿馆"。对于"传"，《释

---

① ［唐］李林甫等：《大唐六典》卷五驾部郎中员外郎条同时还说："若地势险阻及须依水草，不必三十里。"（广池千九郎训点、内田智雄补订，广池学园事业部1973年版，第127页）。古代设驿的情况基本如此，各驿之间的距离并不绝对。唐代时，西北沙州各驿之间的距离在60—100里之间，而都城附近则在10—20里之间。

名·释宫室》的解释是："传，传也，人所止息而
去，后人复来，转转相传，无常主也。"传主要接
待出差的官吏，为他们提供免费食宿和车马。传至
迟在战国后期就已出现，《战国策·魏策》记，魏
臣管鼻就曾"入秦之传舍"；《史记·廉颇蔺相如列传》
也记，秦昭王"舍相如广成传"。

汉代时，上至皇帝、下到小吏，都会入住传
舍。汉代的皇帝经常外出巡游，所到之处如果没有
离宫别馆，就会下榻在当地的传舍；汉初《二年律
令·赐律》规定，"吏各循行其部中"，这样，郡守
要"行县"，刺史要"行部"，这些官员也要住在当
地传舍；汉代的平民也可止宿于传舍，只不过需要
付费，除非是特殊情况。这些都使汉朝的道路上，
充斥着各色人等，偶然还会有皇帝居于其中，传舍
需要频繁地接待这些来客。《后汉书·方术列传》
引《谢承书》记，时任荆州刺史的谢夷吾巡县时，
恰遇汉章帝南巡至此，于是，章帝诏谢夷吾到鲁阳
传舍录囚，"上临西厢南面，夷吾处东厢，分帷隔
中央"，传舍成了君臣的临时办公场所。

汉代的地方官吏因处理辖区事务，会长年奔波
在路上。1993 年，在苏北尹湾 6 号汉墓墓主师饶的
足部，出土了汉简《元延二年日记》，它记录了师
饶在元延二年（前 11）的工作情况。这一年，师
饶先后担任过东海郡法曹、□曹书佐，去世时是郡
功曹。师饶生活的西汉后期，东海郡下辖 20 县、
18 侯国，是汉代的大郡，辖境包括今天的鲁南和
苏北。汉代的郡法曹主管邮驿，功曹则是郡吏之

东汉"武阳传舍比二"铭铁炉，贵州毕节赫
章可乐遗址出土，贵州省博物馆藏。"武阳"
是汉武帝时设立的犍为郡的郡治首府，位于
今四川成都市南彭山县附近；"传舍"是古
代的官营驿站；"比二"是与此物相比有两
件的意思

驿使图，嘉峪关魏晋 5 号墓出土，甘肃省博
物馆藏。一位信使头戴黑帻，身着皂缘领袖
中衣，左手持文书，跃马疾驰在道路上，此
图生动地再现了当时西北地区驿使驰送文书
的情景，被认为是我国发现最早的古代邮驿
的形象资料。1982 年 8 月 25 日，为纪念中华
全国集邮联合会第一次代表大会召开，邮电
部发行《驿使图》纪念邮票，此后，"驿使图"
就成了中国邮政的"形象大使"

首，总管众务，特别是掌管郡吏的选拔与黜免。因工作性质，师饶要经常在郡内外出差，他要巡视属县、考察邮驿、遴选郡吏候选人；因郡守不得随意离开辖区，他还要代表本郡与邻郡、邻国沟通、联系，所以在元延二年这一年，他曾六次出差，到周边的楚国和琅琊郡。出公差的路上，传舍是师饶使用最频繁的旅舍形式，依西汉历法，元延二年共 354 天，师饶住宿传舍就有 37 天，占十分之一以上。此外，师饶还有 29 天住在亭传中。传舍和亭传虽都是官办旅舍，但传舍的级别高，一般设在县或县以上的治所，有车马供往来官员使用；亭传是乡级旅舍，设在道上、乡里或偏僻的地方，虽也提供饮食住宿，但条件相对简陋。

到了唐代，传舍改称驿馆。也就是在驿馆，元稹曾遭遇过一件尴尬事。据《旧唐书·元稹传》，宪宗元和四年（809），外出巡视的监察御史元稹奉诏回京，"宿敷水驿，内官刘士元后至，争厅，士元怒，排其户，稹袜而走厅后。士元追之，后以棰击稹伤面"。内官为争住驿馆的好房子——上厅，直接和元稹发生了肢体冲突，元稹被打，极为狼狈。更倒霉的是，元稹还被说成是"少年后辈，务作威福"，因此被贬为江陵府士曹参军。元稹的"不幸"也说明，唐朝驿馆的房间不止一间，而且有好、差之分。有鉴于元稹争厅事件的发生，朝廷出台了相关规定，对此，《唐会要·御史台中》记："御史到馆驿，已于上厅下了，有中使后到，即就别厅；如有中使先到上厅，御史亦就别厅。"按此规定，今后是御史、中使谁先到，谁住上厅。

实际上，唐代驿站的规模非常可观，一般有驿楼、驿厩、驿厅、驿库等。驿厅住人，数量很多，可同时容纳百人入住；驿库存放食物，驿厩提供牲畜所需。岑参有诗《题金城临河驿楼》："古戍依重险，高楼见五凉。山根盘驿道，河水浸城墙。庭树巢鹦鹉，园花隐麝香。忽如江浦上，忆作捕鱼郎。"诗中描述的金城（今甘肃兰州）临河驿，就有驿楼、城墙、花园、池沼。

作为官办旅舍的唐朝驿馆，使用起来有很多规定。首先要取得凭证，唐前期时以铜符为凭，后期改为纸质的符券，符券的审批权京城在门下省，京外归地方官；给驿也不是无限期的，《唐六典》卷三云："凡陆行之程：马日七十里，

步及驴五十里，车三十里。"水上也有相应的程限规定。在规定的陆路、水陆程限内，才能享受驿站提供的服务。驿站只为出使、赴任的官员及随行家属提供免费驿传、食宿，并依官员的品级、身份高下，享受不同待遇，不得超标。因私外出时只可住宿，不得接受其他供给，对此，《唐律疏议·杂律》的规定是："职事五品以上、散官二品以上、爵国公以上，欲投驿止宿者，听之。边远及无村店之处，九品以上、勋官五品以上及爵，遇屯驿止宿，亦听。并不得辄受供给。"如出现违规，要视情节轻重，处以笞四十到杖一百的刑罚，情节特别严重的，还要按盗窃罪论处。

制度归制度，执行起来就未必如此了。唐后期时，符券已是滥给，同时，还出现了另一种"转牒"，也就是节度使批的条子，凭着转牒，持券人也可在驿中食宿、接受招待。除此，节度使还有权批"食牒""馆帖"，凭此，持条人就可在驿中吃饭，虽然不能住宿，但这种条子多了，也会对驿馆造成极大烦扰。

除了驿馆，唐朝时还有另一种官办旅舍——馆，《通典·职官·乡官》云："其非通途大路则曰馆。"馆建在偏僻处，驿馆建在大道上，馆的等级不如驿馆高，这可见如下事例。敬宗宝历二年（826），山南西道观察使奏请，改甘亭馆为悬泉驿、骆驼蓍馆为武兴驿、坂下馆为右界驿，要将辖区内的三个馆提升为驿馆。虽然等级有差别，但驿馆、馆都属国营，使用时都须持有官方凭证。据日僧圆仁的《入唐求法巡礼行记》，在他到达文登县后，申请了登州都督府的公验，持此公验，他"〔从〕县行卅里到招贤馆宿""出招贤馆，行卅里到龙泉村斜山馆断中"。驿馆和馆的功能相近，到唐后期时，两者的区别日渐缩小，因滥给符券，驿馆招待的客人增多，而馆有时也配备有马匹，所以，二者已很难区分，这样，"旅馆"一词，就开始在唐朝流行了。

旅馆总称驿馆、馆两类官办旅舍，而不再对两者做区分，戴叔伦《除夜宿石头驿》（一作《石桥馆》）一诗，对此交代得很清楚："旅馆谁相问，寒灯独可亲。一年将尽夜，万里未归人。"这首诗的诗名是"除夜宿石头驿""除夜宿石桥馆"，明确点出主人是在驿馆过的夜，但诗句中则将驿馆换称为了"旅馆"，这样，驿馆＝旅馆就是非常明确的了。一些墓志作者，也同样将驿馆或馆直称

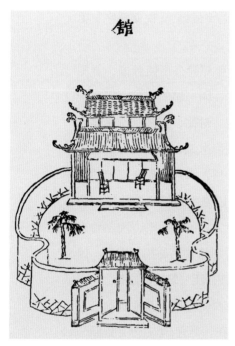

[明]王圻、王思义编集《三才图会·宫室一》中的馆

为了旅馆。唐高宗时，张臣合被授泉州刺史，上任途中，他"薨于扬州之旅馆"（《大唐故正议大夫使持节兼泉州刺史潞城公墓志铭并序》）；高宗时的另一位湖州刺史封泰，年终赴京上计，"舡次汴部，薨于旅馆"（《大唐中大夫使持节湖州诸军事湖州刺史封公墓志铭并叙》）；唐末时，家住洛阳的范夫人，出门探望远嫁的小女儿，不幸在返程途中"终于扬州扬子县之旅馆"（《唐故北海范氏夫人墓志铭并序》），范夫人的女婿夏侯儵的职务不明，可能是在做使职差遣之类的工作，范氏死在扬子县的旅馆中，有可能是夏侯儵利用工作之便，为岳母弄到了一张符券，让她住在了沿途的馆中。

"旅馆"这个词并不是唐人发明的，刘宋诗人谢灵运早就用过它。谢灵运有一首诗《游南亭》，诗中有句"旅馆眺郊歧"，这首诗作于永初三年（422），此时的谢灵运，被外放为永嘉太守。永嘉郡（治所在永宁县，今浙江温州市）多名山秀水，谢灵运在任期间，率情遨游，足迹几乎踏遍了每个属县。身为郡太守的谢灵运巡行属县，自然要住在官办旅舍中，南亭就应是其中的一处官办旅舍。

（三）悬头槀街与来宾受舍：定向官办旅舍

周时的天子与诸侯以及诸侯之间，经常遣使往来，此称"聘"、称"问"。到达出使国后，使

者下榻在为他们准备的专项旅舍中，这就是各国修建的诸侯馆，《说文解字》弟五下说，诸侯馆的用途是"以待朝聘之客"。

《左传》记载，鲁襄公三十一年（前542），子产随郑简公出使晋国，晋国不按宾礼接待，"子产使尽坏其馆之垣，而纳车马焉"，因下榻的宾馆之门过于狭窄，郑国的车马无法进入，子产便作出了这个决定。对此，晋国执掌诸侯宾馆的司功士文伯非常不满，对子产大加责备，子产则回怼说，晋以大国自居，不尊重他国，他还以晋文公为盟主时晋国诸侯馆的舒适，来对比现在宾馆的逼仄："侨闻文公之为盟主也，宫室卑庳，无观台榭，以崇大诸侯之馆，馆如公寝……宾至如归……今铜鞮之宫数里，而诸侯舍于隶人，门不容车，而不可逾越。"侨，子产名。子产以"宾至如归"来形容晋文公时诸侯馆的招待周到。因子产的严辞申述，晋平公后来不但以厚礼接待了郑简公，还"筑诸侯之馆"。

子产的故事，让我们看到了晋国诸侯馆的情况，而同时期的其他各国也有诸侯馆。像郑国的诸侯馆，也同样是诸侯间斗智的所在。再有，《左传》记昭公元年（前541）春，"楚公子围聘于郑，且娶于公孙段氏，伍举为介，将入馆，郑人恶之，使行人子羽与之言，乃馆于外"。楚公子围到郑国交聘并同时娶妇，郑国认为楚国另有所图，因此婉拒公子围入住诸侯馆，而让他住在城外。

另外的诸侯馆，像鲁国在重这个地方有"重馆"；周在洛汭设馆，但这只是周朝所设的诸侯馆之一，按《周礼·遗人》，"五十里有市，市有候馆，候馆有积"，五十里就要有一个诸侯馆的设置。在周代封邦建国的分封体制下，聘礼是天子诸侯间保持联系的重要途径，而诸侯馆就是这一政体的产物。

汉代时，国营专项旅舍的种类更多，它们以"邸"相称，有国邸、郡邸、蛮夷邸等。《汉书·元后传》记，汉成帝的异母弟、定陶王刘康自侯国来朝，成帝及太后王政君以殊礼接待，而这样做的原因，一是父皇元帝生前器重刘康，二是成帝无子，想让刘康做继承人。刘康就这样被成帝留在了京师，"其后天子疾益有瘳，共王因留国邸，且夕侍上，上甚亲重"，留在京城的刘康，就住在自己的国邸中。汉代的国邸，是中央为诸侯王在京师建造的朝宿之舍，以为入朝时的诸侯使用。刘邦建汉，惩秦孤立而亡的教训，改秦朝的单一郡县制，而为郡县、王国并立的混合地方制，《汉书·韩彭英卢吴传》"赞"曰："昔高祖定天下，功臣异姓而王者八国。"高祖末年，异姓诸侯王被翦灭，代之以大批同姓诸侯王，依照汉代制度，这些诸侯王需要定期赴京朝请。

作为地方机构，西汉的郡与国并立，各郡在京师也建有郡邸，它就是各地的驻京办事处，"主要用途是食宿。使用者包括各地赴京朝请的官吏，年终上计例行来京的官吏，各地选送京师的孝廉秀才亦可居住，在京求宦者也能留宿其中，管理则是由各郡出资，并派人负责，一定程度上发挥了凝聚乡人的作用"[①]。使用郡邸，须有郡守开的介绍信"传"，持传者可在到达京师后，入住郡邸。《史记·季布列传》记，季布任河东郡守，"人有言其贤"，汉文帝便召他入京，并拟任他为御史大夫；这时，又有人说他虽然勇敢，但好发酒疯、难以接近。季布虽"留邸一月"，但任命之事最终还是作罢。季布留宿的"邸"，应该就是河东郡的郡邸。《汉书·朱买臣传》也记载了朱买臣在会稽郡邸发生的轶事。朱买臣出身于会稽，在仕途遇挫、等待重新任命时，常到京城的会稽郡邸跟同乡守邸者（郡邸管理者）蹭饭。当他终于接到会稽太守的任命后，故意穿着旧衣、怀揣印绶，步行回到了郡邸。这时，上计的"会稽吏"正在郡邸的庭院聚饮，对朱买臣的到来视而不见，朱买臣也就步入室内，去和守邸者一起吃饭。偶然间，守邸者看到了朱买臣的印绶，大惊失色，赶紧跑出去告诉正在痛饮的郡吏们，郡吏们当然不信，"其故人素轻买臣者入〔内〕视之，还走，疾呼曰：'实然！'坐中惊骇，白守丞，相推排陈列中庭拜谒"。从这段描述也看出，会稽邸的建筑规模应该不小，它至少有比较宽大的中庭。

自先秦以来，中原王朝与周边四夷多有交往，四夷入京朝贡是双方往来的重要形式。为款待四夷使者，就要为他们准备下榻的宾馆，汉代的蛮夷邸、唐代的鸿胪馆，就都属此类宾馆。

接待四夷使者入住，自来有一套规矩，它源自周时的天子赐舍、来宾受舍制度。据《周礼·司寇》，周朝设有掌讶一官，"掌邦国之等籍，以待宾客""至

---

① 侯旭东：《从朝宿之舍到商铺——汉代郡国邸与六朝邸店考论》，《清华大学学报（哲社版）》2011年第5期，第34页。

于国，宾入馆，次于舍门外，待事于客"，掌讶负责四夷使者的接待、食宿等。汉代时，专门接待四夷使者的机构蛮夷邸（也称蛮夷馆）出现，它的位置设在长安城的藁街，蛮夷邸既款待四夷使者，也惩治悖恶首领。汉宣帝时，匈奴内部分裂，五单于争立，呼韩邪单于附汉，郅支单于杀害汉使、西阻交通，不同的向背，使两人的结局迥异。《汉书·陈汤传》载，元帝时，西域都护甘延寿、副校尉陈汤发兵，诛灭郅支单于，随后，两人上疏："宜县（悬）头藁街蛮夷邸间，以示万里，明犯强汉者，虽远必诛。"最终，"斩其首，传诣京师，县蛮夷邸门"①。这是震慑入住蛮夷邸的四夷的举措。而对来朝的呼韩邪单于，据《汉书·宣帝纪》，宣帝不但"赐以玺绶、冠带、衣裳、安车、驷马、黄金、锦绣、缯絮"，还专程来到长安西北的池阳宫，并在渭河的横桥旁，举行了隆重的迎接典礼，礼毕，"单于就邸"，而此"邸"，就应是藁街的蛮夷邸。还有，《汉书·王莽传下》记，王莽将王昭君之女当从匈奴诱来，对此，大司马严尤曾上谏："当在匈奴右部，兵不侵边，单于动静，辄语中国，此方面之大助也。于今迎当置长安藁街，一胡人耳，不如在匈奴有益。"对于"藁街"，颜师古注曰："蛮夷馆所在也。"当也被安置在了蛮夷邸。历史上，蛮夷邸是首次设立的专门接待蕃客的官方旅舍，它是汉朝中央与边疆及域外民族交往密切的产物。

唐朝的对外交流频繁，《资治通鉴》卷一九八记唐太宗有名言曰："自古皆贵中华，贱夷、狄，朕独爱之如一，故其种落皆依朕如父母。"自太宗开始，唐朝就奉行开放的民族与对外政策，周边四夷与外国使节络绎而来，而朝廷接待他们入住的旅舍，主要是鸿胪客馆。据《新唐书·西域传上》，贞观二十一年（647），阿史那社尔被任命为昆丘道行军大总管，以讨龟兹。龟兹王被生擒后，带至京师，伏罪，太宗"诏赦罪，改馆鸿胪寺"，被赦免的龟兹王一行，就被安置了鸿胪客馆。唐朝的鸿胪客馆，位于皇城南的含光门东，与含光门西的鸿胪寺东西相对，执掌客馆事务的是鸿胪寺属下的典客署。对于典客署的职掌，《唐六典》卷十八记："凡酋渠首领朝见者，则馆而以礼供之。"唐阎立本画的《步

① ［汉］班固：《汉书》卷九《元帝纪》，中华书局1962年版，第295页。

[唐]阎立本《步辇图》，绢本，设色，38.5厘米×129厘米，故宫博物院藏。唐太宗贞观年间，吐蕃首领松赞干布请婚唐朝，太宗以宗女文成公主出嫁。贞观十四年（640），松赞干布遣使者禄东赞入唐致礼，此画表现的就是唐太宗接见禄东赞的场景。唐太宗端坐在宫女抬着的步辇上，画面左侧自右至左，依次是主掌外宾事宜的鸿胪寺官员、禄东赞和译语人

辇图》，展现的是唐太宗接见吐蕃使者禄东赞的画面，画面左侧的吐蕃使者，前有鸿胪寺官员引见，后有译语人相随，这位吐蕃使者也当住在鸿胪客馆。

　　唐朝对四夷使者的接待，从郊外的迎接就开始了，直至住进客馆，对此，《新唐书·南蛮下》记："戎夷朝贡，将至都，中官驿劳于郊，既及馆，恩礼尤渥。"一旦入住鸿胪客馆，使者及家属、随从的所有日常生活，就全由唐政府包了，饮食、薪炭、铺盖的供给自不在话下，甚至丧葬，唐政府也要拨款，为之安葬，当然，这些供给会视使者的身份而有等级差别。因唐朝的接待政策优渥，四夷使者不但来得多，很多人还留居下来、长期不走。据《资治通鉴》卷一九八，贞观末年，"四夷大小君长争遣使入献见，道路不绝，每元正朝贺，常数百千人"。到中唐时，四夷使者已是留居太多，所以，德宗贞元三年（787），宰相李泌就对长安的"胡客"进行了检索。据《资治通鉴》卷二三二记，此次检索的结果是，其中的四千人已在长安住了四十多年，这些人都已娶妻生子、购买田宅、放贷取利，

"安居不欲归"，但却仍然享受着唐政府给予的各项优待，因此，李泌"命检括胡客有田宅者停其给"，最终，没有田宅的只有十多人，这些人仍由鸿胪寺供给，继续住在鸿胪客馆。

除了鸿胪客馆，官办的四夷客馆还有四方馆。武则天时，契丹首领孙万荣反唐，"奴斩其首以降，枭之四方馆门"[1]。四方馆也有四夷使者聚居，因此这一枭首示众，也起到了汉代"悬头橐街蛮夷邸间"的同样作用。宋代之后，接待蕃客的客馆制度更加完善，元、明时有会同馆，清朝则有会同四译馆等。

古代的官营旅舍都提供饮食，"'舍'字从'舌'，可能正与这里可以提供行旅饮食有关"[2]。《周礼·遗人》记载的馆驿制度是："凡国野之道，十里有庐，庐有饮食。三十里有宿，宿有路室，路室有委。五十里有市，市有候馆，候馆有积。""委"和"积"，都是为提供旅人饮食而储积的丰富物质。在《史记·孟尝君列传》中，冯驩投奔孟尝君后，被安置在传舍中，因供给的饮食中无鱼，他就开始唱"长铗归来乎，食无鱼"；在被提升一级住到"幸舍"后，饮食供给中就有鱼了。这个故事说明，一般的传舍既提供住宿也供给饮食，只不过饮食的等级有差别。再有，《汉书·黄霸传》记颍川太守黄霸委派亲信良吏秘出巡察，"吏出，不敢舍邮亭，食于道旁"，按常规，这些吏员应像师饶那样，食宿在传舍、邮亭中，但因工作特殊，不便亮出身份，只得在道旁吃一下食物。另外，唐朝时，灞亭为送别的人们提供饮食；日僧圆仁也在龙泉村斜山馆吃了午饭。宋代之后的官舍，提供食宿也是其基本职能之一。

二　逆旅与邸店：民办旅舍

民办旅舍面对的人群最大，它的历史也非常悠久，它有多种经营方式，经营者的身份各异，在各类历史记载中，留下了很多发生在民办旅舍的轶事。

① ［宋］司马光：《资治通鉴》卷二〇六则天皇后神功元年（697）六月甲午条，中华书局 1956 年版，第 6521 页。
② 王子今：《中国古代行旅生活》，商务印书馆国际有限公司 1996 年版，第 73 页。

（一）客舍稠密与山店迎客：逆旅与旅店

关于古代的民办旅舍，就从晋人潘岳的《上客舍议》[①]说起。

晋武帝太康七年（286），时任怀县令的潘岳写下了《上客舍议》，此文详细论述了中国古代民间旅舍逆旅的起源和利弊，是中国历史上少有的讨论旅店的专文。潘岳写这篇文章，针对的是皇帝下敕关闭逆旅，对此，《晋书·潘岳传》记："时以逆旅逐末废农，奸淫亡命，多所依凑，败乱法度，敕当除之。"由于存在问题，皇帝就要将逆旅改为官掌民办，十里一设，"老小民使守之，又差吏掌主，依官舍收钱数"，潘岳认为这样做不妥，朝廷最终也听从了他的意见。

在潘岳的《上客舍议》中，民营旅舍既称"客舍"，也叫"逆旅"。与潘岳同时代的杜预，在为《左传》僖公二年做注时也说："逆旅，客舍也。"而"逆旅"的意思，孔颖达疏的解释是："逆，迎也，旅，客也，迎止宾客之处也。"逆旅出现很早，潘岳引用了《语》的记载："许由辞帝尧之命，而舍于逆旅。"到潘岳生活的魏晋时代，民间逆旅已发展众多，"八方翼翼，公私满路，近畿辐辏，客舍亦稠"。逆旅的主人们，会利用冬闲整补旅舍，这正如曹操在《步出夏门行》一诗中说的："孟冬十月，北风徘徊。天气肃清，繁霜霏霏……钱镈停置，农收积场。逆旅整设，以通贾商。"

唐朝时的逆旅更加发达，即便是一些偏僻地方，也有逆旅的存在。晚唐文人孙樵写过一篇《兴元新路记》，详细记载了作者对新落成的文川道的沿途体验。文川道是关中入蜀的一条新道，始建于宣宗大中三年（849）十一月，建成不足一年，就被雨水冲毁。这条新道穿过高山坡岭、大小河流，但即便如此，在道上的松岭驿旁，也可见三户逆旅。

受身份限制，唐朝的平民百姓外出时，就以逆旅为宿。据《旧唐书·马周传》，后来成为太宗朝重臣的马周，年轻时曾非常落魄。马周是清河茌平（今山东聊城东北）人，在州里教书时，常被刺史批评；出门游历时，又遭到某县令

---

① 文见［清］严可均编：《全上古三代秦汉三国六朝文·全晋文》卷九二，中华书局 1958 年版，第 1191—1192 页。

商旅行人，莫高窟第 61 窟壁画，五代。画面上，有送供使及其随从（左上侧），山顶有席地盘腿而坐的旅人，有结伴负物出行的商贩。右下角是石岭关镇的衙府。右上角画有一座小店，一人躺在屋旁，一行商负物走来，一旁的牲口在喂料，这座小店就应是逆旅

的羞辱。一怒之下，马周便决定西上长安以求发展，但他"宿于新丰逆旅，主人唯供诸商贩而不顾待周"，就是住在逆旅，落魄的马周还是被人冷落。还有《虬髯客传》中的名将李靖，隋末时，李靖曾以平民身份向权臣杨素献策，因此与杨素之妓红拂女相遇，"靖归逆旅，其夜五更初。忽闻扣门而声低者"，来人就是红拂女。还有，《旧唐书·张祎传》载，懿宗朝宰相、驸马都尉于琮，"布衣时，客游寿春，郡守待之不厚"，但他受到了寿州防御判官张祎的礼待，临行前，于琮跟张祎说："吾饷逆旅翁五十千，郡将之惠不登其数，如何？"最终，张祎节衣缩食地帮他还上了逆旅费。

小官小吏住不了官办旅舍，只能以逆旅为宿。《大周故益州大都督府郫县丞周君墓志》记，武周时因公出差松州的郫县丞周履洁，"终于松府逆旅"；《玉堂闲话》载，宪宗时，一位接到任命的湖州录事参军，还没上任就被盗了，公文、衣物无一幸留，"遂于近邑求丐故衣，迤逦假贷，却返逆旅"；李珏在为牛党领袖牛僧孺写的《故丞相太子少师赠太尉牛公神道碑铭并序》中，夸赞牛僧孺："李崖州（德裕）于公雠也，恤审谪之穷途，厚供待于逆旅。"宣宗即位后的一至二年间，牛党的死对头李德裕一路被贬为潮州司马、崖州司户，在前往谪贬之地的路上，李德裕也以逆旅为宿。

隋唐之后，民间旅舍特别是乡村小旅舍，又有了一个新称呼——店。《隋书·李谔传》记，大臣苏威曾奏请隋文帝撤毁路边小店，他说："以临道店舍，乃求利之徒，事业污杂，非敦本之义。"但治书侍御史李谔认为："逆旅之与旗亭，自古非同一概，即附市籍，于理不可。"在苏威与李谔的讨论中，"店舍"就是"逆旅"。在唐代诗人的笔下，也常有僻居乡野的小店出现，像杜甫的《将赴成都草堂途中有作先寄严郑公》有"野店山桥送马蹄"；岑参的《汉川山行呈成少尹》有"山店云迎客，江村犬吠船"；温庭筠的《商山早行》有"晨起动征铎，客行悲故乡。鸡声茅店月，人迹板桥霜"。不仅山野有野店、山店、茅店，城市中也有小店，《开元天宝遗事》卷下记，"长安自昭应县至都门"的"官道左右"，就有"村店"。

（二）居物为邸，沽卖为店：唐宋邸店的兴盛

　　唐朝时，还有另一种店热络一时，这就是邸店。对邸店，《唐律疏议·名例律》的定义是："居物之处为邸，沽卖之所为店。"邸店是专供商人存货、交易的地方，也兼营商人住宿，因此具有了旅舍的性质。邸店可以出租，也要纳税，它于南北朝时出现，唐宋时非常兴盛。

　　唐宋时邸店兴盛的原因是赚钱，所以权贵们纷纷加入经营。唐宣宗有《禁公主家邑司擅行文牒敕》，其中就提到了"公主家有庄宅邸店"；另据《旧唐书·玄宗纪下》，玄宗也曾下诏，"禁九品已下清资官置客舍、邸店、车坊"；而在宋人董弅的《闲燕常谈》中，北宋末年的御史中丞何执中是一位著名的邸店大户，他"广殖赀产，邸店之多，甲于京师"。邸店有大有小，权贵、大商人们经营的邸店规模大，盈利多；小邸店为小商人和百姓服务，赚取小利。在唐人沈既济的《枕中记》中，那位做了一枕黄粱梦的卢生，就住在一个小邸店中，"开元七年，道者吕翁行邯郸道中，息邸舍……俄有邑中少年卢生……亦止邸中"，卢生慨叹大丈夫应出将入相，"是时主人蒸黄粱为馔，共待其熟。翁乃探囊中枕以授之，曰：'子枕此，当令子荣适如志。'"卢生枕着吕翁的瓷枕，做了一个美梦，梦中实现了他出将入相、娶妻生子的人生理想。

开店有主人，还要有伙计。在元人郑光祖写的杂剧《醉思乡王粲登楼》中，王粲拖欠"房宿饭钱"，"自家店小二"因此受到"大主人家埋怨"，这位"店小二"就是"大主人家"雇的伙计。店主人也称"店老大""店老官"，"店小二"也叫"小二哥""店家""店保"，年轻的伙计也被称"店小三"。在明人方汝浩的长篇小说《禅真逸史》第二十二回中，就有店小三的出现："只见这店小二初时强说不怕鬼、不怕贼，心下实有几分害怕……踌躇暗算：'不如叫起小三，做个帮手'……这店老官夫妻，年纪高大，每夜托店小二管理。"在书中的这家店中，有店老官，还有店小二、店小三。

（三）"乃裹糇粮，于橐于囊"：古代的旅食

吕翁、卢生在邸店吃的是店家做的黄粱饭，由此也见私人旅舍提供的饮食。而陆游的几首诗，也都说到了在小店的饮食，《十一月上七日蔬饭骡岭小店》："新粳炊饭白胜玉，枯松作薪香出屋。冰蔬雪菌竞登盘，瓦钵毡巾俱不俗。晓途微雨压征尘，午店清泉带修竹。建溪小春初出碾，一碗细乳浮银粟。老来畏酒厌刍豢，却喜今朝食无肉。"在一家山店，陆游享用着蔬饭、新茶；另一首《自山中夜行还湖上》："道边野店得小憩，一杯浊酒倾残瓶。登盘绝爱畦韭美，𤏺釜未厌溪鳞腥。"在道边野店，陆游又享用了韭菜、鲜鱼，并佐有浊酒。

除了在旅店解决饭食，古代的旅人也常自带干粮解决旅食。《诗经·公刘》说，"乃裹糇粮，于橐于囊"，带着裹盛糇粮的橐囊，就可以出发了；《东观汉记》卷十六载，玄贺迁九江太守，巡行属县，"持干糒，但就温汤而已"，玄贺巡行时拒绝招待，只以"干糒"就着温水为食；《剧谈录》卷下记，唐建州刺史严士则"颇好真道，因午日于终南山采药迷路，徘徊岩嶂之间。数日，所赍粮糗既尽，四远复无居人"，进山采药的严士则，也带着"粮糗"。

韩愈写过一篇《送穷文》，描述了祭送穷鬼（穷神）的仪式。元和六年（811）正月三十日，韩愈"使奴星结柳作车，缚草为船。载糗舆粮，牛系轭下，引帆上樯，三揖穷鬼而告之"。举行仪式时，韩愈为穷鬼备下了车、船，上面又装上干粮，最后再送上祝愿："窃具船与车，备载糗粮。日吉时良，利行四方。"希

望穷鬼旅途顺利，吃好、喝好。

　　糇、糗、粮、糒等，都是外出食用的干粮，关于它们的制作，《尚书·费誓》孔疏记："郑众云：'糗，熬大豆及米也。'《说文》云：'糗，熬米麦也。'郑玄云：'糗，捣熬谷也。'谓熬米麦使熟，又捣之以为粉也。"糗是用米、麦、谷等做成的熟米、熟麦粉，有的粉中还加入大豆粉。北魏贾思勰的《齐民要术·飧饭》中，也记载了两种糗糒的制作。第一种"作粳米糗糒法"是："取粳米汰洒作饭，曝令燥。捣细，磨。粗细作两种折。"汰洒，也就是淘米，汰是淘汰，洒是洗洒；"粗细作两种折"，指的细的过筛，粗的再磨一遍。第二种"粳米枣糒法"是："炊饭熟烂，曝令干，细筛。用枣蒸熟，迮取膏，溲糒。率：一升糒，用枣一升。"将蒸熟的枣榨出膏汁，掺进蒸熟的米糒做成干粮，两者的比例是一比一。贾思勰还引用东汉崔寔的话说："五月多作糒，以供出入之粮。"因此，这些干粮是可放置多时的，旅人可随时带好上路。

　　出门必要住宿，对于官方旅舍来说，它承载着对外、对内的接待任务，接待时，也会针对不同入住者的身份，给予不同的待遇标准，虽然这里的等级特点不像礼服、车舆那样鲜明，但特权意识也相当明显。历代的旅舍不但为旅人提供了暂栖之处，同时也逐渐兼具了某些精神特性，像长安城东的灞亭，就成了游子眼中的故乡化身。

第十二章◎
舟车舆马竞纷泊：出行乘具

最早的社会没有乘具，徒步为行，后来，陆上有了车、舆，再后来骑马、坐轿又流行了，水上的舟船技术也在不断进步，这样，古人的出行，就有了五彩斑斓的图景。

徒行是最早也是最自然的出行方式，今天，"夸父逐日"常用来形容自不量力，但夸父的传说，其实是远古时代人们徒步于河湖大野、饥餐渴饮旅行生活的写照。夸父，传说中的上古英雄，在《山海经·海外北经》中，记载了他逐日的故事："夸父与日逐走，入日。渴，欲得饮，饮于河、渭；河、渭不足。北饮大泽，未至，道渴而死。弃其杖，化为邓林。"夸父追逐太阳，虽然最终追上，但太阳也使他灼渴难忍，于是他到黄河、渭河饮水，还要到北面的大泽续饮，但最终渴死于途中，他的手杖掉下，化成了一片桃林。这位徒步的英雄，因为不现实的执拗，在《列子·汤问》中，被说成了"不量力"。

徒步方式虽自然、原始，但古人对它很重视，分辨得也很细，《释名·释姿容》就解释说："两脚进曰行""徐行曰步""疾行曰趋""疾趋曰走"。按照这些解释，"行"就是今天的走；"步"是慢走，"趋"是快走；"走"相当于今天的跑。

车发明后，徒行就成了身份低下的象征，车则代表着身份的高贵；而贵族上层中，又还有乘车、身份的高下之分。自周代开始，天子有象征身份的五路（也作五辂），皇后、皇太子、王公贵族、品官，也各有不同的乘车；东汉之后，纪传体史书中，更出现了记载车制、服制的《舆服志》《车服制》，这也说明了车制的重要。宋代之后，轿的使用渐多，它也继承了车的等级特点，"八抬大轿""四抬小轿"，就都是身份的象征。

在中国历史上，各种乘具都有漫长的演化过程，不同时期也有不同的重点乘具，而最终，这些乘具都提升了古人的出行舒适度。

一　出则结驷与竞饰犊车：车的最先亮相

隋唐之前，车是最重要的出行乘具。

（一）"奚仲作车"与殷墟车马：车的发明与其礼制

车是谁发明的？这在史书中有不同记载。《世本》《墨子·非儒》《管子·形势解》都说是"奚仲作车"，奚仲是夏禹时的车正；还有说是"黄帝造车"，这种说法见于《太平御览·车部》所引汉人刘熙《释名》，正因此，黄帝"故号轩辕氏"；而蜀汉谯周《古史考》又提出，是黄帝作车、奚仲改制，这是将前面两说结合了起来；最后是伏羲造车，它见于南朝梁沈约的《宋书·礼制》。对四种说法进行梳理后可以看到，越晚出现的书，记载的发明者就越早，这也是中国古代传说故事的一个特点。

对比目前的考古发掘，"奚仲作车"的夏代说应该更贴近现实。在安阳殷墟，曾有六座车马坑被发现，坑里出土了大批车马器，由此，学者对车的发明做了如下解说："如果说夏代已知造车，那么，经过数百年的发展，到了有为考古发掘所提供的这类遗物可资研究的殷代晚期，造车技术已经相当成熟，已经具有了我国魏、晋以前的古车结构的基本轮廓。在这二千年中，车制虽然不断有所发展，若干局部构造也有不少改进，但总的说来，并没有根本性的突破。"[1] 车在夏代发明、殷代成熟，以后沿用，这或许就是中国古车发展的大致脉络。

进入周代，贵族流行乘车，这也形成了相应的礼制。《论语·先进》记有一事，孔子最得意的门生颜渊去世，他的父亲颜路没钱为亡子置办椁，就请孔子

---

[1] 孙机：《从胸式系驾法到鞍套式系驾法——我国古代车制略说》，《考古》1980 年第 5 期，第448 页。

把车卖了来办此事。对于颜路的这一请求，孔子断然拒绝："吾不徒行以为之椁，以吾从大夫之后，不可徒行也。"孔子强调，作为大夫的他必须乘车，徒行有违礼教。根据《礼记·王制》，当时的礼教确实是"君子耆老不徒行"，而《礼记集解》曰："六十曰耆。君子，大夫士也。"《左传·成公二年》又记孔子说："唯器与名，不可以假人。"杜预解释"器""名"："器，车服；名，爵号。"在克己复礼的孔子眼中，车既不能卖，也不能随便借人，因为它是贵族身份的象征。

车的地位高，古人对它充满崇敬。董仲舒说："乘车者君子之位也，负担者小人之事也。"①《晋书·五行志上》也说："夫乘者，君子之器。"除是社会身份的象征外，车还有其他几个象征意义。首先，它是财富的象征，《礼记·曲礼》就说："问士之富，以车数对；问庶人之富，数畜以对。"其次，它是混得好的象征，《列子·力命》中有一段北宫子与西门子的对话。北宫子对西门子说，我跟你各方面条件都差不多，可我俩的生活却大不相同，我是"衣则短褐，食则粢粝，居则蓬室，出则徒行"，而你则是"衣则文锦，食则粱肉，居则连欐，出则结驷"。北宫子从衣食住行四个方面，对比了两人，"徒行"与"结驷"，就是两人出行时的差异，也是成功与否的标志。先秦之后，这种对比很常见，像《汉书·严助传》说："公孙弘起徒步，数年至宰相。"《旧唐书》卷一七二"史臣曰"赞彭阳郡公令狐楚、奇章郡公牛僧孺："彭阳、奇章，起徒步而升台鼎。"这都是在夸赞传主人，称颂他们由布衣升为了朝中重臣。《宋史》卷三二三卷后"论"，也有"起徒步至刺史"的说法；《明史·孔克仁传》也说："汉高起徒步为万乘主。"

再次，也是最重要的，古人认为车是行走的居处。对"车"，《释名·释车》的解释是："车，古者曰车，声如居，言行所以居人也。今曰车，车，舍也，行者所处若车舍也。"《新唐书·礼乐志一》说，自三代开始，人们视"宫室车舆以为居"。君臣上下的宫殿宅第有等级，行走的居处也必须分出高下。因此，自周代开始，君臣、官民的乘车，就都有了明确的制度规定。《周礼·巾车》说，王有玉路、金路、象路、革路、木路等"五路"；王后也有重翟、厌翟、安车、

---

① ［汉］班固：《汉书》卷五六《董仲舒传》，中华书局 1962 年版，第 2521 页。

秦陵1号铜马车（立车）

秦陵2号铜马车（安车）

翟车、辇车的"五路"；"孤乘夏篆，卿乘夏缦，大夫乘墨车，士乘栈车，庶人乘役车"，各级贵族到庶人，也有不同的乘车。

中国古代车乘的差别，表现在很多方面，如形制、颜色、装饰、驾牲及其数量，等等。对于各级的车驾牲畜数量，《逸礼·王度记》云："天子驾六马，诸侯驾四，大夫三，士二，庶人一。"而对汉代天子的车驾，东汉应劭的《汉官仪》卷下记："有五色安车，有五色立车，各一，皆驾四马。"汉代的天子乘车，则是四马拉驾。"安车""立车"是两种乘车形制，它为汉代天子所使用，对于它们，《晋书·舆服志》的解释是："车，坐乘者谓之安车，倚乘者谓之立车，亦谓之高车。"汉代当承袭的是秦制，这样，秦陵1号、2号铜车马，就分别对应的是皇帝的立车和安车。

（二）将相或乘牛车与天子以为常乘：牛车的崛起

秦陵铜车马的驾牲都是马，汉朝的制度也说天子的乘车以马为驾，这样，在秦汉时，马就是高等级的驾牲。汉末魏晋之后，牛则开始跻身高等级驾牲行列了。我们看到，在晋朝的卤簿中有牛车；北齐皇帝纳后时，也以牛车相迎；更夸张的是，隋朝皇帝的八十一乘侍从属车都是牛车，

而秦汉皇帝的八十一辆属车则都是马车。秦汉时，牛车的身份还很低，《史记·平准书》有一段耳熟能详的话："汉兴，接秦之弊……自天子不能具钧驷，而将相或乘牛车。"汉初社会凋敝，将相乘牛车是迫不得已。到了西汉中期，牛车开始崛起，这是受汉武帝推恩令的影响，《晋书·舆服志》记："汉武帝推恩之末，诸侯寡弱，贫者至乘牛车。"因受推恩令影响，诸侯国被削弱，诸侯的财力有限，穷的诸侯甚至开始坐牛车。这样，之后的牛车行市就开始看涨，到东汉末年时，已经是"天子至士遂以为常乘"。

此后，权贵们以牛车为"常乘"，就多见于史书记载中。东晋开国元勋王导在别处养妾，他的夫人曹氏听说后，愤然前往，王导担心众妾受辱，急令备车，一路上，他还挥着麈尾柄驱牛快走。《北史·琅邪王俨传》载北魏旧制："中丞出，千步清道，与皇太子分路行，王公皆遥住车，去牛顿軶于地，以待中丞过。"北魏的王公们平日也以牛车为乘。隋朝重臣牛弘有胞弟牛弼，经常酗酒，一次醉后，将牛弘的驾牛射杀。唐朝时，权贵们盛行骑马，男子一般不再乘犊车，乘牛车就是妇女的"专利"了。

唐朝的贵妇们会坐上装饰考究的牛车。据《明皇杂录》卷下记，玄宗将幸华

东晋陶牛车及俑群，南京鼓楼区象山东晋王氏家族墓葬出土，六朝博物馆藏。这组文物出土于南京象山七号东晋墓，墓主应属东晋豪族王氏家族。此套文物共计14件，由陶牛、陶车及陶俑组成。车高44.2厘米、长73厘米，牛高24厘米、长42.5厘米。陶车车厢为长方形，平顶，顶棚前后出檐，车厢前敞，车内置凭几以便倚靠。牛车四周围绕侍从俑群，形态各异，表现了当时豪门贵族出行时前呼后拥的场景

彩绘陶牛车，太原北齐张肃俗墓出土，中国国家博物馆藏。车高31.2厘米，牛高23.2厘米，车有圆拱篷，车厢短宽，后面无门，前有栅栏，为入口

女子坐柴车，唐李寿墓壁画。画面上，一位女子坐在左右有低栏的牛拉柴车上

唐三彩牛车，车长27.5厘米、高20.5厘米，牛高7厘米、长17厘米，车厢为长方形，陕西历史博物馆藏。牛车前有帘，顶为半圆形篷盖

清宫，杨贵妃"姊妹竞车服，为一犊车，饰以金翠，间以珠玉，一车之费，不下数十万贯"，唐朝的数十万贯，是一个天文数字。再有，《旧唐书·裴延龄传》记，裴延龄陷害宰相陆贽、京兆尹李充时，让李充的心腹诬称："充妻常于犊车中将金宝缯帛遗陆贽妻。"除了贵妇，唐朝的其他女性也乘犊车，只不过车更小、装饰更简单，《开元天宝遗事》卷上记，天宝时，有十几位进士每到春天，就会选上三五个妖艳的妓人，让她们乘着小犊车，一起到名园曲沼中放浪形骸地狂欢。

（三）轺车与辎軿：乘车形制的贵贱变化

中国古代车的形制很多，像辎軿、轺车、轩车、辇车、露车、栈车，等等。辇是一种车厢上装卷棚的大车，栈车是柴车，它们都是载物兼载人，为百姓等乘坐。辎軿、轺车是高等级的车，是贵族官僚的座乘。

轺车是一种只有伞盖的无蔽轻便车，原是古时的军车，《释名·释车》说："轺，遥也，远也，四向远望之车也。"辎、軿都是有蔽的车，对"軿车"的解释，同见《释名·释车》："軿，屏也。四面屏蔽，妇人所乘牛马也。"軿车四面合围，轺车前面无蔽。辎軿相连，就是称车厢严密的车。辎軿车封闭的特点，使它能很好地严男女之防，所以，它就成了妇女常乘的车。在唐人传奇《柳氏传》中，柳氏妓与名士韩翊分别，后被蕃将沙叱利所掠。某日，韩翊"偶于龙首冈见苍头以驳牛驾辎軿，从两女奴。翊偶随之。自车中问曰：'得非韩员外乎？某乃柳氏也。'"柳氏的辎軿车严密，所以一路跟随的韩翊，也没能看到坐在里面的人。

辇车（曾昭燏、蒋宝庚、黎忠义等：《沂南古画像石墓发掘报告》图版102（6），文化部文物管理局1956年版）

牛驾辎軿车，唐李震墓壁画。李震是李勣（徐世勣）的长子，壁画中的辎軿车三面合围，后面挂帘，以牛为驾，驭车人是一位昆仑奴，车后跟着三位侍女，中间的侍女是女扮男装

彩绘木牛车，长61.5厘米，宽46.4厘米，高41.5厘米，
吐鲁番哈拉和卓唐墓出土。牛车外形考究，四周封闭，
前门两侧开有小窗

汉代彩绘木轺车，武威市磨嘴子汉墓出土，马高
88.2厘米、长78.8厘米，车高95.2厘米、长96.5厘米，
甘肃省博物馆藏。御车手跪坐于车上，双手持缰

　　轺车、辒辌车都属高级乘车，历史上，两者的身份高低有过变化。晋人傅玄的《傅子》说，"汉代贱乘轺，今则贵之。"《宋书·礼志五》也说："汉代贱轺车而贵辒辌，魏、晋贱辒辌而贵轺车。"史书中的具体事例，也证明了这些说法。《后汉书·楚王英传》记，楚王被废，依然"得乘辒辌"；同书《齐武王縯传》也说，诸侯夫人"出有辒辌之饰"。这两条记载都旨在说明诸侯的待遇好。而汉代的轺车是贵贱通用，只不过非吏的普通人一辆车要收税一算（120钱），商人更是一车收税两算。魏晋之后，轺车一变而成了高级乘车，地位超过了辒辌车，只有一定级别以上的人才能使用，像晋齐时是尚书以上、梁是御史中丞以上给轺。

　　不论是轺车还是辒辌车，由马拉或由牛拉，等级考量方法是不一样的。马车的等级，主要表现在车饰、构件等方面。比如颜色，汉代皇帝的马车为黄色，这也就是《续汉书·舆服志上》说的："翠羽盖黄裹，所谓黄屋车也。"高官的车轮一般涂红色，这也被称作"朱轮华毂"，汉代人常用这个词来指代高官，像《汉书·刘向传》记其说："今王氏一姓乘朱轮华毂者二十三人。"刘向用"乘朱轮华毂者"指代腾达的王姓外戚。牛车的等级标准与马车不同，它表现在"望"的多少、是否有油幢、是否有"幰"。望是窗子；油幢

是张挂于车上的油布帷幕；"幰"，《释名·释车》的解释是："宪也，御热也。"幰就是撑张在牛车上方的大篷，用以御热。幰有通幰，还有偏幰，通幰是通车覆盖的大篷，偏幰只在车前张幰。中古时期的一般制度是，王公高官用通幰，中等官员用偏幰，小官、庶人无幰，幰是牛车的一个重要等级标准。

中古时期，中原与周边交流频繁，受此影响，中原的乘车也受到了周边民族的影响。像唐后期时，从北方地区传入的奚车、毡车，也开始流行。《旧唐书·舆服志》记："奚车，契丹塞外用之。开元、天宝中渐至京城。"奚车是由奚族人所制，对此，北宋沈括的《熙宁使虏图抄》谈道，契丹的车都由奚族制作，他们造的车"不能任重，而利于行山……其乘车，驾之以驼"，奚车最直观的特点是能爬山并以驼为驾。唐后期时，奚车也成了一种高级乘车，唐文宗曾下诏，禁止胥吏及商贾妻乘奚车。

除了奚车，还有另一种来自突厥的毡车，《通鉴》卷二四七胡注对毡车的解释是："以毡为车屋。"北方民族视毡车为贵重之物，北魏就曾赠送南齐毡车，此车后被齐武帝转赠给了宗室大臣萧嶷。唐朝时，毡车依然贵重，平卢淄青节度使李师古贿赂宰相杜黄裳，送的礼中就有"毡车子"一乘；而据《旧唐书·石雄传》，和亲回鹘的定安公主大帐，

铜轺车，武威雷台汉墓出土，甘肃省博物馆藏。文物通高44厘米、长56厘米。铜轺车是出行仪仗队伍中的前导车之一，由车、马、伞、御奴组成，御奴跪坐于车中，双手拱举，执辔驾驭

车马出行图中的轺车，陕西靖边渠树壕东汉墓出土

妇女乘轺车，莫高窟第9窟壁画，晚唐。两位妇女坐在轺车上

通幰牛车，莫高窟第 61 窟壁画，
五代

也是由"毡车数十"构成的；唐代传奇《无双传》中，没入掖庭并遣遣守陵的
无双，坐的也是毡车。

二　从胡服骑射到露髻驰骋：骑马的演进

马是六畜之一，战国之前，马主要用来拉车而不是单骑，所以在春秋以前
的经典中，"骑"字甚至都找不到。马在那时用于战争，也是车战，但车战只适
合平地，《汉书·匈奴传上》说，游牧民族"士力能弯弓，尽为甲骑"，车战在
对抗这些骑兵时，就会明显吃亏，对此，顾炎武在《日知录·骑》中说："春秋
之世，戎狄之杂居于中夏者，大抵皆在山谷之间，兵车之所不至。齐桓、晋文
仅攘而却之，不能深入其地者，用车故也。"

公元前 325 年，赵武灵王即位，当时的赵国东与强齐及其附庸中山国毗连，
西与强秦接壤，北方与东胡、楼烦、林胡等三胡交错杂处。三胡是游牧部族，
精于骑射，为在中原争夺霸权打消后顾之忧，赵武灵王"遂胡服招骑射"[①]，以

---

① ［汉］司马迁：《史记》卷四三《赵世家》，中华书局 1982 年版，第 1811 页。

先对付三胡，这一措施开创了中国古代骑兵史的新纪元。

骑兵只是军事的特殊需要，骑马被世俗社会接受、走进人们的日常，则尚需时日。

（一）马鞍与马镫：骑马的技术障碍

汉代时，骑马依然被视失礼。《汉书·韦玄成传》记，列侯韦玄成将陪从皇帝祭祀惠帝庙，早晨他去往帝庙时，正赶上下雨、道路泥泞，于是他"不驾驷马车而骑至庙下"，但却因此而受到了弹劾并被削爵。《世说新语·雅量》也记，有"庾小征西"之称的东晋将领庾翼，岳母见他伴着仪仗、骑着良马回来，就跟女儿说："闻庾郎能骑，我何由得见？"庾翼于是就开始为岳母展示骑术，"于道开卤簿盘马"，但"始两转，坠马堕地"。身为大将的庾翼的骑术都如此拙劣，而且他的岳母也很少见到骑术，从这些都可见当时人对骑马的陌生。

魏晋之前，骑马不普及的阻碍是马具。熟练掌握骑术的人可以不用马镫、马鞍，便能自如地跃上马背飞驰，但普通人不行，他们不但上马困难，骑裸马的"骣骑"方式，还会让他们非常难受。为解决这些问题，早期的人们，会在马背上简单铺设皮革、毯子等，先秦时，还出现了一种软马鞍。新疆鄯善吐峪沟苏贝希Ⅰ号墓地10号墓就出土了一件软马鞍，时代在公元前5—前3世纪，它由左右两块皮革缝

软马鞍，新疆鄯善吐峪沟苏贝希Ⅰ号墓地10号墓出土

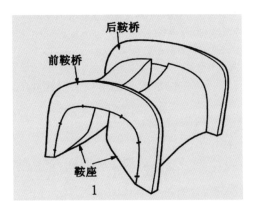

高桥鞍示意图

配高桥鞍陶马，河南洛阳春都路西晋墓 IM1568 出土

牧马图（局部），吐鲁番阿斯塔那 188 号墓出土屏风画，53.5 厘米 ×22.3 厘米，绢本，设色，新疆维吾尔自治区博物馆藏。马伕牵的马上置高桥鞍，马鞍包丝绸

西汉彩绘陶骑马俑，徐州博物馆藏。通高 31 厘米、长 48 厘米、宽 24 厘米。骑在马上的俑人脚下无镫，双腿分开下垂于马的两侧，对讲究坐姿的古人来讲，这样的姿势极不雅

制而成，里面填充鹿毛，以针线绗缝加固，马鞍表面因此留下了密集而整齐的针眼。秦汉时，软马鞍依然流行，秦兵马俑坑出土陶乘马的马鞍，就与苏贝希墓出土的软马鞍十分相似。另外，《史记·留侯世家》记，刘邦击楚败还，与张良分析形势，他"下马踞鞍而问"张良，刘邦踞坐的鞍，应该是这种软马鞍。高桥鞍在东汉晚期出现，之后的魏晋时期，软马鞍逐渐被木质的高桥鞍取代。

鞍垫针对的是骑马的舒适，高桥鞍解决的是坠马。软马鞍没有鞍桥，对骑马人缺乏保护，为解决这个问题，汉代时开始增高鞍桥，高桥鞍在东汉末年最终产生。曹魏时，高桥鞍开始流行，那时的百官，已是各有一具紫茸题头高桥鞍了。早期的高桥鞍由两块木板拼接而成，使用的是天然弯曲的木材，《齐民要术·种桑柘》说："欲作鞍桥者，生枝长三尺许，以绳系旁枝，木橛钉著地中，令曲如桥。十年之后，便是浑成柘桥。"宋代木鞍桥的制作，仍然沿用这种方法，《宋史·兵制十一》记："军器监欲下河东等路采市曲木为鞍桥。"

到汉末魏晋时，骑马流行的第一个技术障碍——鞍，得到初步解决。

骑马普及的另一个障碍是马镫，没有马镫，不但骑乘难度大，甚至连上马都困难，最重要的是，骑行的姿势还不雅，这样的骑马姿势，很类似于当时礼教禁止的箕踞。大约与高

骑马陶俑，湖南长沙金盆岭西晋墓出土，高22厘米~24厘米，中国国家博物馆藏。七件骑俑中，有的马侧有一个三角形马镫（见前排最右侧骑马俑），供上马时使用，这是我国使用马镫的最早实物证据

双镫陶鞍马，南京象山7号东晋墓出土，长38.5厘米、高34.5厘米，南京市博物馆藏。马俑的年代为永昌元年（322）或稍后，马背上有高桥鞍，两侧各悬一件三角形马镫，在世界上的此类马具中，这件陶马的双镫是已知最早的实例

桥鞍出现的同时，也就是在魏晋时期，我国也出现了上马用的单马镫，很快，到东晋时，双马镫也出现了。"从单镫到双镫，虽然从发展趋势上说是很自然的，但两者的作用却大不相同。只有使用双镫，骑乘者在马上才获得稳固的依托，才能够更有效地控制马匹。双镫的出现和推广，为骑乘技术在唐代的普及奠定了基础"①。

---

① 孙机：《唐代的马具与马饰》，《中国古舆服论丛》（增订本），文物出版社2001年版，第98页。

昭陵六骏浮雕中的飒露紫。飒露紫、拳毛䯄两石现藏美国费城宾夕法尼亚大学博物馆

昭陵六骏浮雕中的什伐赤。什伐赤、白蹄乌、特勒骠、青骓四石现藏西安碑林博物馆

（二）祭天骑马与辇前才人：骑马的高光时代

在中国历史上，唐朝可谓是骑马史上最繁盛的时期，那时是皇帝骑马，大臣也骑马，贵妇们也留下了不少骑马的轶事，宫女更是突破礼教地露髻驰骋。

骑马的技术障碍解决了，唐皇族又"源流出于夷狄"（《朱子语类·历代三》），崇尚武功，因此骑马在唐朝就盛行起来。在骑马、驭马上，初唐的皇室们表现出的是彪悍之风。在唐太宗昭陵的祭坛两侧，对称排列着六块骏马青石浮雕，而这六匹骏马，都是李世民建唐、统一全国时乘过的爱马，六匹马分别叫拳毛䯄、什伐赤、白蹄乌、特勒骠、青骓、飒露紫。浮雕飒露紫，还再现了一个真实的战斗场景。据《旧唐书·丘行恭传》，太宗在讨伐王世充时，与众骑走失，仅有丘行恭护从，御马飒露紫也不幸中矢，丘行恭"下马拔箭，以其所乘马进太宗。……贞观中，有诏刻石为人马以象行恭拔箭之状，立于昭陵阙前"。还有武则天驭马的故事，这也显示了未来女皇的勇狠。《资治通鉴》卷二〇六记，做了皇帝的武则天对大臣讲："太宗有马名师子骢，肥逸无能调取者。朕为宫女侍侧，言于太宗曰：'妾能制之，然须三物，一铁鞭，二铁楇，三匕首。铁鞭击之不服，则以楇楇其首，又

何家村出土鎏金舞马衔杯纹银壶，通高 14.8 厘米，陕西历史博物馆藏

唐彩绘打马球俑，陕西历史博物馆藏。俑手中的木质鞠杖已不存，但策马打球的身姿依然栩栩如生

不服，则以匕首断其喉。'太宗壮朕之志。"狠是武则天驭马的"核心技术"。骑马对武则天更不在话下，《朝野佥载》卷四记，周静乐县主"与则天并马行"。

唐朝的骑马既是日常生活，也进入了礼仪制度。按照唐制，皇帝举行大礼应乘辂，但按《旧唐书·舆服志》记，"高宗不喜乘辂，每有大礼，则御辇以来往"；到唐玄宗时，又不喜欢慢悠悠的辇，以它不符合礼制而将其废弃。开元十一年（723）冬，举行南郊祭天大礼时，唐玄宗"乘辂而往，礼毕，骑而还"。自此，无论举行何种大礼，也不管远近，玄宗都骑马于仪仗中。

唐玄宗爱马，除了大礼的骑马，他的生活中，也弥漫着马的氛围。《明皇杂录》记，他"尝命教舞马，四百蹄各为左右"，在他生日时，这些驯马会向他衔杯祝寿。开元十七年（729），丞相张说上奏，以玄宗的生日八月五日为千秋节。此后每年的这一天，朝廷都要举行大规模的庆祝活动。伴着《倾杯乐》，舞马翩翩起舞，正像张说《舞马词》说的："屈膝衔杯赴节，倾心献寿无疆。……足踏天庭鼓舞，心将帝乐踟蹰。"这种舞马形象，可在何家村出土的鎏金舞马衔杯纹银壶上看到。唐玄宗的马球技艺也异常高超。马球，也称击鞠、击球或打球，它是一种骑在马上持杖击球的集体比赛游戏。《封氏闻见记》卷六记，中宗时，时为临淄王的李隆基与吐蕃使节一行打了一场比赛，并以少胜多，"时玄宗为临

[佚名]《明皇击球图》卷（局部），全卷32.3厘米 ×230.5厘米，纸本，水墨白描，辽宁省博物馆藏。画面描绘了唐玄宗等十六人骑马击鞠的场景。唐玄宗位于画面正中，他骑在骏马上，神情专注地在击球

淄王，中宗又令与嗣虢王邕、驸马杨慎交、武秀等四人，敌吐蕃十人。玄宗东西驱突，风回电激，所向无前"。辽宁省博物馆藏有名画《明皇击球图》，表现的就是唐玄宗与妃嫔们打马球的场面。

唐朝官员普遍骑马，官员上朝时的骑马还有制度，《唐会要·舆服上》记唐文宗六年(832)的制度："诸文武官赴朝，诸府道从职事，一品及开府仪同三司，听七骑；二品及特进，听五骑；三品及散官，三骑；四品五品，二骑；六品已下。一骑。"官员被判流刑后，即被剥夺骑马之权，对此，《旧唐书·薛元超传》记，"右相李义府以罪配流巂州，旧制流人禁乘马，元超奏请给之，坐贬为简州刺史"。

骑马在唐朝的兴盛，除帝王臣子们以骑马为主外，妇女们的骑马，更是一道靓丽的风景。唐朝宫人骑马很寻常，《旧唐书·舆服志》记，唐初的武德、贞观年间，宫人就开始骑马；玄宗时，宫人骑马更盛，"从驾宫人骑马者，皆著胡帽，靓妆露面"，天宝时更是露髻驰骋。杜甫《哀江头》一诗曰："辇前才人带弓箭，白马嚼啮黄金勒。翻身向天仰射云，一笑正坠双飞翼。"这说的是帝后游幸队伍中那些负责护卫的后宫才人，她们都有高超的骑射技术。除了宫人，贵妃命妇们也同样骑马。《旧唐书·杨贵妃传》载："玄宗凡有游幸，贵妃无不随侍，乘马则高力士执辔授鞭。"命妇骑马风头最健的，当属杨贵妃的三姐虢国夫人，《明皇杂录》卷下记："虢国每入禁中，常乘骢马，使小黄门御。紫骢之俊健，黄门之端秀，皆冠绝一时。"她的骑马出游，也被描绘在了《虢国夫人

游春图》一画中。

唐代的马价昂贵，能够赶上骑马时尚的，都是那些社会上层人士（包括依附这一阶层的侍者）。虽然如此，唐代百姓也并不是从来接触不到马，尽管他们无力购买马。像修武县民嫁女时，就借马让女儿骑到了婿家，对此，《纪闻》记："开元二十九年二月，修武县人嫁女，婿家迎妇，车随之。女之父惧村人之障车也，借俊马，令乘之。"障车是唐代的一种婚俗，"就是阻挡住车子，不让新嫁娘动身。其起源，可能是女家对于新嫁娘表示惜别，但到了后来，名存实亡，变为乡里无赖勒索财帛的藉口"①。为避免新娘在亲迎途中遭到勒索，这位修武县民索性借马，让女儿弃车骑马去新婿家。

唐代之后，妇女骑马之风虽没那么盛行了，但也并非没有。据《万历野获编》卷八，明朝的西内宫址前就曾竖立着两块石碑，上写"宫眷人等，至此下马"，由此可知，当时的宫内妇女和太监，在宫内并非徒步行走，而是骑马而行的。

三　手抬肩扛、以人代畜：轿的前世今生

轿是宋代之后最重要的乘具，与乘车、骑马相比，轿的最大变化是"以人代畜"，但这一变化并非突如其来，人力抬扛的乘具，在中国是有悠久历史的。

三彩女骑马俑，高35.2厘米，唐李贞墓出土，昭陵博物馆藏

胡人骑马俑，高50厘米，唐韦珪墓出土，昭陵博物馆藏

---

① 赵守俨：《唐代婚姻礼俗考略》，《赵守俨文存》，中华书局1998年版，第19页。

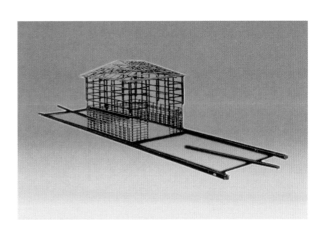

屋顶式肩舆（复原），河南固始县侯古堆春秋战国古墓出土。肩舆底盘长 1.34 米、宽 0.94 米、通高 1.23 米，周围有栏杆并有立柱，上有顶盖，四面起坡，涂有黑漆。当时顶盖和四周可能施帷幔，乘坐时可能铺席而坐。这个肩舆明显是由人抬扛

大禹治水的故事家喻户晓，对于夏禹治水时的乘具，《史记·河渠书》引《夏书》是这样记载的："禹抑洪水十三年，过家不入门。陆行载车，水行载舟，泥行蹈毳，山行即桥。"山路崎岖，不能用车，所以用"桥"，有人说这个"桥"就是轿。

早期时，手抬肩扛的乘具并不称轿，而叫辇、舆、檐、肩舆，也可能还叫桥。二十世纪七十年代末，在河南固始侯古堆发掘的一座大型春秋战国古墓的随葬坑中，出土了三顶造型精美的肩舆，据墓葬器物铭文推测，墓主很可能是宋景公的妹妹勾敔夫人，因此，这就是目前见到的最早的肩舆。

轿出现之前，流行的人力抬扛乘具有辇、舆、檐子、肩舆，它们都可视为轿的前身。

（一）人推拉的辇和人抬扛的舆：轿的前史

在阎立本的《步辇图》上，唐太宗坐的辇是由一众宫女抬着的，但这并不是辇的古制。据《竹书纪年·夏纪》，辇最早出现在夏朝，帝癸（桀）十三年，"初作辇"。早期的辇不由人抬扛，而是人拉、人推的车，《说文解字》弟十四上解释"辇"："輓车也。从车，从扶在车前引之。"扶，字意是二夫并行。陕西陇县边家庄五号春秋墓出土了一辆木车，车前有两个陶人，从车的设计看，它很可能就是人拉辇的早期实物。早期的辇也有人推的，《史记·货殖列传》记秦破

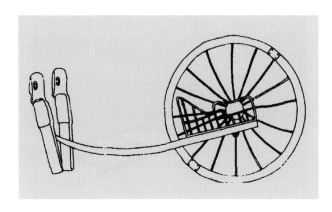

木车，陕西陇县边家庄五号春秋墓出土。衡木后方左右各有一陶人，木车衡窄、辀短、无轭，不能使用畜力驾驭，遂用人挽。此墓显示，辇至少是大夫级的贵族才能享用（陕西省考古研究所宝鸡工作站等：《陕西陇县边家庄五号春秋墓发掘简报》，《文物》1988年第11期，第15页）

赵后，蜀卓氏被徙，"卓氏见虏略，独夫妻推辇，行诣迁处"。

早期时，由人抬扛的乘具称舆，它有简单也有豪华的。《汉书·严助传》记："入越地，舆轿而隃领。"越地多山岭，舟车不通，只能用人力抬扛舆轿。魏晋之后，舆的使用渐多，像西晋潘岳的《闲居赋》说，太夫人"有羸老之疾"，"乃御版舆"；《文选》注引傅畅的《晋诸公赞》载，西晋重臣傅祗"以足疾，版舆上殿"；《晋书·谢道韫传》云，"及遭孙恩之难，举厝自若，既闻夫及诸子已为贼所害，方命婢肩舆抽刃出门"；《梁书·韦叡传》也记，萧梁名将韦叡"素羸，每战未尝骑马，以板舆自载，督厉众军"；还有《魏书·崔挺传》云，"掖县有人，年逾九十，板舆造州"。由这些例子可以看到，魏晋南北朝时的板（版）舆，主要为上层、老弱、妇女使用，而他们用的简单板舆类似今天的担架，豪华的则像轺车。

隋唐时，人推拉的辇最终与人抬扛的舆合二为一。《隋书·礼仪志五》载："今辇，制象轺车，而不施轮……用人荷之""今舆，制如辇而但小耳"。这时的辇已变成了人抬肩扛。舆和辇的形制类似，只是尺寸更小，等级也比辇低。因为形制相同，所以，辇、舆又被统称为檐子、肩舆，也就是说，很多时候，檐子、肩舆、辇是物同名异。

《步辇图》上唐太宗坐的辇，类似于此前羸老乘坐的板舆，而不是《隋书·礼仪志五》说的"制象轺车"的辇。事实是，唐代的辇舆形制复杂，既有唐太宗

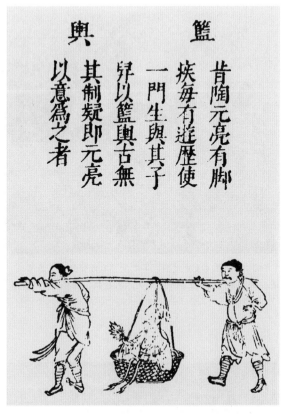

[明] 王圻、王思义编集《三才图会·器用五》中的篮舆

坐的担架式辇，也有辎车式辇舆，还有封闭式的屋宇状辇舆。唐前期时，敞露的辇舆更流行，慢慢地，封闭式的逐渐占了上风。据《旧唐书·舆服志》，高宗咸亨二年（671）下敕，批评"百官家口""曾不乘车，别坐檐子"，因为檐子"全无障蔽"，所以坐在檐子上的官太太们，会被外人轻易看到，这是"过为轻率，深失礼容"的。到唐后期时，封闭的檐子更加流行，《唐摭言·恚恨》记，宣宗朝宰相魏暮路遇诉冤的百姓，"公闻之，倒持麈尾，敲檐子门，令止"，魏暮乘的檐子已经有门；再有，《唐语林·政事上》记，李德裕镇浙西时，甘露寺僧人投诉前任主僧，为验明真伪，李德裕召集相关僧人，"咸遣坐檐子，下帘，指挥门下，不令相对"，坐在帘子后、檐子中的僧人，要背靠背地提供证词。

[东晋] 顾恺之《女史箴图》第二段 "班姬辞辇"，唐摹本，全卷长 348.2 厘米 ×24.8 厘米，绢本，设色，大英博物馆藏。画中之辇为六人抬扛，前异者四人，后异者二人

北魏司马金龙墓出土漆屏风画 "班姬辞辇"，大同博物馆藏。画中的辇貌似轺车，可 "四向远望"

六抬肩舆，莫高窟第323窟壁画，初唐。这是敦煌壁画中最早出现的肩舆图像，画旁榜题"昙延法师入朝时"，它表现的是高僧昙延法师应隋文帝之邀，乘肩舆入京的场景。画上的肩舆有立柱、有顶盖，但四周无蔽，这一特点与辂车的"四向远望"相似

佛母摩耶夫人回宫图，莫高窟第72窟壁画，五代。佛母坐在四抬肩舆上，肩舆有四柱、顶盖，四周无蔽

四抬豪华六角轿，莫高窟第9窟壁画，晚唐。轿身四面封闭，轿夫四人

　　唐朝后期时，男骑马、女乘车乘檐，被纳入了制度。据《唐会要·舆服上》，关于男子乘檐，唐文宗大和五年（831）规定，"宰相三公师保尚书令正省仆射，及致仕官疾病者，许乘之，余官并不在乘限"，准乘的范围只在高官及生病的致仕官；出使的朝官只能乘驿马，不得乘檐子，如果生病，经上级批准方能乘檐，即便如此，雇檐夫的钱也要自己出。次年，文宗又出台了对妇女乘檐的规定：一、二品外命妇乘金铜饰檐子，檐夫八人；三品外命妇乘金铜饰檐子，檐夫六人；四、五品外命妇乘白铜饰檐子，檐夫四人；六品以下官妻，檐夫不得超过四人；胥吏和商贾妻，不许乘檐子，但庶民、胥吏、商贾妻"老疾者"

可乘兜笼。兜笼，也称兜子，来自巴蜀，类似于今天四川的滑竿，唐后期时，兜笼也是时髦乘具。无论是檐子还是兜笼，都是由人抬扛的，所以，妇女是整体先坐上这类乘具的人群。

（二）从反对坐轿到无人不乘轿：轿的流行

到了宋代，人抬肩扛乘具进一步发展的结果，就是轿出现了。据《默记》记载，"艺祖（赵匡胤）初自陈桥推戴入城，周恭帝即衣白襕，乘轿子出居天清寺"，这样，周恭帝禅位时，就是坐着轿子出的皇宫。北宋哲宗时，乘轿已经比较流行，《续资治通鉴长编》卷三七七记，元祐元年（1086），尚书左仆射司马光患足疮，哲宗诏准他"乘轿子三日一至都堂聚议"；《宋史·舆服志五》也载，绍圣二年（1095），侍御史翟思说："京城士人与豪右大姓，出入率以轿自载，四人舁之。"虽然制度上的乘轿是优宠高官，但社会上的乘轿之风已不可遏，北宋末年时，甚至出租轿子的业务也悄然兴起，据宋人丁特起的《靖康纪闻》，京城已出现了"赁轿之家"。

北宋时，还出现了暖轿和凉轿的区别，按《宋史·舆服志二》，暖轿的形制是"正方……凸盖无梁，以篾席为障，左右设牖，前施帘，舁以长竿二"；而凉

[北宋] 张择端《清明上河图》卷（局部），全卷24.8厘米×528厘米，绢本，淡设色，故宫博物院藏。画面中心为暖轿

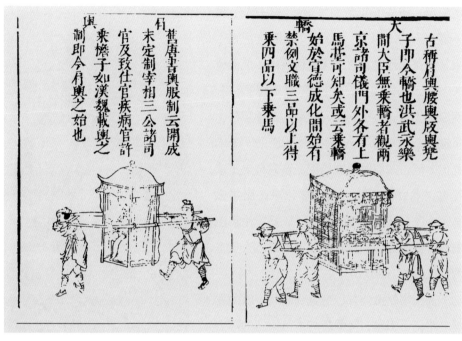

[明] 王圻、王思义编集《三才图会·器用五》中的肩舆（左）、大轿（右）

轿是有轿顶但撤去前帘和三面篾障，只在下半部装屏障的轿。《清明上河图》上的轿全是暖轿，而不见凉轿。

宋室南渡后，南方的气候潮湿，城市道路泥泞，骑马不但容易打滑，还会弄脏衣服，这样，乘轿就成了更佳选择。据《文献通考·王礼考十四》记载，南宋初建的建炎元年（1127），都城扬州雨后路滑，难于骑行，宋高宗于是诏谕大臣："君臣一体，朕不欲使群臣奔走危地，特许乘轿，惟不以入皇城。"南宋定都临安（今杭州市）后，乘轿之风更盛，这从《朱子语类·本朝二》的描述中就可看到："南渡以前，士大夫皆不甚用轿，如王荆公伊川皆云不以人代畜。朝士皆乘马。或有老病，朝廷赐令乘轿，犹力辞后受。自南渡后至今，则无人不乘轿矣。"王荆公即王安石，他受封荆国公，尊称荆公；程颐，世称伊川先生。北宋的王安石、程颐等大家，都曾极力反对人力抬扛的乘具。《邵氏闻见录》卷十一记，王安石辞去相位后，隐居金陵，平日出行，就以驴为乘，有人劝他

坐肩舆，王安石正色回复道："自古王公虽不道，未尝敢以人代畜也。"程颐也一直不乘轿，在蜀地时，有人强邀他乘轿，但他坚决不从，人问其故，他说："某不忍乘，分明以人代畜。"[①] 王安石、程颐的这种想法，早在唐朝时就已有人提出，《新唐书·王求礼传》记，武周时的左拾遗、监察御史王求礼曾"上书讥切"："自轩辕以来，服牛乘马，今辇以人负，则人代畜。"王求礼和王安石、程颐等，都旗帜鲜明地反对以人代畜的抬扛乘具。

轿在宋朝虽流行，但直到明朝，轿的发展之路仍不平坦，可乘轿与不可乘轿的观点一直在角力。据《明史·舆服志一》，早在洪武六年（1373），明太祖就为乘轿定下基本原则："妇女许坐轿，官民老疾者亦得乘之。"但过了七八十年，景泰帝就下令，"在京三品以上得乘轿"；弘治七年（1494），孝宗又下令，"文武官例应乘轿者，以四人舁之"。从顶层的制度规定上，乘轿的限制就在逐渐放松。

起伏的制度，其实是现实乘轿潮流的推动。对于明朝官员乘轿的逐渐普及，明人顾起元在《客座赘语》卷七中记道，万历

［明］仇英《清明上河图》（局部），全卷31厘米×1346厘米，绢本，工笔设色，辽宁省博物馆藏。画上是明中后期江南的轿子

---

① ［宋］程颢、［宋］程颐：《二程集·外书》卷十《大全集拾遗》，王孝鱼点校，中华书局2004年版，第406页。

二十七年（1599），他在京城看到官员们都在骑马，而三年之后再到京城时，已经是"人人皆小舆，无一骑马者"，这时的风气是，"即幕属小官，绝无策骑者，有之，必且为道傍所揶揄"，不乘轿已被人看作寒酸，而会受到嘲讽。明代小说中，各色人坐轿的描述很多，像在《水浒传》第四回，和尚鲁智深、庄主刘太公都是坐轿的；第二十二回，武松景阳冈打死大虫后，四个庄客"将乘凉轿来抬了武松"；第三十一回，清风寨知寨刘高妻为亡母上坟，也是乘轿而去。

四　舟筏楼船、龙舟宝船：水上乘具

《夏书》记大禹治水时"水行载舟"，舟是大禹的水上乘具。古代舟船的作用重要，古人对此深知，汉人刘向在《说苑·谈丛》中就说，"乘舆马不劳致千里，乘船楫不游绝江海"；同书《尊贤》也说，"绝江海者托于船，致远道者托于乘"。

（一）刳木为舟，剡木为楫：舟楫的发明

古人重视舟船，对它的发明者也多有记载。《周易·系辞下》说，舟楫是黄帝、尧、舜时出现的："神农氏没，黄帝、尧、舜氏作……刳木为舟，剡木为楫，舟楫之利，以济不通，致远以利天下。"这个说法的时限长，舟、楫的发明都在这一时期完成。其他的说法比较明确：

《世本·作篇》记，"共鼓、货狄作舟"，共鼓、货狄两人是黄帝之臣。

《山海经·海内经》记，"始为舟"者为番禺。此人据推测是黄帝的曾孙。清人屈大均的《广东新语·操舟》中，又将此番禺与广州番禺联系了一起，"番禺者，黄帝之曾孙也，其名番禺。而处于南海。故今广州有番禺之山"。

《墨子·非儒下》记，"巧垂作舟"。巧垂是尧时的能工巧匠。

《吕氏春秋·审分览》记，"虞姁作舟"。虞姁的身份、时代不明。

西晋束皙《发蒙记》记，"伯益作舟"。伯益又作伯翳，也称大费，是黄帝

的后裔，曾协助大禹治水。

东晋王嘉《拾遗记》记，"变乘桴以造舟楫"者，是轩辕黄帝。

明罗颀《物原·器原》说："燧人以匏济水，伏牺始乘桴，轩辕作舟楫，颛顼作篙桨。"

如上各家的说法不同，时间、人物各异，越到后代的文献，发明者的年代越早、越向古代圣人靠拢。但其实，不论发明者是三皇五帝还是他们的辅臣，都说明在我国的原始社会，已经有了舟棹。舟棹的出现，是古人观察、学习自然的结果，《世本·作篇》说："古者观落叶，因以为舟。"《淮南子·说山训》也云："见窾木浮而知为舟。"漂浮在水上的落叶和空木，启发了古人对舟的发明。

（二）乘桴渡河与禹造独木舟：筏舟的使用

筏是一种出现较早、使用较多的简易水上乘具，古人对它的划分很细，汉人扬雄《方言》卷九对"筏"的解释是："泭谓之篺，篺谓之筏。筏，秦晋之通语也。"泭、篺，晋郭璞解释说："木曰篺，竹曰筏，小筏曰泭。"木制的筏称篺，也称桴。筏用竹、木等材料拴扎而成，正如《尔雅·释水》郭注说的，"泭"是"并木以渡"，这个解释很形象地说明了筏的特点。

筏的使用历史很长。《国语·齐语》记齐桓公西征白狄，"方舟设泭，乘桴济河"，部队渡河时驾舟乘筏；孔子周游列国，推行自己的主张，但各国君主无人接受，《论语·公冶长》记他郁郁不得志地感叹说："道不行，乘桴浮于海。"还有，《东观汉记》卷十记东汉开国大将吴汉，"平成都，乘筏从江下巴郡"。在唐代诗人的笔下，江上也有很多忙碌着的筏子，杜甫的《奉使崔都水翁下峡》，"无数涪江筏，鸣桡总发时"；白居易的《开龙门八节石滩诗序》，"东都龙门潭之南，有八节滩、九峭石，船筏过此，例反破伤"。直到清中晚期陈良玉的《胥江司》仍在说："胥江潮水歇，一碧唾江清。入馔银鱼短，沿流木筏横。"清代胥江同样是木筏穿梭。

独木舟是另一种出现较早的水上乘具，在水上漂浮的空木启发下，古人"刳木为舟"，独木舟就这样出现了。"从可靠的考古材料来看，至迟在距今 7000 年

商代独木舟，河南信阳息县城郊出土，长 9.28 米、宽 0.78 米、高 0.6 米，距今 3 500 年。舟为一圆木整体剖凿而成，船体为目前国内考古发现最大者之一

类似独木舟的小船，莫高窟第 296 窟壁画，北周。这是敦煌莫高窟现存最早的小舟图像，小舟尖头尖尾、中间宽大，两位船夫在船两头摇橹撑篙，这个小船类似早期的独木舟

前的新石器时代早期，中国已拥有相当成熟水平的独木舟了"。[1] 江苏武进淹城地区曾发现三只春秋时期的独木舟，最大的一只长有 11 米左右，中部最大宽度 0.9 米，深约 0.42 米，略呈中间宽、两端窄的梭形，用整木挖成，这与文献记载的"刳木为舟"相符。在后代的文献中，夏禹曾造过独木舟，宋人叶廷珪《海录碎事》引《蜀记》："昔夏禹欲造独木船，知梓潼县尼陈山有梓木，径一丈二寸，令匠者伐之。"由这个独木舟，有人就联想到了大禹治水时的"水行载舟"，两者一结合，得出结论就是，大禹坐的可能是独木舟。

独木舟使用的时间跨度也很长，据清人钱咏的《履园丛话·旧闻》，康熙第三次南巡时，来到洞庭东山游玩，"初三日早出胥口，行十余里……有独木船二拨桨前行，御舟到岸"，康熙皇帝的御舟，也有独木舟打前站。

（三）从徐福东渡到郑和下西洋：船的航行足迹

在独木舟的基础上，木船产生了。最早的船以独木舟为船底，左右舷处加装木

---

[1]　孙光圻：《中国古代航海史》，海洋出版社 1989 年版，第 37 页。

东汉陶船，高16厘米，长54厘米，广州东郊先烈路5080号墓出土，中国国家博物馆藏

[东晋]顾恺之《洛神赋图》卷（宋摹）上的画舫，绢本，设色，全卷27.1厘米×572.8厘米，故宫博物院藏。画舫上重楼高阁，装饰华美，船尾有一长橹

板，并以木榫加固。筏也一样，筏的四周安上木板，也变成了木板船。到商周时期，船的使用已非常广泛，打仗、追捕犯人、下海捕鱼都会使用船。据《史记·齐太公世家》，武王伐纣，师尚父（吕望）左杖黄钺，右把白旄而誓："苍兕苍兕，总尔众庶，与尔舟楫，后至者斩！"苍兕是主管舟楫的官名，吕望命他率领舟船全力进战。

秦朝的造船技术发展，大船已可用于海上航行，这从徐福东渡的故事就可看到。《史记》记载："齐人徐市等上书，言海中有三神山，名曰蓬莱、方丈、瀛洲，仙人居之。"为觅得长生不老药，秦始皇"遣徐市发童男女数千人，入海求仙人"，但求药未成。之后，秦始皇又"遣振男女三千人，资之五谷种种百工

豪华双尾楼帆船，莫高窟第468窟壁画，晚唐。双尾船舱设亭式建筑，船上有桅有帆，船头一船夫正在撑篙

而行"①，这次徐福（徐市一般指徐福）更是一去不返。至于徐福们在海上的经历与结局，中国文献无载，而在日本，却有关于徐福的记载，《日本国史略》提到，"孝灵天皇七十二年，秦人徐福来"。传说中也说他率二十条大船过海进入日本北九州，并最终在那里定居。至于徐福乘的是哪种船，唐宋人说是"楼船"，李白《古风》云："徐市载秦女，楼船几时回。"唐人杜光庭的《仙传拾遗》卷一也说："（始皇）因遣福及童男童女各三千人，乘楼船入海。"楼船是一种大船，《史记集解》引东汉应劭的说法："时欲击越，非水不至，故作大船。船上施楼，故号曰'楼船'也。"而此前的秦朝，就已使用楼船攻打过百越，《史记·平津侯主父列传》载："使尉（佗）屠睢将楼船之士南攻百越。"所以徐福以楼船出海，也是完全有可能的。

经过几百年的发展，到隋炀帝时，造船技术已达到了相当高水平。《隋书·炀帝纪下》称他，"慨然慕秦皇、汉武之事。乃盛治宫室，穷极侈靡，召募行人，分使绝域"。隋炀帝开疆拓土、整治交通，依凭着那时修建的大运河，曾三下扬州，下扬州时，所乘龙舟船队的规模空前。对此，《资治通鉴》卷一八〇

① ［汉］司马迁：《史记》卷六《秦始皇本纪》、卷一一八《淮南衡山列传》，中华书局1982年版，第247、3086页。

大帆船，敦煌莫高窟第 45 窟壁画，盛唐。画面表现了一群撑篙、摇橹的船夫在与妖魔鬼怪、狂风恶浪拼搏的场面，桅杆的顶部"清楚地画出五级挂帆扣，以示该船可根据风力随时调整速度，这在敦煌石窟所有船图像中是绝无仅有的"（马德：《敦煌石窟全集》26《交通画卷》，商务印书馆（香港）有限公司 2000 年版，第 114 页）

[北宋] 张择端《清明上河图》（局部），绢本，淡设色，全卷 24.8 厘米 ×528 厘米，故宫博物院藏。桥下一艘漕船正放倒桅杆欲穿过桥孔，艄公们的紧张工作吸引了群众围观，两岸还停靠着几艘小船

记，龙舟船队有船五千一百余艘，"舳舻相接二百余里"，数量之多、规模之大，在中国古代造船史、航运史上，都属罕见。炀帝的龙舟规模与豪华，也令人叹服，"四重，高四十五尺，长二百丈。上重有正殿、内殿、东·西朝堂，中二重有百二十房，皆饰以金玉，下重内侍处之"。

作为最早的航海人，徐福的东渡，让后人看到了走向海洋的可能。汉唐之后，海上丝绸之路开拓并兴盛起来，因此就有了从印度漂洋东归的东晋僧人法

郑和宝船模型，长 126 厘米、宽 50 厘米、高 87 厘米，厦门集美航院制作，中国国家博物馆藏

显，还有六次东渡日本的唐僧鉴真，明朝的郑和七下西洋，更是一次海外航行的壮举。从明成祖永乐三年（1405）到明宣宗宣德八年（1433），郑和率领船队七次远航，先后到达亚、非三十多个国家和地区。郑和的远航船队庞大、船舶雄伟，规模最大时，船队有官兵二万七千余人、大小船六十三艘。郑和船队的大小船统称宝船，郑和乘坐的宝船长四十四丈四尺、宽十八丈（以今制换算，船长 138 米，宽 56 米），九桅、十二帆。对郑和宝船的庞大，明人巩珍在《西洋番国志》中形容道："所乘之宝舟，体势巍然，巨无与敌，蓬帆锚舵，非二三百人莫能举动。"

帝王乘坐的、帝国派出的船队，彰显了那个时代技术的进步。但百姓的日子悠悠，水上的旅行世代相继，乘船载舟既为生计，也富意趣与风险。秦汉三国时期，舟船已是必不可少的交通工具，晋代李充的《舟楫铭》就说："舟楫之利，譬犹车马，重载历远，以济天下。相风视波，穷究川野，安审惧慎，终无不可。"晋人郭璞的《江赋》也描述了当时人对水运的利用："漂飞云，运艅艎，舳舻相属，万里连樯。泝洄沿流，或渔或商，赴交益，投幽浪，竭南极，穷东荒。""飞云""艅艎"，都是舟船的名称。

舟船的广泛使用，也使学者们开始对它进行专论，西汉扬雄的《方言》卷九就总括了船舟的名称如下："舟，自关而西谓之船，自关而东或谓之舟，或谓之航。南楚江湘凡船大者谓之舸，小舸谓之艖，艖谓之艒䑽，小艒䑽谓之艇，艇长而薄者谓之艥，短而深者谓之䑠，小而深者谓之㮚。东南丹阳会稽之间谓艖为欚。"东汉刘熙的《释名》，也对各类舟船及行船工具作出了解释。

"朝辞白帝彩云间，千里江陵一日还。两岸猿声啼不尽，轻舟已过万重山"，李白的这首《早发白帝城》，表达了作者轻舟飞过三峡时的快意。李白的三峡行是惬心的，但其他人的过三峡，则可能是凶险的。像唐朝的安州佐吏王令望，"过扬子江，夜风暴起，租船数百艘，相接尽没"；唐朝的虔州别驾李惟玉，"泛舟出峡，水急橹折，船将欲败"[1]，王令望、李惟玉的三峡行，都是侥幸生还。元人周巽的《竹枝歌》，则描绘了人们过三峡时的愁绪："百丈牵江江岸长，生愁险处是瞿塘。猿啼三声齐堕泪，路转九回空断肠。"明朝冯梦龙的《醒世恒言》卷二五《独孤生归途闹梦》，以唐朝独孤遐叔赴西川长途筹款的故事，形象地描绘了三峡水上行的惊心动魄：遐叔别了夫人白氏，从洛阳出发，"整整的一个月，来到荆州地面。下了川船，从此一路都是上水。除非大顺风，方使得布帆。风略小些，便要扯着百丈"，"又走了十余日，才是瞿塘峡。这水一发急紧。峡中有座石山，叫做滟滪堆。四五月间水涨，这堆止留一些些在水面上。下水的船，一时不及回避，触着这堆，船便粉碎，尤为利害。遐叔见了这般险路，叹道：'万里投人，尚未知失得如何，却先受许多惊恐，我娘子怎生知道？'"逆流而上的三峡险道，吓坏了初来乍到的遐叔。"出了巫峡，再经由巴中、巴西地面，都是大江。不觉又行一个多月，方到成都"，一趟单程入蜀，就花去了遐叔三个多月的时间。

所以，古人出门不易，走水路的风险更大，三峡水险可称极端，但其他水行也同样有风险，《搜神记》卷十六记，在濡须（今安徽运漕河）河口有一条倾

---

① 〔宋〕李昉等：《太平广记》卷一〇三引《报应记》、卷一〇五引《广异记》，中华书局1961年版，第698、707页。

[明] 沈周《京江送别图》，纸本，设色，28 厘米 ×159 厘米，故宫博物院藏。画中描绘的是沈周等人在京江送别叙州太守吴愈赴任的情景，吴愈是沈周的朋友、文徵明的岳丈；叙州在今四川宜宾

覆于水中的大船，水小时便露出水面，"相传云曹公载妓船覆于此"。

"诗和远方""我要出去看看"，这是现在流行的说法，今天的人都想走出狭小的自我世界，去到世界各地看看。无论今天和古代，人们出行都要有出行载体、乘具，古代的出行乘具虽不似今天般先进，但它也让千百年的古人们实现了功名、积累了财富、造就了生活，各朝各代也在乘具的递嬗中，维系了等级的存在，在古代的衣食住行中，官方最重舆、服，因此，乘具也是古代最兼具实用与理念的事物之一。

在时间的隧道中，在生活的广袤中，本书撷取了古代历史中的一个侧面——衣食住行，来展现古人的寻常生活。当然，古人的衣食住行，远比本书呈现的丰富千倍、万倍，这本小书希望做到的是，为那些"究天人之际，通古今之变"（《汉书·司马迁传》）、"鉴于往事，有资于治道"（胡天省《新注资治通鉴序》）的"大书"们，提供些许的日常背景，以使"居庙堂之上"的正史们，读起来更为鲜活；我们今天的生活中，有许多古代的印迹，衣食住行更是如此，鉴往知来是弘扬传统文化的意义，在时空的交错中，体味过去与未来，就是确立自我认知与生活的开始。

主要参考书目

一、史料

《白居易集》，白居易撰，顾学颉校点，中华书局1999年版。

《本草纲目》，李时珍撰，人民卫生出版社1979年版。

《茶经校注》，陆羽撰，沈冬梅校注，中国农业出版社2006年版。

《长安志 长安志图》，宋敏求、李好文撰，辛德勇、郎洁点校，三秦出版社2013年版。

《大唐六典》，李林甫等撰，广池千九郎训点、内田智雄补订，广池学园事业部1973年版。

《杜甫全集校注》，萧涤非主编，人民文学出版社，2015年。

《法苑珠林校注》，释道世著，周叔迦、苏晋仁校注，中华书局2003年版。

《风俗通义校注》，应劭撰，王利器校注，中华书局1981年版。

《管子校注》，黎翔凤撰，梁运华整理，中华书局2004年版。

《国语集解》，左丘明撰，徐元诰集解，王树民、沈长云点校，中华书局2002年版。

《汉书》，班固著，颜师古注，中华书局1962年版。

《后汉书》，范晔撰，李贤等注，中华书局1965年版。

《淮南子集释》，刘安编，何宁撰，中华书局1998年版。

《华阳国志校注》，常璩撰，刘琳校注，巴蜀书社1984年版。

《旧唐书》，刘昫等撰，中华书局1975年版。

《李太白全集》，李白著，王琦注，中华书局1977年版。

《梁书》，姚思廉撰，中华书局1973年版。

《论衡校释》，王充著，黄晖撰，中华书局1990年版。

《吕氏春秋集释》，吕不韦编，许维遹集释，梁运华整理，中华书局 2009 年版。

《明会典 万历朝重修本》，申时行等修，中华书局 1989 年版。

《明史》，张廷玉等撰，中华书局 1974 年版。

《墨子校注》，吴毓江撰，孙启治点校，中华书局 2006 年版。

《农书》，王祯撰，中华书局 1956 年版。

《齐民要术今释》，贾思勰著，石声汉校释，中华书局 2009 年版。

《全上古三代秦汉三国六朝文》，严可均编，中华书局 1958 年版。

《全唐诗》，彭定求等编，中华书局 1960 年版。

《全唐文》，董诰等编，中华书局 1983 年版。

《入唐求法巡礼行记校注》，[日] 圆仁著，白化文、李鼎霞、许德楠校注，周一良审阅，
　　中华书局 2019 年版。

《三才图会》，王圻、王思义编集，上海古籍出版社 1988 年版。

《三辅黄图校注》，何清谷校注，三秦出版社 2006 年版。

《十三经注疏 清嘉庆刊本》，阮元校刻，中华书局 2009 年版。

《史记》，司马迁撰，裴骃集解，司马贞索隐，张守节正义，中华书局 1982 年版。

《世本八种》，宋衷注，秦嘉谟等辑，中华书局 2008 年版。

《世说新语笺疏》，刘义庆著，刘孝标注，余嘉锡笺疏，周祖谟、余淑宜、周士琦整理，
　　中华书局 2007 年版。

《释名》，刘熙撰，愚若点校，中华书局 2020 年版。

《说文解字》，许慎撰，陶生魁点校，中华书局 2020 年版。

《宋书》，沈约撰，中华书局 1974 年版。

《隋书》，魏征、令狐德棻撰，中华书局 1973 年版。

《太平广记》，李昉等编，中华书局 1961 年版。

《唐会要》，王溥撰，中华书局 1960 年版。

《唐律疏议》，长孙无忌等撰，刘俊文点校，中华书局 1983 年版。

《天工开物》，宋应星撰，管巧灵、谭属春整理注释，岳麓书社 2002 年版。

《通典》，杜佑撰，王文锦等点校，中华书局 1988 年版。

《新定三礼图》，聂崇义撰，宋淳熙二年刻本。

《新唐书》，欧阳修、宋祁撰，中华书局 1975 年。

《续汉志》，司马彪撰，收入《后汉书》，中华书局 1965 年版。

《续资治通鉴长编》，李焘撰，中华书局 2004 年版。

《颜氏家训集解》，颜之推撰，王利器撰，中华书局 1993 年版。

《晏子春秋校注》，张纯一校注，梁运华点校，中华书局 2014 年版。

《酉阳杂俎》，段成式撰，方南生点校，中华书局 1981 年版。

《元史》，宋濂等撰，中华书局 1976 年版。

《战国策注释》，何建章注释，中华书局 1990 年版。

《资治通鉴》，司马光编著，胡三省音注，中华书局 1956 年版。

二、研究论著

陈喜波、韩光辉：《汉长安"斗城"规划探析》，《考古与文物》2007 年第 1 期，第 69—72 页。

陈彦青：《观念之色 中国传统色彩研究》，北京大学出版社 2015 年版。

陈振：《轿子的产生与发展》，《宋代社会政治论稿》，上海人民出版社 2007 年版，第 269—274 页。

陈宗懋、杨亚军主编：《中国茶经》，上海文化出版社 2011 年版。

崔圭顺：《中国历代帝王冕服研究》，东华大学出版社 2007 年版。

丁凌华：《中国丧服制度史》，上海人民出版社 2000 年版。

杜正胜：《宫室、礼制与伦理——古代建筑基址的社会史解释》，《国史释论 陶希圣先生九秩荣庆祝寿论文集》，食货出版社 1987—1988 年版，第 1—32 页。

段文杰、樊锦诗主编：《中国敦煌壁画全集 1 北凉北魏》，天津人民美术出版社 2006 年版。

段文杰、樊锦诗主编：《中国敦煌壁画全集 5 敦煌初唐》，辽宁美术出版社、天津人民美术出版社 2006 年版。

段文杰、樊锦诗主编：《中国敦煌壁画全集 9 五代宋》，辽宁美术出版社、天津人民美术出版社 2006 年版。

段文杰主编：《中国壁画全集敦煌 6 盛唐》，天津人民美术出版社 1989 年版。

傅熹年主编：《中国古代建筑史 第 2 卷两晋、南北朝、隋唐、五代建筑》，中国建筑工业
出版社 2001 年版。

黄正建：《唐代衣食住行》（插图珍藏本），中华书局 2013 年版。

——《唐朝人住房面积小考》，《陕西师大学报（哲社版）》1994 年第 3 期，第 123—124 页。

焦泽阳：《周"礼制"与〈考工记·匠人营国〉对早期都城形态的影响》，《城市规划学刊》
2012 年第 1 期，第 114—118 页。

刘永华：《中国古代车舆马具》，清华大学出版社 2013 版。

马德主编：《敦煌石窟全集》26《交通画卷》，商务印书馆（香港）有限公司 2000 年版。

裴纪平：《中国茶画》，浙江摄影出版社 2014 年版。

沈从文：《中国古代服饰研究》，上海书店出版社 2007 年版。

孙机：《中国古舆服论丛》（增订本），文物出版社 2001 年版。

谭蝉雪主编：《敦煌石窟全集》24《服饰画卷》，商务印书馆（香港）有限公司 2005 年版。

——《敦煌石窟全集》25《民俗画卷》，上海人民出版社 2001 年版。

王利华：《中古华北饮食文化的变迁》，生活·读书·新知三联书店 2018 年版。

王仁湘编：《饮食与中国文化》，青岛出版社 2012 年版。

王子今：《中国古代行旅生活》，商务印书馆国际有限公司 1996 年版。

巫仁恕：《品味奢华——晚明的消费社会与士大夫》，中华书局 2008 年版。

吴健编著：《中国敦煌壁画全集 2 西魏》，天津人民美术出版社 2002 年版。

萧默：《敦煌建筑研究》，机械工业出版社 2003 年版。

许嘉璐：《中国古代衣食住行》（插图珍藏本），中华书局 2013 年版。

阎步克：《服周之冕——〈周礼〉六冕礼制的兴衰变异》，中华书局 2009 年版。

杨宽：《中国古代都城制度史研究》，上海人民出版社 2016 年版。

赵超：《云想衣裳 中国服饰的考古文物研究》，四川人民出版社 2004 年版。

——《铁蹄驰骋 考古文物中的马》，上海书画出版社 2013 年版。

赵丰：《锦程 中国丝绸与丝绸之路》，黄山书社 2016 年版。

中国美术全集编委会编：《中国美术全集》，人民美术出版社 2015 年版。

中国陕西省考古研究院、德国美因茨罗马日耳曼中央博物馆编著:《唐李㑇墓考古发掘、
　　保护修复研究报告》,科学出版社 2018 年版。

中国社会科学院考古研究所、定陵博物馆、北京市文物工作队编:《定陵》上、下,文物
　　出版社 1990 年版。

周锡保:《中国古代服饰史》,中国戏剧出版社 1984 年版。

庄申:《从"八珍"的演变看中国饮食文化的演变》,《史语所辑轩》第 61 本第 2 分,1990 年,
　　第 433—479 页。

图书在版编目（CIP）数据

华夏日常生活史 / 李志生著 . —北京：北京大学出版社，2024.6
ISBN 978-7-301-35061-4

Ⅰ.①华… Ⅱ.①李… Ⅲ.①社会生活－历史－中国－古代 Ⅳ.① D691.9

中国国家版本馆 CIP 数据核字（2024）第 096168 号

书　　　名	华夏日常生活史
	HUAXIA RICHANG SHENGHUOSHI
著作责任者	李志生 著
责 任 编 辑	赵　聪　魏冬峰　陈佳荣
标 准 书 号	ISBN 978-7-301-35061-4
出 版 发 行	北京大学出版社
地　　　址	北京市海淀区成府路 205 号　100871
网　　　址	http://www.pup.cn　　新浪微博：@ 北京大学出版社
电 子 邮 箱	zpup@pup.cn
电　　　话	邮购部 010-62752015　发行部 010-62750672
	编辑部 010-62753154
印 　刷 　者	天津裕同印刷有限公司印刷
经 　销 　者	新华书店
	880 毫米×1230 毫米　16 开本　22 印张　346 千字
	2024 年 6 月第 1 版　2024 年 6 月第 1 次印刷
定　　　价	118.00 元